KULT

Zusammengetragen
von Peter Seewald

PATTLOCH

Danksagung

Für ihre Mitarbeit ist vielmals zu danken: Thomas Elbs, Dr. José Garcia, Jeanette Grunwald, Mario Paoli, Tanja Pilger, Franziskus und Alexandra von Ritter-Groenesteyn, Jakob Seewald.

Bibliografische Information: Der Deutschen Nationalbibliothek
Die Deutsche Nationalbibliothek verzeichnet diese Publikation in der Deutschen Nationalbibliografie; detaillierte bibliografische Daten sind im Internet über http://dnb.d-nb.de abrufbar.

Umschlaggestaltung: Daniela Meyer, München
Innengestaltung: Hartmut Czauderna
Lektorat: Michael Schönberger
Druck und Bindung: Kösel, Altusried-Krugzell
Printed in Germany

ISBN 978-3-629-02151-9

5 4 3 2 1

Besuchen Sie uns im Internet
www.pattloch.de

»Es ist doch merkwürdig, dass die Menschen im Westen so nach dem Buddhismus schielen. Warum gucken die nicht in ihre eigene Tradition, was es da gibt?« DALAI LAMA

»Alle Dinge, die man sieht, kann man doppelt betrachten: als Faktum und als Geheimnis.« HANS URS VON BALTHASAR

VORWORT

Als ich begann, mich wieder für die Ideen des Christentums zu interessieren, macht ich eine merkwürdige Erfahrung. Ich hatte Bücher über angebliche Wunder, Jesus in der Weltliteratur und sogar Auszüge aus der Bibel gelesen, und eines Tages landete ich in der Bank eines Gotteshauses. Langsam schweifte mein Blick über Altarraum, Kirchenschiff und Deckengewölbe, über riesige Statuen und dramatische Bilder. Hatten alle diese Darstellungen nicht auch bestimmte Formen gemeinsam? Es gibt in der Tat eine Zeichensprache, geheime Codes, eine Art eigener Grammatik des Glaubens, nur ich konnte sie nicht mehr verstehen. Wie sollte es möglich sein, erschrak ich, sich jemals in die Tiefen einer heiligen Messe zu versenken, wenn einem bereits die Symbolik einer Dorfkirche wie Hieroglyphen erschien?

Niemand kann auf diesem Kontinent tausend Meter in irgendeine Richtung gehen, ohne nicht auf ein Zeugnis christlicher Religion zu stoßen. Kirchen und Kapellen, Pilgerwege und Gebräuche zeugen davon, dass Europa nicht gegen, sondern durch das Christentum gebaut wurde. Wer Mozart und Bach mag, Dürer und Michelangelo, genießt christlich inspiriertes Kulturgut. Wer auf den Kalender sieht, zählt unweigerlich die Tage seit Christi Geburt. Selbst die Aufklärung ist ohne das spezifisch Christliche nicht denkbar. Gewiss, im Namen des Kreuzes gab es Irrtümer und Verbrechen. Aber auf das Vermächtnis unisono zu verzichten, das ist, als lebte man bequem im Haus der Erbtante – und verachtete es.

Erinnern wir uns: Für die Generationen, die vor uns lebten, existierte nichts einfach nur so. Es gab eine sichtbare Welt – und eine unsichtbare.

Und es galt, mit besonderen Mitteln das Unsichtbare ein wenig sichtbarer zu machen. Etwas vom Zauber des Himmels auf die Erde zu bringen, anzudocken an ein Aggregat, das einen mit Lebensstrom versorgte. Christliche Kultur transportiert nicht nur das Urwissen der Menschheit und das Erbe der Antike, sondern brachte in zweitausend Jahren eine einzigarti-ge spirituelle Tradition hervor. Für Tag und für Nacht. Von der Stunde der Geburt bis an die Schwelle zur Ewigkeit. Mit wundervollen Liturgien, heiligen Sakramenten, geheimnisvollen Initiationen und heilenden Gebeten. Und wo blieb die Vernunft? In der »Stanza delle Signature«, einem früheren Studierzimmer im Vatikan, hat eines der größten Genies der Menschheit zum Ausdruck gebracht, wie sich im Kosmos christlicher Weltanschauung Denken und Glauben miteinander verbinden. In seinen berühmten Fresken stellt Raffael dabei der Philosophenschule von Athen das Ereignis der Eucharistie gegenüber. Hier Sokrates, Pythagoras und Aristoteles (mit dem Werk »Ethika« unterm Arm) – dort Patriarchen und Propheten, Apostel und Kirchenväter. Aber nicht als Gegensätze, sondern als duales System, in dem alle Beteiligten sich in einem fließenden Prozess zwischen den Räumen leichtfüßig hin und her bewegen.

Das vorliegende Buch ist nicht mehr als der kurze Blick durch die Lücke im Zaun, ein Vademecum für Entdecker auf uns unbekannt gewordenen Terrains. Vieles mag an den Schätzen der Überlieferung dabei seltsam erscheinen, einiges ein wenig verrückt, anderes fragwürdig. Eine Provokation bleiben sie allemal: sowohl für unser häufig so spießig gewordenes Empfinden von Wirklichkeit, als auch für ein Denken, das viel zu selten den Versuch wagt, von den Niederungen hochzusteigen in die Gefilde des Geistes, beschenkt zu werden mit der gewaltigen Freude an der Schönheit des Göttlichen. Im Prinzip, so wusste es Albert Einstein, gäbe es nur »zwei Arten, sein Leben zu leben: Entweder so, als wäre nichts ein Wunder, oder so, als wäre alles eines.« Für den Erfinder der Relativitätstheorie war die Sache klar: »Ich glaube an letzteres« – warum auch nicht?

München, Mariä Lichtmess 2007
Peter Seewald

Alpha und Omega

Unser sprichwörtliches »A und O« ist hier begründet: in Alpha und Omega, dem ersten und der letzten Buchstaben des griechischen Alphabets. Bereits in der hellenistischen Epoche sind die Zeichen ein Synonym für Gott als Anfang und Ende des Kosmos. In der Johannes-Apokalypse (1,8) bezeichnet sich der Schöpfer selbst als das Alpha und Omega: »Herr und Gott, der ist und der war und der kommt«. Auf christlichen Gräbern deuten die beiden Buchstaben an, dass der Verstorbene in Gott seinen Anfang und sein letztes Ziel gesehen hatte. Seit dem Mittelalter schmücken Λ und Ω auf Darstellungen in Kirchen den Strahlenkranz des Weltenrichters.

Adresse des Papstes

Der Vatikanstaat ist das kleinste Land der Welt:

Grenzlänge	3,2 km
Schienennetz	0,86 km
Größe	ca. 0,44 qkm
Einwohner	ca. 900
Sprachen	Italienisch, Latein
Konfession	Katholisch
Landesfarben	Weiß/Gelb
Wappen	Zwei gekreuzte Schlüssel
Währung	Euro (mit Papst-Porträt)
Staatsoberhaupt	Der Papst
Verteidigung	Schweizer Garde
Internationales Autokennzeichen	V

Anschrift:

Seine Heiligkeit Papst Benedikt XVI.
I-00120 Città del Vaticano; Telefon 0039-06 69 82
E-mail: benediktxvi@vatican.va; Internet: www.vatican.va

Anfänge

Im Anfang schuf Gott den Himmel und die Erde. Die Erde aber war wüst und leer. Finsternis lag über dem Abgrund und der Geist Gottes schwebte über den Wassern. Da sprach Gott: Es werde Licht! Und es wurde Licht.

Anfang der Bibel

Im Anfang war das Wort, und das Wort war bei Gott, und das Wort war Gott ... Alles ist durch das Wort geworden, und ohne das Wort wurde nichts, was geworden ist.

Anfang des Johannesevangeliums

Liebt Gerechtigkeit, die ihr die Erde regiert / Denkt in rechter Gesinnung an den Herrn und sucht ihn in der Einfalt des Herzens! / Denn er lässt sich von denen finden, die ihn nicht versuchen, / und er offenbart sich denen, die ihm nicht misstrauen.

Anfang des Buches der Weisheit

Deus caritas est – Gott ist Liebe.

Anfang der ersten Enzyklika des ersten Papstes
des dritten Jahrtausends und ersten deutschen Pontifex
seit fünfhundert Jahren Benedikt XVI.

Dresscode für Heilige

Es gibt keine offiziellen Festlegungen oder Vorschriften über die Attribute von Heiligen. Die hier genannten Kennzeichen einzelner Personen auf Bildern oder Statuen haben sich aus der Volksfrömmigkeit entwickelt. Eine winzig kleine Auswahl:

Allgemein

für Märtyrer .... Palme
für Päpste .... Tiara
für Bischöfe .... Ornat, Bischofsstab
für Kaiser und Könige .... Krone, Zepter
für Ordensleute ..... Habit (Ordensgewand)

Barfuss .... *Andreas*
Bart .... *Thomas*
Blätterschurz .... *Onuphrios*
Blutiger Handschuh .... *Irmgard von Köln*
als Büsserin .... *Maria Magdalena*
im Büsserkleid, betend *Fabiola von Rom*
Dornenkrone .... *Ludwig IX.*
Dunkelhäutig, als Ritter *Mauritius*
Einsiedlertracht .... *Hieronymus*

als Engel .... *Matthäus*
Fellgewand ..... *Johannes der Täufer*
Feuerflammen auf Kopf ..... *Brigida von Kildare*
mit Flügeln..... *Joseph von Copertino*
langes Haar.......... *Agnes von Rom*
abgezogene Haut..... *Bartholomäus*
als Hirte.......................... *Wendelin*
mit IHS-Zeichen *Ignatius von Loyola*
Jagdausrüstung .. *Gunther von Melk*
Ketten an Hals und Fuss ... *Theod. von Tabenisi*
mit Keule .... *Judas Thaddäus und Simon, der Zelote*
als König .... *Balthasar*
mit Krücke .... *Paulus von Theben*
mit Lammfell .... *Humilitas von Vallombrosa*
Mantel .... *Eugenia von Rom, Martin von Tours*
Mantel als Segel ..... *Raimund von Peñafort*
mit Maske .... *Genesius von Rom*
als Mohr .... *Gregorius Maurus*
Nackt am Pfahl *Cassianus (Kassian)*
als Nonne .... *Gertrud v. Helfta, Hedwig v. Schlesien*
als Bischof auf Pferd ... *Ulrich von Augsburg*
als Pförtner *Konrad von Parzham*
als Pilger......... *Gallus, Franz Xaver, Jakobus d. Ä.*
Riese mit Stab .... *Christophorus*
als Ritter................. *Chrysanthius, Jakobus d. Ä.*
Römischer Reiter *Martin von Tours*
als Schafhirtin *Saturnina v. Arras*
barfuss, Schuhe tragend..... *Hedwig von Schlesien*
schwebend........*Joseph von Copertino*
als Bettler unter Treppe.. *Alexius von Edessa*
Tuch um den Hals........... *Ludmilla von Böhmen*
unbekleidet, behaart .... *Onuphrios*
mit Witwenschleier ....*Monika*

Einige Love-Songs

»When I find myself in times of trouble
Mother Mary comes to me
Speaking words of wisdom: Let it be!«
The Beatles

Interpreten	Titel
The Beatles	All You Need is Love
The Beatles	Lady Madonna
Whitney Houston	Jesus Loves Me
Jose Feliciano	Feliz Navidad
Edwin Hawkin Singers	Oh Happy day
George Harrison	My sweet Lord
Peter, Paul and Mary	We Wish You A Merry Christmas
Jonny Cash	It was Jesus
Jonny Cash	God will
Prince	God
Pet Shop Boys	God willing
Kelly Family	Oh God
Babra Streisand	One God
Van Morrison	God Shines His Light
Ike & Tina Turner	Jesus
Mark Knopfler	Hey Jesus
Barclay James Harvest	Sweet Jesus
Elvis Presley	He Touched
Led Zeppelin	Stairway to Heaven
Bob Dylan	Knockin'on heaven's door
Leonard Cohen	Hallelujah
Billy Joel	Travellin' Prayer
Hot Chocolate	A child's prayer
Eric Clapton	Sinners Prayer
Santana	Love
Wishbone Ash	Faith, Hope and Love
Lionel Richie	Love, Oh Love

Einige Rekorde aus der Bibel

Der älteste Mensch .... *Methusalem* mit 969 Jahren.
Das größte Schiff .... *Arche Noah* (150 m Länge und 25 m Breite).
Der höchste Berg .... ist unter allen in der Bibel erwähnten der *Berg Ararat* in der östlichen Türkei (dort Agh Dag genannt) mit 5156 Metern.
Das höchste Gebäude .... *Turm zu Babel*, genaue Höhe unbekannt.
Die meistgenannte Frau .... *Sara*, die Frau von Abraham; sie wird in der Bibel 56-Mal genannt.
Die längste Reise .... dauerte *40 Jahre* und führte im Wesentlichen im Kreis herum.
Das größte Bett .... besaß ein *König Og* aus dem Ostjordanland; das Möbel war aus Eisen und vier Meter lang, zwei Meter breit.
Die meisten Kinder .... hatte *Abdon*, der Richter; er zeugte 40 Söhne.
Der stärkste Mann .... Samson; er tötete 1000 Feinde mit dem Unterkieferknochen eines Esels.
Der beste Steinwerfer .... *David* tötete mit einem Wurf Goliath.
Der größte Mann .... *Goliath* mit mehr als 3 Metern.
Der potenteste Mann .... *König Salomo* mit seinen 700 Frauen und 300 Nebenfrauen.
Der jüngste König .... *Joas*, er wurde mit sieben Jahren König.
Der meistgenannte König ... *David*, er wird 1118-Mal in der Bibel namentlich erwähnt.
Der größte Viehzüchter ..... *Hiob*, er hatte 14 000 Schafe, 6000 Kamele und 2000 Rinder.
Der kürzeste Vers .... *»Da weinte Jesus«* (Johannesevangelium).

Kult-Emoticons

Der Papst .... +-☺
Weihnachtsmann .... *<☺
Engel .... 0☺

Gott und die Klassiker

Goethe: »Die Leute traktieren ihn (Gott), als wäre das unbegreifliche, gar nicht auszudenkende höchste Wesen nicht viel mehr als ihresgleichen.«

Eckermann, Gespräche mit Goethe

Schiller: »Wir haben Begriffe von der Weisheit des höchsten Wesens, von seiner Güte, von seiner Gerechtigkeit – aber keinen von seiner Allmacht. Seine Allmacht zu bezeichnen, helfen wir uns mit der stückweisen Vorstellung dreier Sukzessionen: Nichts, sein Wille und etwas. Es ist wüst und finster – Gott ruft: ›Licht!‹ – und es wird Licht. Hätten wir eine Realidee seiner wirkenden Allmacht, so wären wir Schöpfer wie er.«

Kleinere philosophische Schriften

Kant: »Gott ist allgenugsam. Was da ist, es sei möglich oder wirklich, das ist nur etwas, insofern es durch ihn gegeben ist. Eine menschliche Sprache kann den Unendlichen so zu sich selbst reden lassen: ›Ich bin von Ewigkeit zu Ewigkeit, außer mir ist nichts, ohne insofern es durch mich etwas ist.‹ Dieser Gedanke, der erhabenste unter allen, ist noch sehr vernachlässigt oder mehrenteils gar nicht berührt worden.«

Demonstration des Daseins Gottes

Rousseau: »Ich weiß mit völliger Gewissheit, dass dieses Wesen existiert, und zwar durch sich selbst existiert, weiß auch, dass meine Existenz der seinigen untergeordnet ist; ich erkenne Gott überall in seinen Werken, ich fühle ihn in mir, erblicke ihn um mich. Sobald ich ihn jedoch seinem inneren Wesen nach schauen will, sobald ich untersuchen will, wo und was er ist, was sein eigentliches Wesen ausmacht, dann entschlüpft er mir. Durchdrungen von dem Gefühle meiner Unzulänglichkeit, werde ich über die Natur Gottes niemals Untersuchungen anstellen. – Solche Untersuchungen sind stets vermessen.« *Émile*

Dante: »Ein Tor ist, wer da hofft, mit seinem Geiste / Der Gottheit ew'ge Bahnen zu begreifen, / Die eine Wesenheit in drei Personen.« *Fegfeuer*

Lazarett kommt von Lazarus

Der »arme Lazarus« (Eleazar), nach dem Gleichnis Jesu *(Lukas 16,19–30)*, ist die Symbolfigur für den auf Erden an Armut und Krankheit leidenden Menschen, der dafür im Jenseits entschädigt wird – während seine Gegengestalt, der »reiche Prasser«, im lodernden Feuer der Hölle leidet. Da der arme Lazarus während seines Erdenlebens vom Aussatz befallen gewesen war, wurde er auch zum Schutzpatron der Leprosenheime (wie Hiob) und später allgemein der Hospitäler, die davon den Namen »Lazarette« erhielten.

Denarius Sancti Petri

Die Einrichtung geht zurück bis ins 8. Jahrhundert und ist eine Erfindung englischer Christen. Offiziell heißt sie: Obulus Denarius Census Sancti Petri. Der Volksmund nennt es einfach Peterspfennig. Gemeint ist die Gottesdienstkollekte rund um das Fest der Apostel Petrus und Paulus (29.6.). Alle Kollekteneinnahmen aller Pfarreien der ganzen Welt, die an diesem Tag gesammelt werden, gehen zur Unterstützung der Arbeit des Papstes nach Rom. Die Sammlung erreicht jeweils ein Ergebnis von etwa 100 Millionen Euro.

Gott-Anrufe

Gott bewahre + Um Gottes willen + Gott sei Dank + Bei Gott + Ach du lieber Gott + Gott sei's geklagt + Gnade dir Gott + Grüß Gott + Großer Gott + Gott steh uns bei + Gott sei uns gnädig + Vergelt's Gott + Gott weiß + Weiß Gott + So Gott will + Mein Gott (nochmal) + Zum Gotterbarmen + Leider Gottes + Eine Gabe Gottes + Eine gottverlassene Gegend + Dein Wort in Gottes Ohr.

Akteure grosser Bibel-Filme

Schauspieler/-in	Rolle	Titel	Regie / Jahr
Anthony Quinn	Papst Barabbas Kaiphas	In den Schuhen des Fischers Barabbas Jesus von Nazareth	M. Anderson, 1968 R. Fleischer, 1962 F. Zefirelli, 1977
Charlton Heston	Moses Judah Ben-Hur Johann. d. Täufer	Die Zehn Gebote Ben Hur Die größte Geschichte aller Zeiten	C. B. DeMille, 1956 W. Wyler, 1959 G. Stevens, 1965
Claudia Cardinale	Ehebrecherin	Jesus von Nazareth	F. Zefirelli, 1977
Richard Gere	David	König David	B. Beresford, 1985
Peter Ustinov	Nero	Quo Vadis	M. LeRoy, 1951
Monica Bellucci	Maria Magdalena	Die Passion Christi	M. Gibson, 2004
Anne Bancroft	Maria Magdalena	Jesus von Nazareth	F. Zefirelli, 1977
Laurence Olivier	Piotr I. Kamenev	In den Schuhen des Fischers	M. Anderson, 1968
Yul Brynner	Ramses Salomo	Die Zehn Gebote Salomon und die Königin von Saba	C. B. DeMille, 1956 K. Vidor, 1959
Ben Gazzara	Johannes Bosco Kard. Casaroli	Don Bosco Pope John Paul II.	L. Castellani, 1988 J. K. Harrison, 2005
John Voght	Johannes Paul II.	Pope John Paul II.	J. K. Harrison, 2005
Richard Harris	Abraham Johannes	Die Bibel: Abraham Die Bibel: Apokalypse	J. Sargent, 1994 R. Mertes, 2002
Deborah Kerr	Lydia	Quo Vadis	M. LeRoy, 1951
James Caviezel	Jesus	Die Passion Christi	M. Gibson, 2004
Gina Lollobrigida	Königin Saba	Salomon und die Königin von Saba	K. Vidor, 1959
Max von Sydow	Jesus	Die größte Geschichte aller Zeiten	G. Stevens, 1965

Martyrologium Romanum

In den Christmetten vor der Feier der Geburt Jesu kommt ein altehrwürdiger Text zum Tragen, der sich im »Martyrologium Romanum«* findet. In einer überarbeiteten Fassung (Theodor Maas-Ewerd, Eichstätt) wird in katholischen Kirchen am 24. Dezember Jahr für Jahr eine Art Weltchronik verlesen:

Im Anfang schuf Gott die Welt

»Milliarden Jahre waren vergangen, seit unsre Sonne und die Erde entstanden, Millionen Jahre, seit Leben sich regte auf der Erde und der Mensch ins Dasein trat, viele tausende von Jahren, seit Stämme, Völker und Kulturen sich bildeten, zweitausendundfünfzehn Jahre seit Abrahams Geburt, tausendfünfhundertundzehn Jahre, seit Mose das Volk Israel aus Ägypten geführt hatte, tausendzweiunddreissig Jahre seit der Salbung des David zum König, in der fünfundsechzigsten Jahrwoche nach Daniels Weissagung, in der hundertneunundvierzigsten Olympiade, siebenhundertzweiundfünfzig Jahre nach der Gründung Roms, im zweiundvierzigsten Jahr der Regierung des Octavianus Augustus, da Friede war in der ganzen Welt, da wollte Jesus Christus, ewiger Gott und Sohn des ewigen Vaters, die Welt durch seine rettende Ankunft heiligen. Er war empfangen vom Heiligen Geist, und nach neun Monaten wurde er zu Bethlehem im Lande Juda aus Maria, der Jungfrau, geboren. Wir feiern die Geburt unsres Herrn Jesus Christus in unserem armen Fleisch.«

*) Das »Martyrologium Romanum« enthält als Gesamtverzeichnis auf 844 Seiten biographische und liturgische Angaben über 6650 namentlich bekannte Selige und Heilige. Ferner sind rund 7400 nicht mit Namen und mit der genauen Anzahl identifizierbare Märtyrer aufgeführt, die bei Christenverfolgungen getötet wurden.

Mythos Jakobsweg

Pilgern auf dem Jakobsweg entwickelt sich zur großen spirituellen Sehnsucht unserer Zeit. Jahr für Jahr sind allein aus Deutschland rund 800 000 Menschen auf Teilstrecken der jahrhundertealten Pilgerstraße zwischen Pyrenäen und Atlantik unterwegs, rund 100 000 davon erreichen auch den Zielpunkt, das Grab des Apostels Jakobus in Santiago de Compostela. Das Netz der Pilgerherbergen und Wegmarkierungen wird inzwischen immer dichter, auch in außerspanischen Regionen. In Mecklenburg-Vorpommern wurden allein 2006 vier neue Jakobswegetappen als Verästelungen am großen rund 100 000 Kilometer umfassenden europäischen Jakobswegnetz hinzugefügt. Über den historischen Pilgerweg schrieben unter anderen: Shirley McLane, Cees Nooteboom, Paulo Coelho, Hape Kerkeling.

Top Ten der Tiere in der Bibel

Die zehn am häufigsten erwähnten Tiere der Bibel:

1. Schafe 200	5. Ziegenböcke 165	9. Ziegen 138
2. Lämmer . 188	6. Pferde 164	10. Kamele 62
3. Löwen 176	7. Ochsen 152	
4. Rinder 166	8. Esel 150	

Enzyklika

Enzykliken sind Lehrschreiben der Päpste zu Fragen des Glaubens, der Arbeitswelt oder der Friedenspolitik. Sie wurden im 18. Jahrhundert eingeführt, sind meist in lateinischer Sprache verfasst und nach den Anfangsworten des ersten Satzes benannt. Berühmt geworden ist etwa die auf Deutsch verfasste Enzyklika »Mit brennender Sorge«, mit der Papst Pius XI. der von den Nazis bedrängten deutschen Kirche beistehen wollte. »Deus caritas est« ist die erste Enzyklika von Benedikt XVI. (Gott ist die Liebe).

Was ein Bischof anzieht

Darstellung des Bischofsornates mit Krummstab und Bischofsmütze

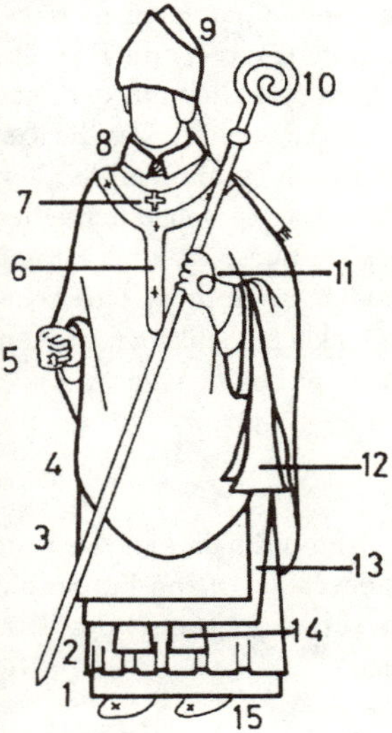

Bischofsornat

1 *Talar*
2 *Albe*
3 *Dalmatik*
4 *Kasel*
5 *Bischofsring*
6 *Pallium*
7 *Brustkreuz*
8 *Amikt*
9 *Mitra oder Infel*
10 *Bischofsstab*
11 *Pontifikalhandschuh*
12 *Manipel*
13 *Tunicella*
14 *Stola*
15 *Pontifikalschuh*

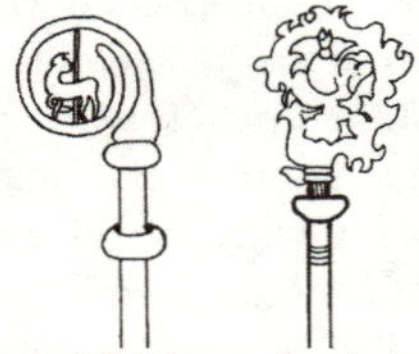

mittelalterlicher Krummstab *barocker Krummstab*

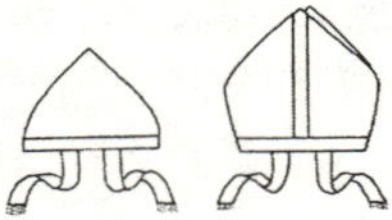

Infel 11. Jh. *14. Jh.*

16. Jh.

Infel oder Mitra, die charakteristische Kopfbedeckung der Bischöfe und Äbte, entstand aus der kugelförmigen Mütze des Papstes (Phrygium).

Knopflochentzündung

Es ist keine wirkliche Krankheit. Als Knopflochentzündung bezeichnet man scherzhaft den Erregungszustand, wenn katholische Geistliche mit höheren Ehren bedacht werden und ein »Aufstieg« von schwarzen zu purpurnen Knopfleisten im Gewand ansteht. Etwa beim Übergang vom Priesteramt als Pfarrer oder Pater (völlig schwarze Soutane) zum Dienst als Prälat, Monsignore oder Ehrendomherr (schwarze Soutane mit purpurnen Knopflöchern und Knöpfen).

Religion der Liebe

Als man im Mai 1996 sieben Brüder der »Weißen Mönche« in ihrem Kloster im algerischen Tibhirine enthauptet aufgefunden hatte, wurde dabei auch das Testament des Priors, Pater Christian de Chergé, entdeckt. Die Gemeinschaft hatte in Kooperation mit den Einheimischen aus dem kargen Land einen blühenden Garten gemacht. Ihr Augenmerk war die Verständigung mit muslimischen Gläubigen. »Und auch Du, Freund der letzten Minute«, so schrieb der Pater vorausahnend an seinen potentiellen Mörder, »der Du wohl nicht gewusst hast, was Du tatest: Ja, auch Dir gilt dieses ›Danke‹ und dieses ›à Dieu‹, Dir, in dem ich das Antlitz Gottes sehe. Und möge es uns geschenkt werden, uns als glückliche Schächer im Paradies wiederzusehen, wenn es Gott gefällt, der unser beider Vater ist.«

Psalm No. 1

Wann gelingt ein Leben? Wie geht es richtig? Kaum Zufall, dass der erste aller Psalmen der Bibel, die von früheren Generationen wie Führer auf der Reise dieser Welt benutzt wurden, einen wahrlich wegweisenden Titel trägt: »Der rechte und der falsche Weg«. Auszug:

Wohl dem Mann,
der nicht dem Rat der Frevler folgt,
nicht auf dem Weg der Sünder geht,
nicht im Kreis der Spötter sitzt,
sondern Freude hat an der Weisung des Herrn,
über seine Weisung nachsinnt bei Tag und bei Nacht.
Alles, was er tut,
wird ihm gut gelingen.
Nicht so die Frevler:
Sie sind wie Spreu, die der Wind verweht.

Ölfläschchen

In der Ikonographie trägt die Äbtissin Walburga ein Ölfläschchen auf dem Regelbuch. Hintergrund: In ihrem Reliquienschrein in Eichstätt wird alljährlich zwischen dem 12. Oktober und dem 15. Februar ein ölähnlicher Niederschlag beobachtet, dem heilende Kraft beigemessen wird. Der 12. Oktober 1042 war der Tag der Erhebung der Gebeine und der endgültigen Beisetzung, der 15. Februar 779 der Todestag. Heilende Wirkung wird auch dem Märtyrerbischof Januarius (dargestellt mit zwei Ampullen) zugemessen. Sein Blut wird alljährlich an den vier Festen des Heiligen im Dom zu Neapel flüssig, wenn das Fläschchen mit dem getrockneten Blut in die Nähe des Hauptes gebracht wird, vgl. S. 69.

Einige zu Unrecht vernachlässigte Bibel-Fakten

1 Das kürzeste Kapitel der Bibel ist der Psalm 117. – Das längste Kapitel ist der Psalm 119. – Das Kapitel in der Mitte der Bibel ist der Psalm 118. – Vor Psalm 118 stehen 594 Kapitel. – Nach Psalm 118 stehen 594 Kapitel. – Die Addition von 594 und 594 ergibt 1188. – Der zentrale Vers der Bibel ist Psalm 118,8. Sein zentraler Text: »Es ist gut, auf den Herrn zu vertrauen und sich nicht zu verlassen auf Menschen.«

2 Nach Genesis 1,20–22 kam das Huhn vor dem Ei.

3 Die Katze ist das einzige Haustier, das nicht in der Bibel erwähnt wird.

4 Der längste Name in der Bibel ist Mahershalalbaz (Jesaja 8,1).

5 In der Bibel stehen 3 566 480 Buchstaben. Einschließlich der Apokryphen sind es sogar 4 291 480.

6 Das Alte Testament entstand zwischen 722 und 400 v. Chr. Die Juden in Babylon trugen in dieser Zeit die alttestamentlichen Schriften, Traditionen und Berichte ihres Volkes zusammen.

7 Die Septuaginta ist die älteste und wichtigste griechische Übersetzung des Alten Testamentes. Der Legende nach wurde sie in Alexandria von 72 jüdischen Gelehrten innerhalb von 72 Tagen erstellt.

8 Die Bibel ist neben dem Shell-Atlas und dem Dr.-Oetker-Schulkochbuch das häufigste Buch in deutschen Haushalten.

Seltsame Heilige

Beda der Ehrwürdige, 672/673–735, englischer Benediktiner und Wissenschaftler, 1899 zum Kirchenlehrer ernannt, Gedenktag 25. Mai

Notger der Stammler, um 840–912, Mönch und Gelehrter im Kloster St. Gallen, Gedenktag 7. Mai

Hermann der Lahme, Mönch auf Reichenau, † 1054, Verfasser des »Salve Regina«, Gedenktag 24. September

Rudolf der Schweiger, belgischer Mönch, † 1130, Gedenktag 30. April

Offizielles GEBET der UN

Die Vereinten Nationen wurden 1945 als Nachfolgeorganisation des Völkerbundes gegründet. Aufgabe der multinationalen und multireligiösen Organisation ist die Sicherung des Weltfriedens und die Förderung der internationalen Zusammenarbeit. Der ständige Hauptsitz befindet sich in New York, das europäische Amt der UN in Genf.

Herr,
unsere Erde ist nur ein kleines Gestirn
im großen Weltall.
An uns liegt es,
daraus einen Planeten zu machen,
dessen Geschöpfe
nicht von Kriegen gepeinigt werden,
nicht von Hunger und Furcht gequält,
nicht zerrissen in sinnlose Trennung
nach Rasse, Hautfarbe oder Weltanschauung.
Gib uns den Mut und die Voraussicht,
schon heute mit diesem Werk zu beginnen,
damit unsere Kinder und Kindeskinder
einst mit Stolz den Namen Mensch tragen.

Tacitus, Nero und die »Christianer« als lebende Fackeln

Der römische Historiker Tacitus (55–117 n. Chr.) berichtet in seinen Annalen, Kaiser Nero habe, als er im Verdacht stand, Rom in Brand gesteckt zu haben, die Christen zu Schuldigen erklärt und sie entsprechend bestraft. Tacitus schreibt: »Und so schob Nero ... die Schuld auf andere und verhängte über die, die ... im Volksmund ›Christianer‹ hießen, die ausgesuchtesten Strafen. Dieser Name leitet sich von Christus ab, der unter der Regierung des Tiberius durch den Prokurator Pontius Pilatus hingerichtet worden war. Der für den Augenblick unterdrückte verhängnisvolle Aberglaube griff von neuem um sich, nicht nur in Judäa, wo dieses Übel entstanden war, sondern auch in Rom, wo alle Scheußlichkeiten und Abscheulichkeiten aus der ganzen Welt zusammenströmen und freudigen Anklang finden. Und so wurden zuerst die Personen verhaftet, die sich als Christen bekannten ... und sie wurden nicht nur des Verbrechens der Brandstiftung, sondern auch des Hasses gegen das Menschengeschlecht für schuldig befunden. Und mit den Todgeweihten trieb man noch seinen Spott: man hüllte sie in Tierhäute und ließ sie von Hunden zerfleischen, oder sie wurden, ans Kreuz geschlagen und für den Flammentod bestimmt, nach Tagesschluss als Beleuchtung für die Nacht verbrannt.«

Die sieben Tage der Schöpfung

Nach dem ersten Buch der Bibel, der Genesis, schuf Gott »im Anfang« Himmel und Erde. Die Erde aber war wüst und leer, und Finsternis lag »über dem Abgrund«. Nur der Geist Gottes schwebte über den Wassern. Nun beginnen die sieben Schöpfungstage Gottes:

1. Tag: Licht
2. Tag: Himmelsgewölbe
3. Tag: Land, Meer, Pflanzen, Bäume
4. Tag: Sonne, Mond, Sterne
5. Tag: Meerestiere, Vögel
6. Tag: Landtiere, Mann und Frau
7. Tag: Frei (göttliche Ruhe)

Ethik für alle

»Alles ist mir erlaubt, aber nicht alles nützt mir«, so fasst Paulus im ersten Korintherbrief (6,12) die Moral des Neuen Testamentes zusammen. Das erste und einzige Gebot der Ethik der Evangelien lautet: Liebe. »Wer den anderen liebt, hat das Gesetz erfüllt«, schreibt Paulus an die Römer (13,8). In der Sichtweise der Evangelien ist der Mensch, der nicht liebt, ein »Sünder«, also jemand, der einen Fehler begeht. Und zwar nicht deshalb, weil er damit Gott beleidigt, sondern weil er zutiefst gegen seine Natur handelt. Johannes bemerkt in seinem ersten Brief: »Wer nicht liebt, bleibt im Tod« (3,14), und: »Wer seinen Bruder liebt, bleibt im Licht« (2,10). »Im Tod bleiben« und »im Licht bleiben« sind biblische Ausdrücke für die Wahl zwischen der Verwirklichung des eigenen Menschseins – oder einem sinnlosen Leben. In diesem Sinne ist die Ethik des Neuen Testamentes zutiefst weltlich, da sie nicht für eine bestimmte Gruppe, sondern auf die Entfaltung des Menschen schlechthin bedacht ist. Nicht zufällig wurde von Anfang an die Botschaft Jesu ein »Evangelium« genannt, eine »gute Nachricht«.

Der Name Jesus

Als der Engel Joseph im Traum erschien, teilte er auch den Namen mit, der dem Sohn Gottes zu geben sei: »Jesus«; im Hebräischen: »Joschuah«. Das Wort bedeutet »Gott ist mit uns«. In ihm spiegelt sich der Gottesname JHWH, der nicht ausgesprochen werden durfte. Immerhin wurde angeblich ein Drittel aller Jungen im alten Israel auf diesen Namen getauft.

Das Gewicht der Seele: 21 Gramm

Ein amerikanischer Forscher wollte wissen, ob es messbar sei, wenn die Seele den Körper verlässt – und wog das Gewicht von Menschen, die gerade gestorben waren. Bei allen Untersuchungen kam er auf das gleiche Resultat: die Körper wogen exakt 21 Gramm weniger als kurz vor ihrem Tod.

Top Ten Gottes

Gewissensprüfung: Welche der Zehn Gebote kennen Sie noch?

I. Ich bin der Herr, Dein Gott. Du sollst keine anderen Götter neben mir haben,
II. Du sollst den Namen Gottes nicht verunehren,
III. Gedenke, dass du den Sabbat heiligst,
IV. Du sollst Vater und Mutter ehren, auf dass es dir wohlergehe und Du lange lebest auf Erden,
V. Du sollst nicht töten,
VI. Du sollst nicht Unkeuschheit treiben,
VII. Du sollst nicht stehlen,
VIII. Du sollst kein falsches Zeugnis geben,
IX. Du sollst nicht begehren Deines Nächsten Weib,
X. Du sollst nicht begehren Deines Nächsten Hab und Gut.

Die sieben O-Antiphonen

Die O-Antiphonen sind Gebetsverse. Nachweisbar bereits im 9. Jahrhundert werden sie als eine Art letzte Steigerung in der Erwartung des Advents an den sieben Tagen vor Weihnachten zur nachmittäglichen Vesper gesungen. In der Vorbereitung auf das Kommen Christi wurden sie früher durch szenische Darstellungen wie die Begegnung Marias mit dem Erzengel Gabriel und andere Ereignisse aus der Kindheitsgeschichte Jesu begleitet.

O Sapientia .... (O Weisheit) .... 17. Dezember
O Adonai .... (O Herr)............................ 18. Dezember
O Radix Jesse .... (O Wurzel Jesse)................ 19. Dezember
O Clavis David .... (O Schlüssel Davids).......... 20. Dezember
O Oriens .... (O Morgenstern) .... 21. Dezember
O Rex Gentium .... (O König der Völker) .... 22. Dezember
O Emmanuel .... (O Gott mit uns)................ 23. Dezember

Wachstumsraten

Der Atheismus verliert im Weltmaßstab an Bedeutung. Seine Wachstumsrate bleibt hinter dem Wachstum der Weltbevölkerung von derzeit 1,2 % (6,5 Milliarden Menschen) und den meisten Religionen zurück. Eine Aufstellung des Evang. Arbeitskreises der CDU/CSU (Stand 2006) ergab:

Wachstum unter der Bevölkerungszunahme

Nichtreligiöse	(772,5 Millionen)	0,2 %
Atheisten	(151,6 Millionen)	0,5 %
Buddhisten	(382 Millionen)	0,9 %
Juden	(15,4 Millionen)	0,9 %

Wachstum über der Bevölkerungszunahme

Christen	(2,2 Milliarden)	1,3 %
Hindus	(877,6 Millionen)	1,4 %
Sikhs	(25,7 Millionen)	1,5 %
Muslime	(1,3 Milliarden)	1,9 %

Christen machen ein Drittel der Weltbevölkerung aus, bis 2025 wird ihre Zahl auf 2,6 Milliarden und ihr Anteil minimal auf 33,4 Prozent steigen. Der Islam wird schneller wachsen, nämlich um 3 % auf 22,8 % (1,8 Mrd.). Nach Kontinenten geordnet hat immer noch Europa die meisten Christen (537 Millionen).

Van Gogh

Man schreibt das Jahr 1880. In einem belgischen Kohlerevier lebt der 27-jährige Vincent van Gogh unter den ausgebeuteten Arbeitern und ihren Familien, den Ärmsten der Armen. Er ist Laienprediger. Die anderen nennen ihn bald »Unseren barmherzigen Samariter«. Die Kirchenleitung allerdings kritisiert seinen »Samariterstil.« Der Prediger wird entlassen. Künftig will van Gogh dafür mit Bildern ermutigen. Einem seiner letzten Werke gibt er den Titel »Barmherziger Samariter«.

Pontifex-Ranking

Erster: Apostel Petrus; nach biblischer Überlieferung von Jesus selbst ernannt. Tod in Rom durch Martyrium. Auf seinem Grab wurde der Petersdom errichtet.

Längster: Am längsten dauerte die Amtszeit des heiligen Petrus. Die genaue Zeitspanne ist aber strittig. Zwischen 34 und 37 Jahre lang soll er an der Spitze der katholischen Kirche gestanden haben. Auf Platz zwei folgt Pius IX. Er war von 1846 bis 1878 insgesamt 31 Jahre und sieben Monate Papst. Johannes Paul II. belegt mit 26 Jahren und knapp sechs Monaten den dritten Platz.

Kürzester: Stephan II. starb bereits vier Tage nach seiner Wahl zum Papst im Jahr 752. Die Todesursache soll ein Schlaganfall gewesen sein. Weil er aber noch keine Weihen erhalten hatte, schloss man ihn aus den Papstlisten aus. Offiziell gilt daher Papst Urban VII. als Papst mit der kürzesten Amtszeit. Vom 15. September bis 27. September 1590 war er nur zwölf Tage an der Spitze der Kirche. Er erkrankte während der Papstwahl an Malaria und wurde nie gekrönt. Auch Johannes Paul I., der Vorgänger von Johannes Paul II., war nur kurze Zeit Papst. Er starb nach 33 Tagen an einem Infarkt. Zahlreiche Verschwörungstheorien ranken sich um seinen Tod.

Jüngster: Benedikt IX. soll erst zwölf gewesen sein, als man ihn 1032 zum Papst ernannte. Zweimal wurde er seines Amtes enthoben und insgesamt dreimal rechtmäßig gewählt. Papst Johannes XII. (955 bis 964) soll zwischen 16 und 18 Jahre alt gewesen sein, als er die Tiara empfing.

Erster Aussteiger: Pontianus (230–235) war der erste Papst, der zurücktrat. Zurücktreten musste auch Papst Silverius, als man ihn 537 auf der Insel Ponza gefangen hielt. Unter Druck gaben außerdem Johannes XVIII. (1009) und Gregor XII. (1415) ihr Amt auf. Freiwillig soll nur Coelestin V. am 13. Dezember 1294 verzichtet haben. Er war im Alter von 82 Jahren zum Papst gewählt worden und fühlte sich nach fünf Monaten im Amt dem politischen Druck nicht gewachsen.

ERSTER DEUTSCHER: Gregor V. (996–999); Salier und Sohn des Kärntner Herzogs Otto. Im Alter von nur 24 Jahren gewählt, wurde er nach einem Aufstand nackt und mittellos aus Rom gejagt; er starb an Malaria.

GEGENPÄPSTE: Bis zu drei Päpste gab es gleichzeitig in der schweren Kirchenkrise Ende des 14., Anfang des 15. Jh.: Gregorius VII., Johannes XXIII. und Benedikt XIII. Die drei machten sich gegenseitig den Anspruch streitig. Der erste Gegenpapst war Hippolyt. Die Gesamtzahl ist unklar. Schätzungen schwanken zwischen 25 und 40. Der letzte: Felix V. (1439–49).

NICHTITALIENER: Letzter vor Johannes Paul II. war Hadrian VI. (1522–1523); er war zugleich der letzte Deutsche auf dem Stuhl Petri.

LETZTE KRÖNUNG: Paul VI. (1963 bis 1978); sein Nachfolger Johannes Paul I. (Wahl am 26. August 1978) schaffte die Tradition ab.

LETZTER PAPST: Nach der Prophezeiung des heiligen Malachias ist »Petrus Romanus – Petrus der Römer« der letzte Papst. In seiner Amtszeit soll Rom zerstört werden und ein fürchterlicher Richter über das Volk urteilen.

MOZARTS FROMME NAMEN

Mozart hieß mit Vornamen ursprünglich nicht Wolfgang Amadeus. Das Geniekind erhielt bei seiner Taufe folgende Vornamen:

JOHANNES CHRYSOSTOMUS WOLFGANGUS THEOPHILUS.

Das griechische »Theophilus« heißt auf Deutsch »Gottlieb« und auf lateinisch »Amadeus«; Mozart entschied sich später, wie man weiß, für die lateinische Variante.

Offizieller Wetter-Segen

Aus dem Benediktionale, dem offiziellen Segensbuch der römisch-katholischen Kirche:

Bitte um Regen: »Gott, in dir leben wir, bewegen wir uns und sind wir, du kennst unsere Not. Schenk uns den Regen, auf den das Land wartet. Gib uns das tägliche Brot, das uns am Leben erhält, damit wir um so vertrauensvoller nach der himmlischen Speise verlangen. Darum bitten wir durch Christus, unseren Herrn. Amen.«

Bitte um Sonne: »Allmächtiger Gott, von dir kommt alles, was wir brauchen. Schenke uns gutes Wetter, damit die Erde ihre Frucht bringt und wir deinen Namen preisen. Darum bitten wir durch Christus, unseren Herrn. Amen.«

Bitte bei Unwetter und Sturm: »Herr, unser Gott, alle Kräfte der Erde sind deiner Macht unterworfen. Stille die Stürme, die uns bedrohen, zähme die Naturgewalten, die uns schrecken, damit wir deine Macht und Güte preisen. Darum bitten wir durch Christus, unseren Herrn. Amen.«

Das Gesetz der Gesetze

Das Doppelgebot der Liebe, das Jesus verkündet, wird als das Gesetz der Gesetze und als »goldene Regel« bezeichnet. Es ist die Zusammenfassung aller Gebote und aller Weisungen Gottes. »Du sollst den Herrn, deinen Gott, lieben mit ganzem Herzen, mit ganzer Seele und mit all deinen Gedanken«, so Jesus. Dieses sei »das wichtigste und erste Gebot«. Aber nun kommt der paradoxe, der göttliche Logos. Denn »ebenso wichtig ist das zweite«. Nämlich: »Du sollst deinen Nächsten lieben wie dich selbst. An diesen beiden Geboten hängt das ganze Gesetz samt den Propheten.« Und vermutlich macht es dieser Passus, den Jesus noch verstärkt, indem er ihn zum Maßstab des Weltgerichtes macht (»Was ihr einem der Geringsten von meinen Brüdern getan habt, das habt ihr mir getan«), dass aus dem im Grunde simplen Gebot das schwierigste und härteste Gesetz der Welt wird.

Kult

»Der Glaube bestimmt den Kult, der Kult aber bestimmt die Weltanschauung, aus der dann die Kultur hervorgeht.«

Pawel Alexandrowitsch Florenski, russischer Religionsphilosoph

»Der Kult ist geistiger Kern der Kultur.«

Sergei Nikolajewitsch Bulgakow, orthodoxer Theologe

Kult leitet sich vom lateinischen *cultus* (Verehrung, Pflege, Verantwortung) ab, das wiederum vom Verb *colere* stammt. Es bedeutet: bebauen, bearbeiten, wohnen, ansässig sein, Sorge tragen, schmücken, pflegen, wahren, hochhalten, verehren, anbeten, heilig halten, huldigen.
Andere Einteilungen verwenden Kult als Oberbegriff für sämtliche rituellen Handlungen einer Religion. Nach einer Definition von Joseph Kardinal Ratzinger (Benedikt XVI.) reicht der Kult in seiner wahren Weite und Tiefe »über die liturgische Aktion hinaus und umfasst die Ordnung des ganzen menschlichen Lebens«. Die katholische Kirche verfügt über eine eigene »Kongregation für Kult und Sakramentendisziplin«. Im katholischen Weltkatechismus heißt es über das Gebet und Opfer der Kirche: »Es handelt sich stets um den Kult, den Christus in seiner Kirche und durch sie darbringt.«

Papst-Anekdote

Auch Papst Leo XIII. konnte nicht umhin, sich porträtieren zu lassen. Mit Erstaunen beobachtete er insgeheim die Interpretation des Malers. Als das Bild endlich fertig war, bat der Künstler den Heiligen Vater, er möge ihm doch bitte einen passenden Spruch für die Leinwand angeben. Der Papst nickte: »Dann, bitte, pinseln Sie darunter kurz: ›Matthäus 14,27 – Leo XIII.‹« Kurz danach eilte der Maler nach Hause und schlug die betreffende Stelle nach. Er fand: »Ich bin es, fürchtet euch nicht!«

Masse und Gewichte in der Bibel

Gewichte

Talent (60 Minen)	34 kg
Mine (Menah) (50 Schekel)	0,6 kg
Schekel (Beka)	11,5 Gramm
Pim (2/3 Schekel)	7,6 Gramm
Beka (20 Gera)	5,5 Gramm
Gera	0,6 Gramm

Hohlmasse für trockene Dinge

Kor (Homer) (10 Efa)	220 Liter
Lethek (5 Efa)	110 Liter
Efa (10 Homer)	22 Liter
Sea (1/3 Efa)	7,3 Liter
Gomer	2,2 Liter
Kab (1/18 Efa)	1,5 Liter

Hohlmasse für Flüssigkeiten

Bat (1 Efa)	22 Liter
Hin (1/6 Bat)	4 Liter
Log (1/72 Bat)	0,3 Liter

Längenmasse

Elle	0,5 Meter
Spanne	23 Zentimeter
Handbreite	8 Zentimeter

Alles hat seine Zeit

Alles hat seine Zeit:
eine Zeit zum Gebären und
eine Zeit zum Sterben
eine Zeit zum Pflanzen und
eine Zeit zum Ernten
eine Zeit zum Weinen und
eine Zeit zum Tanzen
eine Zeit zum Umarmen und
eine Zeit zum Abschied.

(aus dem Buch Kohelet 3,1–4).

Englische Krankheit

Der englische Erzbischof Theodore fühlte sich durch die Umstände herausgefordert, im Jahr 670 ein Strafregister gegen die Auswüchse des Trinkens im Klerus aufzustellen. Er kam auf folgende Empfehlung: »Ist ein Priester so betrunken, dass er die heiligen Psalmen nur noch lallt, soll er für die Dauer von zwölf Tagen nur von Wasser und Brot leben. Ist ein Mönch so alkoholisiert, dass er speien muss, soll er dreißig Tage Buße tun. Ist ein Bischof so besoffen, dass er die Hostie auskotzt, muss er neunzig Tage Buße tun.«

Was Katholiken und Protestanten unterscheidet

Katholiken	Protestanten
Die Gnadenlehre	
Im Prinzip stimmt Rom der lutherischen Haltung heute zu, betont aber stärker die Rolle der Kirche.	Der Sünder wird allein durch Gnade und den Glauben erlöst.
Sakramente	
Sieben Sakramente: Taufe, Buße (Beichte), Eucharistie (Abendmahl, Wandlung von Brot und Wein in Leib und Blut Christi), Firmung (ev. Konfirmation), Weihe (Priesterweihe), Ehe (keine Scheidung möglich), Sterbesakrament (Letzte Ölung).	Nur Taufe und Abendmahl, da beide auf Christus zurückgehen.
Amtspriestertum	
Priestertum mit besonderer Weihe, nur Männer zugelassen.	Allgemeines Priestertum.
Papst	
Katholiken kannten bis 1870 die Unfehlbarkeit ebenfalls nicht.	Lehnen den Primat, den Vorrang des Papstes, und seine Unfehlbarkeit ab.
Marienfrömmigkeit und Heilige	
Wesentliches Element der Volksfrömmigkeit. *Unbefleckte (sündenlose) Empfängnis* und *Leibliche Aufnahme Mariens in den Himmel* wurden erst im 19. und 20. Jh. zu Dogmen erklärt.	Nur eine biblisch begründete Marienverehrung, besondere Heiligenverehrung abgelehnt.
Mischehe	
Heiratserlaubnis, Dispens, muss eingeholt werden.	erlaubt

Die kürzeste Regel der Welt

Franz von Assisi (1182–1226) war ein Mensch gütiger Weichheit und herber Strenge. Niemand sei Jesus ähnlicher geworden, heißt es. Eine radikale Umkehr gab seinem Leben eine völlig neue Richtung. Die erste Hälfte dieses Lebens verbrachte der Sohn eines reichen Kaufmanns in üppiger Verschwendung. Er war, so seine Worte, ganz der »Sünde« verhaftet. Mit einem Schlag lebte er als »Büßer« in vollkommener Armut – und erweckte den Jesus des Evangeliums zu neuem Leben. Geburtsstätte seines Ordens ist ein kleines Kirchlein, Maria von den Engeln geweiht. Man schreibt den 15. April 1208. Franz hatte zwei Gefährten gewonnen, und seine allererste Ordensregel sind drei Texte aus den Evangelien:

Regel Nr. 1: »Willst du vollkommen sein, so gehe hin, verkaufe alles, was du hast, und gib es den Armen, und dann komm und folge mir nach.«
Regel Nr. 2: »Wer mir nachfolgen will, der verleugne sich selbst, nehme sein Kreuz auf sich und so folge er mir.«
Regel Nr. 3: »Nehmet nichts mit auf den Weg, weder Stab noch Tasche noch Brot.«

Seitenaltäre

Die vielen Altäre in alten Kirchen entstammen einer lateinischen Sonderentwicklung aus dem Klosterwesen. Weder die orthodoxen noch die reformierten Kirchen kennen sie. Hintergrund ist zum einen das Priesterbild (Priesteramt als Aufgabe, Eucharistie zu feiern), zum anderen die hohe Zahl von Priestermönchen und die Beliebtheit der so genannten Votivmessen für Verstorbene: je mehr Messen, desto mehr »Gnadenfrüchte«. Herzog Maximilian von Bayern († 1651) ordnete beispielsweise an, dass für ihn nach seinem Tod 30 000 Messen zu lesen seien. Der Münchner Dom besitzt sechzehn Seitenaltäre.

Das Geheimnis des Kirchenjahres

Das Kirchenjahr beginnt mit dem 1. Adventssonntag und endet mit dem Christkönigsfest. In ihm werden die Heilsgeheimnisse gefeiert. Die 4 Wochen der Adventszeit sollen auf das Kommen des Herrn zu Weihnachten und zum Jüngsten Gericht vorbereiten. Weihnachten, das Fest der Geburt des Herrn (25. 12.), wird bis zum Fest Epiphanie (6. 1.) gefeiert. Das höchste Fest des Kirchenjahres ist Ostern. Es wird vorbereitet durch die 40 Tage der vorösterlichen Bußzeit (Fastenzeit), beginnend am Aschermittwoch (die Sonntage sind vom Fasten ausgenommen). Das Osterfest dauert 8 Tage (= Oktav), die Osterfestzeit geht bis Pfingsten. Die Sonntage zwischen Epiphanie und Fastenzeit sowie zwischen Pfingsten und dem Christkönigsfest werden als so genannte Sonntage im Jahreskreis gezählt. Innerhalb des Kirchenjahres werden die anderen Christusfeste sowie die Gedenk- und Festtage der Heiligen begangen.

Liste der deutschen Bischofs-Kommissionen

Die deutschen Bischöfe haben während ihrer Herbst-Vollversammlung 2006 in Fulda folgende bischöflichen Kommissionen bestätigt:

1. Glaubenskommission
2. Ökumenekommission
3. Pastoralkommission
4. Kommission für Geistliche Berufe und Kirchliche Dienste
5. Liturgiekommission
6. Kommission für gesellschaftliche und soziale Fragen
7. Kommission für Erziehung und Schule
8. Kommission für Wissenschaft und Kultur
9. Publizistische Kommission
10. Kommission der Weltkirche
11. Kommission für Ehe und Familie
12. Jugendkommission
13. Kommission für caritative Fragen
14. Migrationskommission

Der Kreuzweg

Die Kreuzweg-Andacht besteht aus einem Gebetstext, der alleine oder gemeinsam gebetet werden kann. Am Karfreitag wird er in den katholischen Kirchen in einer Prozession begangen.

14. Der heilige Leichnam Jesu wird in das Grab gelegt
13. Jesus wird vom Kreuz abgenommen
12. Jesus stirbt am Kreuz
11. Jesus wird an das Kreuz genagelt
10. Jesus wird seiner Kleider beraubt
9. Jesus fällt zum dritten Mal unter dem Kreuz
8. Jesus begegnet den weinenden Frauen
7. Jesus fällt zum zweiten Mal unter dem Kreuz
6. Veronika reicht Jesus das Schweißtuch
5. Simon von Zyrene hilft Jesus das Kreuz tragen
4. Jesus begegnet seiner Mutter
3. Jesus fällt zum ersten Mal unter dem Kreuz
2. Jesus nimmt das Kreuz auf seine Schultern
1. Jesus wird zum Tode verurteilt

Meditation zur Kommunion

Das Eucharistie-Gebet des hl. Thomas v. Aquin: »Allmächtiger ewiger Gott, siehe, ich komme zum Sakrament deines eingeborenen Sohnes, unseres Herrn Jesus Christus. Ich komme wie ein Kranker zum Arzt des Lebens, wie ein Unreiner zum Quell der Barmherzigkeit, wie ein Blinder zum Licht der ewigen Klarheit, wie ein Armer und Bedürftiger zum Herrn des Himmels und der Erde. Ich bitte dich also im Vertrauen auf deine überreiche Güte: Heile gnädig meine Krankheit, wasche ab meine Unreinigkeit, erleuchte meine Blindheit, bereichere meine Armut und bekleide meine Nacktheit, damit ich das Brot der Engel, den König der Könige und den Herrn der Herrscher mit so großer Ehrfurcht und Demut, mit so tiefer Zerknirschung und Andacht, mit so reinem und gläubigem Herzen, mit solcher Gesinnung und Meinung genieße, wie es dem Heile meiner Seele nützlich ist.«

CHRISTUS MEDICUS

»Es ging eine Kraft von ihm aus, die alle heilte«, heißt es im Lukasevangelium *(Lk 6,19)*. Jesus war der Heiler und »Arzt« schlechthin, der »christus medicus«. Das Wort »Heiland« leitet sich vom althochdeutschen »heilan« (heilen, erlösen) ab. Ignatius von Antiochien bezeichnet Christus im Jahre 110 n. Chr. erstmals als Arzt. Auch Clemens Alexandrinus rühmt Christus als Heiler: »Deshalb heißt auch der Logos Heiland (soter), denn er hat für die Menschen geistige Arzneien gefunden zu ihrem Wohlbefinden und zum Heil. Er bewahrt die Gesundheit, deckt die Schäden auf, bezeichnet die Ursache der Leidenschaften, amputiert die Wurzel unvernünftiger Begierden, schreibt Diät vor und verordnet alle heilsamen Gegengifte für die Kranken«

HEILUNGEN

Blindheit .... *Joh 9,1–12; Mk 8,22–26; Mt 9,27–31*
Aussätzigkeit .... *Mk 1,40–45; Lk 17,11–19*
Fieber .... *Mk 1,29–31*
Blutung .... *Mk 5,25–34*
Verdorrte Hände .... *Mk 3,1–6*
Taubstummheit .... *Mk 7,31–37; Mt 15,29–31*
Lähmung .... *Mt 8,5–13; Lk 7,1–10; Mk 2,1–12*
Verkrüppelte Frau .... *Lk 13,10–17*
Wassersucht .... *Lk 14,1–6*
Sohn des Hauptmanns .... *Joh 4,46–53*
Verkrüppelter Mann .... *Joh 5,2–9*

DÄMONENAUSTREIBUNGEN

Der Mann in Kafarnaum .... *Mk 1,24–28; Lk 4,31–37*
Die Gerasener Dämonen .... *Mk 5,1–20*
Dämon des Stummen .... *Mt 9,32–34*
Besessener, der blind und stumm war .... *Mt 12,22*
Die Tochter der Syrophönizierin .... *Mk 7,24–30; Mt 15,21–28*
Der besessene Junge .... *Mk 9,14–29*

Gott ja, Kirche nein?

»Jesus ja, Kirche nein«, so hieß es in den 70er Jahren. Man hatte Jesus entdeckt. Sein Lebensbeispiel, seine Lehre überzeugten. Man wollte seinen Nächsten lieben, dem andern vergeben, ja sogar die Feinde lieben – das versprach eine bessere Welt. Und dafür brauchte man keine Kirche. Der heilige Cyprian, Bischof von Karthago (200–258), sagte zu dieser Frage: »Außerhalb der Kirche gibt es kein Heil«, denn »wer die Kirche nicht zur Mutter hat, kann Gott nicht zum Vater haben«. Romano Guardini hat den Sinn der Kirche einmal so beschrieben: »Sie muss den Menschen die letzten Wahrheiten, das endgültige Bild der Vollkommenheit, die tiefsten Richtlinien der Wertung unverrückbar entgegenhalten und darf sich durch keine Leidenschaft, durch keine Schwankung des Gefühls, durch keine Kniffe der Selbstsucht irremachen lassen.«

Jesus in rhetorischer Höchstform

»O ihr Pharisäer! Ihr haltet zwar Becher und Teller außen sauber, innen aber seid ihr voll Raubgier und Bosheit. Ihr Unverständigen! Hat nicht der, der das Äußere schuf, auch das Innere geschaffen? ... Weh euch: Ihr seid wie Gräber, die man nicht mehr sieht; die Leute gehen darüber, ohne es zu merken. Ihr habt den Schlüssel zur Erkenntnis weggenommen. Ihr selbst seid nicht hineingegangen, und die, die hineingehen wollten, habt ihr daran gehindert.« *(Lk 11,37–54)*

Invitatorium

Das Invitatorium (lat. Einladung) ist der Beginn aller Gebete der Mönche am Morgen:

Herr, öffne meine Lippen.
Damit mein Mund dein Lob verkünde.
Ehre sei dem Vater und dem Sohn und dem Heiligen Geist.
Wie am Anfang, so auch jetzt und allezeit und in Ewigkeit.
Amen.

Wasser des Lebens

Durch den Erfolg ihrer Rezepturen, Tinkturen und Elixiere erlangten einzelne klösterliche Pharmazien Weltruhm. Berühmt wurden ihre Karmeliter- und Melissengeister, der jahrhundertealte »Arquebuse« der Maristen, die Kräuterdestillate und grünen Smaragdwässer der Klosterfrauen. Der grüne und gelbe Kräuterlikör der Kartäuser wurde unter dem Namen seiner Herkunft, »Chartreuse« (Klostergründung 1084), zu Beginn des 20. Jahrhunderts gar zum Modegetränk der Salons. 300 Jahre zuvor hatten die Brüder des strengsten Ordens der katholischen Kirche eine alchimistische Geheimschrift entziffert und kamen auf diese Weise dem legendären »Eau de vie«, dem »Wasser des Lebens«, auf die Spur, das sie »Élixir végétal« nannten, eine geheime Mixtur aus rund 120 natürlichen Zutaten. Bis heute werden jeweils nur drei Mönche in das Geheimnis seiner Zusammensetzung eingeweiht, und noch keinem Konkurrenten ist es gelungen, trotz modernster Labormethoden die Mischung der Stoffe zu enträtseln. Die Dominikanerinnen von Santa Caterina a Ripatranzone haben mit Kräutern und Obst experimentiert und ein Elixier des langen Lebens hergestellt.

Zutaten:
1 knapper l 60 %ig. Alkohol,
5 g Rhabarbersaft,
30 g Aloe,
5 g Enzian,
25 g Safrantinktur

Zubereitung:
Alle Zutaten mischen, das Elixier in Flaschen füllen und etwa vier Wochen ziehen lassen. Wer uralt werden will, soll jeden Tag 2 bis 3 Esslöffel davon nehmen.

Kephalophoren

Jene Heiligen, die der Legende zufolge nach der Enthauptung ihren Kopf noch ein Stück des Weges in der Hand getragen haben: Adalbert von Prag, Alban, Dionysius, Felix, Regula und Exuperantius, Firminus, Placidus von Disentis, Valeria, Viktor von Solothurn, Nikasius von Reims.

Jesus und die Weltgeschichte

Nicht nur die moderne Zeitrechnung geht auf seine Geburt zurück. Jesus ist die beherrschende Gestalt der westlichen Kultur. Ethik und Kunst, Wissenschaft, Politik und Wirtschaft, Ehe, Familie und Recht wurden durch christliches Denken berührt und verwandelt. Kürzlich wurde die amerikanische Kongress-Bibliothek nach der Persönlichkeit durchforstet, über die es die meisten Bücher gibt. Mit 17 239 Titeln lag Jesus weit an der Spitze.

I. »Jesus Christus ist die beherrschende Gestalt in der Geschichte der westlichen Kultur für nahezu zwanzig Jahrhunderte.«

Jaroslav Pelikan, Historiker an der Yale-Universität

II. »Christus ist die Sprache der Ewigkeit, übersetzt in die Worte der Zeit.«

Martin Luther King, amerikanischer Bürgerrechtler

III. »Sein Einfluss auf die Geschichte ist ohne jede Parallele.«

Newsweek

IV. »Wäre er nicht geboren worden, die Welt wäre zugrunde gegangen, der Satan hätte sie gepackt.«

Otfried von Weissenburg, katholischer Theologe und Dichter

V. »Wer Christus hat, hat genug.«

Martin Luther

VI. »Ohne Jesus Christus wissen wir weder, was unser Leben, noch was unser Tod ist, noch was Gott ist, noch was wir selber sind.«

Blaise Pascal, französischer Philosoph, Mathematiker und Physiker

VII. »Alexander der Große, Cäsar und ich, wir haben große Reiche gegründet durch Gewalt, und nach unserem Tod haben wir keinen Freund. Christus hat sein Reich auf Liebe gegründet, und noch heutzutage würden Millionen Menschen freiwillig für ihn in den Tod gehen.«

Napoleon I. Bonaparte, Kaiser

VIII. »Christus ist mit jedem Menschen, ohne Ausnahme, in irgendeiner Weise verbunden, auch wenn sich der Mensch dessen nicht bewusst ist.«

Johannes Paul II.

Die Bücher der Bibel

	Altes Testament	Neues Testament	Gesamt
Anzahl der Bücher	39	27	66
Kapitel	929	260	1189
Verse	23 214	7931	31 145

Altes Testament: Genesis, Exodus, Levitikus, Numeri, Deuteronomium, Josua, Richter, Rut, Das erste Buch Samuel, Das zweite Buch Samuel, Das erste Buch der Könige, Das zweite Buch der Könige, Das erste Buch der Chronik, Das zweite Buch der Chronik, Esra, Nehemia, Tobit, Judit, Ester, Das erste Buch der Makkabäer, Das zweite Buch der Makkabäer, Ijob, Psalmen, Sprichwörter, Kohelet, Das Hohelied, Weisheit, Jesus Sirach, Jesaja, Jeremia, Klagelieder, Baruch, Ezechiel, Daniel, Hosea, Joël, Amos, Obadja, Jona, Micha, Nahum, Habakuk, Zefanja, Haggai, Sacharja, Maleachi.

Neues Testament: Das Evangelium nach Matthäus, Das Evangelium nach Markus, Das Evangelium nach Lukas, Das Evangelium nach Johannes, Die Apostelgeschichte.

Die Paulinischen Briefe: Der Brief an die Römer, Der erste Brief an die Korinther, Der zweite Brief an die Korinther, Der Brief an die Galater, Der Brief an die Epheser, Der Brief an die Philipper, Der Brief an die Kolosser, Der erste Brief an die Thessalonicher, Der zweite Brief an die Thessalonicher, Der erste Brief an Timotheus, Der zweite Brief an Timotheus, Der Brief an Titus, Der Brief an Philemon, Der Brief an die Hebräer.

Die Katholischen Briefe: Der Jakobusbrief, Der erste Brief des Petrus, Der zweite Brief des Petrus, Der erste Brief des Johannes, Der zweite Brief des Johannes, Der dritte Brief des Johannes, Der Brief des Judas.

Die Offenbarung des Johannes.

Zehn Hauptstädte mit (unvermutet) christlichem Hintergrund

Buenos Aires: Benannt nach der Schutzheiligen der Seefahrer Santa Maria del Buen Aire.

Santiago de Chile: Zu Deutsch: Heiliger Jakob. Der Zusatz de Chile (von Chile) dient der Unterscheidung von den vielen anderen Städten gleichen Namens.

San José: Heiliger Joseph, Hauptstadt von Costa Rica.

Santo Domingo: Heiliger Sonntag, Hauptstadt der Dominikanischen Republik.

San Salvador: Der heilige Erlöser, Hauptstadt von El Salvador.

Santa Fe de Bogotá: Heiliger Glaube, Bogotá wurde von Gonzalo Jiménez de Quesada gegründet, der ihr den Namen gab, benannt nach seinem Heimatort in Spanien.

San Cristóbal de La Habana: Originalname der Hauptstadt Kubas.

San Juan: Puerto Ricos Hauptstadt wurde im Jahre 1521 zu Ehren von Johannes dem Täufer in »San Juan« umbenannt.

Asunción: Spanisch für: Himmelfahrt. Die Hauptstadt Paraguays Nuestra Señora de la Asunción (»Himmelfahrt Mariens«) wurde am 15. August 1537 von Juan de Salazar und Gonzalo de Mendoza gegründet.

München: Von Mönchen. Das »Münchener Kindl« im Stadtwappen der bayerischen Landeshauptstadt zeigt einen Mönch.

Dämonen in der Kirche

Was bedeuten die schrecklichen Teufelsfratzen, die häufig an den Außenfassaden der Kirchen zu sehen sind? Sie sind Symbole für die bösen Geister, die vor der Heiligkeit des Kirchenraumes herausfahren und sich nun als Wasserspeier am Dach und an den Mauerpfeilern aufhalten müssen. Dämonen im Innenraum, etwa an Säulenbasen und Kapitellen, sind Sinnbild der durch Christus überwundenen Kräfte des Bösen. Sie wehren nun das heranstürmende Unheil ab (etwa als fauchende Ungeheuer auf den Türmen von Notre Dame in Paris).

Handlungen der Gottesmutter

Nach Berichten über unterschiedlichste Marien-Visionen handelt die Gottesmutter bei den Erscheinungen, als wäre sie lebendig. Verzeichnis einiger Tätigkeiten Marias während der Begegnungen:

Maria ... heilt
- verspricht
- kündigt an
- zeigt etwas
- bewahrt vor etwas
- wünscht etwas
- unterhält sich
- prophezeit
- bittet
- führt
- schenkt Kraft
- segnet
- hält etwas in der Hand
- zeigt etwas
- ermuntert

- beruhigt
- hindert
- hilft
- unterweist
- stärkt
- versichert
- übermittelt Visionen
- befreit (aus Gefangenschaft)
- versetzt anderswohin
- geleitet in den Himmel
- inspiriert
- tröstet
- lehrt geistliche Lieder
- spricht Mut zu
- verscheucht Dämonen
- regt an
- empfiehlt Rosenkranz
- erscheint im Traum
- lobt
- dankt
- fordert auf
- schützt
- rettet
- begleitet unerkannt
- erklärt Symbole
- berät
- lässt eine Quelle entspringen
- schreibt an den Himmel (in Pontmain 1871)
- lässt die Sonne tanzen (erstmals in Fátima 1917)
- schützt vor Satan (1878 in Mettenbuch)
- lässt in der Tilma (Mantel) des Juan Diego ihr Bild zurück (Guadalupe 1531)
- lässt an einer Kirchenwand ihr Bild zurück (Pistoia)
- versetzt an entfernte Orte (1359 Neapel)
- greift in Kriege ein (1432)
- leistet Fürbitte (1438)

- ist hocherfreut
- löscht Flammen (1447)
- weint blutige Tränen (schon 1464!)
- steht im Kampf bei (1479)
- vergießt Blut aus Statuen (schon 1495!)
- steht mit Rat und Tat zur Seite (1520)
- beendet eine Seuche (1529)
- bringt Seelenfrieden (1568)
- treibt Belagerer in die Flucht (1600)
- zeigt das Buch des Lebens (1616)
- ist traurig
- weint Tränen
- blutet
- teilt Geheimnisse mit
- freut sich
- bereitet auf den Tod vor
- spendet die Kommunion
- bewegt die Augen (bei Statuen und Bildern)
- zertritt die Schlange
- steht auf einer Wolke
- schwebt
- steht auf der Mondsichel
- breitet die Hände aus
- hat die Hände gefaltet
- winkt heran
- befiehlt etwas
- hebt beschwörend die Hand
- breitet die Arme weit aus
- entfaltet Mantel über das ganze Universum (Fontanelle)
- lehrt einen neuen Rosenkranz (»Immakulata-Rosenkranz«)
- drückt ein Buch an die Brust (Tre Fontane)
- dreht sich um, geht durch die Felsen weg (Tre Fontane)
- unterweist im Lesen und Schreiben (Teresa Musco)
- überschüttet mit Rosenblättern (Teresa Musco)
- diktiert Botschaften (San Nicolas)
- Statue wird lebendig, bewegt sich, verlässt

den Platz, Haare und Gewand wehen im Wind (Melleray)
- weint blutige Tränen
- duftet
- sondert duftendes Öl ab
- weint bitterlich
- prägt ein Kreuz mit Engelhilfe in den Boden ein (Eisenberg)
- küsst und segnet Rosenkränze und Medaillen
- berührt die Wunden der Kranken
- bereitet eine »Medizin« (San Damiano)
- ruft mit lauter Stimme

Zwanzig weitere Städte mit heiligem Namen

Sacramento	Kalifornien, USA
Saint Etienne	Rhône-Alpes, Frankreich
Saint Louis	Missouri, USA
Sankt Moritz	Schweiz
San Antonio	Texas, USA
San Bernardin	Kalifornien, USA
San Diego	Kalifornien, USA
San Francisco	Kalifornien, USA
San Juan	Puerto Rico, USA
Sankt Pölten	Österreich
San Marino	San Marino
San Salvador	El Salvador
Santa Barbara	Kalifornien, USA
Santa Cruz de Tenerife	Kanarische Inseln, Spanien
Santa Fe	New Mexico, USA
Santa Monica	Kalifornien, USA
Santiago de Chile	Chile
Santiago de Compostela	Spanien
Santiago de Cuba	Kuba
São Paulo	Brasilien

Ein Jesuiten-Witz

Ein Jesuitenpater kam eines Tages völlig aufgeregt zu seinem General und berichtete atemlos, man habe das wahre Grab Christi gefunden. Prima, meinte der General, dem es offenbar nichts ausmachte, dass man bislang offenbar die falsche Grabstelle in Jerusalem verehrt hat. »Ja aber«, stotterte der Pater, »das Grab war voll.« Darauf der General: »Dann hat er also doch gelebt.«

In guter Verfassung

»Angesichts des Trümmerfeldes, zu dem eine Staats- und Gesellschaftsordnung ohne Gott ... geführt hat, ... gibt sich das Bayerische Volk ... nachstehende demokratische Verfassung.«

Aus der Präambel der Verfassung des Freistaates Bayern

»Im Bewusstsein seiner Verantwortung vor Gott und den Menschen ..., hat sich das Deutsche Volk ... dieses Grundgesetz gegeben.«

Aus der Präambel des Grundgesetzes für die Bundesrepublik Deutschland

Säulenheilige

Viele Eremiten gingen in ein verborgenes Wüstental, einige in eine Höhle, andere auf einen abgelegenen Berg. Symeon Stylitis hingegen suchte sich für seine Askese eine Säule aus. Stylitis Säule war zunächst drei, dann zwanzig Meter hoch. In diesem Abstand zur Welt lebte er ohne Schutz vor Regen oder Sonne bis zu seinem Tod. Nahrung zog er über einen Korb zu sich hinauf. Er brachte es dabei fertig, von hier oben wirksam ins öffentliche Leben zu treten. Zweimal am Tag predigte er zu Pilgern. Viele nahmen lange Wege auf sich, um Symeon um Rat zu bitten. So wurde er im fünften Jahrhundert in Syrien der Begründer der extravaganten Bewegung der Säulensteher, die sich über das ganze Byzantinische Reich ausbreitete. In Ermangelung von Säulen wandelten Anhänger der Bewegung eines Tages freilich die Askese ab, indem sie auf Bäume zogen oder sich schwere Ketten anlegten.

12 seltsame Jesus-Titel

In den Büchereien der Welt stehen derzeit etwa 175 000 verschiedene Bücher über Jesus in 500 unterschiedlichen Sprachen. Unter dem Stichwort »Jesus« führt Google rund 216 Millionen Einträge. Bei »amazon« gibt es rund 4800 Jesus-Titel, darunter:

Jesus der Medizinmann
Jesus der Zenlehrer
Jesus der Psychotherapeut
Jesus der Baghwan
Der verfälschte Jesus
Der unbekannte Jesus
Der missverstandene Jesus
Der lachende Jesus
Die dunkle Seite von Jesus
Jesus starb in Kaschmir
Jesus starb nicht in Kaschmir
Jesus ging nach Hollywood

Seligpreisungen

Die Seligpreisungen Jesu nach Matthäus (Mt 5,1–7,29) sind eine Art Zusammenfassung der Bergpredigt. Nirgendwo wurde die Kunst, mit einfachen Worten die erhabensten Dinge auszudrücken, auch nur annähernd in dieser Qualität erreicht.
»Als Jesus die vielen Menschen sah, stieg er auf einen Berg. Er setzte sich, und seine Jünger traten zu ihm. Dann begann er zu reden und lehrte sie. Er sagte:

(1) Selig, die arm sind vor Gott;
denn ihnen gehört das Himmelreich.
(2) Selig die Trauernden;
denn sie werden getröstet werden.
(3) Selig, die keine Gewalt anwenden;
denn sie werden das Land erben.
(4) Selig, die hungern und dürsten nach der Gerechtigkeit;
denn sie werden satt werden.
(5) Selig die Barmherzigen;
denn sie werden Erbarmen finden.
(6) Selig, die ein reines Herz haben;
denn sie werden Gott schauen.
(7) Selig, die Frieden stiften;
denn sie werden Söhne Gottes genannt werden.
(8) Selig, die um der Gerechtigkeit willen verfolgt werden;
denn ihnen gehört das Himmelreich.«

Der berühmteste Mantel der Welt

Das berühmteste im Abendland verehrte Kleidungsstück war der Mantel (cappa) des hl. Martin, für den man eine eigene Kapelle – daher der Name – baute. Die Sorge für das Gewandstück, das am fränkischen Königshof verehrt wurde, wurde einem eigens dafür bestellten Geistlichen übertragen (capellanus = Kaplan).

Apologie des Glaubens

Seneca: »Das meiste, dessen der Mensch gewiss ist, kennt er durch den Glauben.«

Schopenhauer: »Nur der kann über diesen Glauben (an geheimnisvolle, übernatürliche Wirkungen) lächeln, der die Welt ganz und gar begreiflich findet. Das kann man aber nur, wenn man mit überaus flachem Blick in sie hineinschaut, der keine Ahnung davon zulässt, dass wir in ein Meer von Rätseln und Unbegreiflichkeiten versenkt sind.«

Pascal: »Ist die Vernunft am weitesten vorgeschritten, so erkennt sie, dass es noch vieles gibt, was sie nicht zu fassen vermag, und kommt sie nicht dahin, so ist sie sehr schwach.«

Leibniz: »Die Geheimnisse überschreiten unsere Vernunft, denn sie legen uns Wahrheiten vor, welche in dieser Reihe von Erkenntnissen, die unser Geist durch natürliche Kraft in sich findet, nicht enthalten sind, aber sie sind nicht gegen unsere Vernunft und widersprechen keiner der Wahrheiten, zu welchen wir durch die Denknotwendigkeit geführt werden.«

Anselm von Canterbury: »Je mehr wir vom Glauben uns genährt haben, desto reicher werden wir gesättigt im Verständnis.«

Cicero: »Dass Gott existiert, ist so offenkundig, dass ich an der gesunden Vernunft dessen zweifle, welcher ihn leugnet.«

Psalm 13: »Der Tor spricht in seinem Herzen: Es ist kein Gott.«

La Bruyére: »Ich möchte einen nüchternen, mäßigen, gerechten, keuschen Mann finden, der die Existenz Gottes und die Unsterblichkeit der Seele leugnete; dieser wenigstens würde unparteiisch sein; aber einen solchen Mann gibt es nicht. (La Bruyère, französischer Charakter- und Sittenschilderer)

Arma Christi – Die Waffen Christi

Waffen Christi wurden im Barock die Werkzeuge genannt, mit welchen der Heiland sein Leiden und seinen Kreuzestod erfuhr. Sie wurden häufig auf Andachtskreuzen neben gut befahrenen Straßen angebracht. Neben dem Kreuz selbst geht es um folgende sieben »Waffen«: Hammer – Nägel und Zange – Geisseln – Lanze – Stab mit Schwamm – Dornen-krone – eine Hand (die dem gefolterten Jesus den Backenstreich versetzte). Die Leidenswerkzeuge wurden als mächtige Waffen gegen die Sünde angesehen, die bei kontemplativer Betrachtung der Schmerzen Christi jeden Keim des Bösen in der Menschenseele ausrotten sollten.

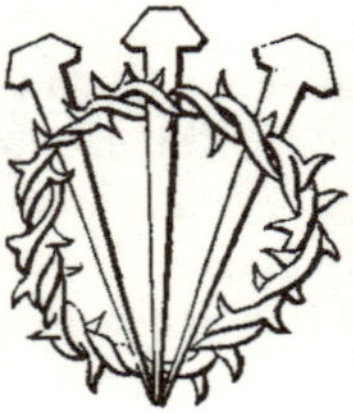

Gesetze der Thora

Die Thora, das biblische Gesetzbuch der Juden (Pentateuch), besteht aus insgesamt 613 Gesetzen. Die Zahl hat Symbolwert.

365 Gebote	=	für jeden Tag des Jahres ein Gebot
+ 248 Verbote	=	für jeden Körperteil (incl. Knochen etc.) ein Verbot
= 613 Gesetze	=	der ganze Mensch soll das Gesetz Gottes jeden Tag erfüllen.

Gottes Vernunft

Aus den Akten des I. Vatikanischen Konzils, 3. Sitzung, Kapitel 4:
»Wenngleich (aber) der Glaube über der Vernunft steht, so kann doch niemals zwischen Glauben und Vernunft ein wirklicher Widerspruch stattfinden, weil eben derselbe Gott, welcher die Geheimnisse offenbart und den Glauben eingießt, in den menschlichen Geist das Licht der Vernunft gelegt hat; Gott aber kann nicht sich selber ableugnen, und das Wahre dem Wahren nie widersprechen.«

Credo

325 n. Chr. wurde auf dem ökumenischen Konzil zu Nizäa für die ganze Kirche in West und Ost ein Glaubensbekenntnis formuliert, das in Kurzform all das beinhaltet, woran Christen glauben. Im Mittelalter fügt die katholische Kirche an einer entscheidenden Stelle den Begriff filioque hinzu, »und von dem Sohn«. Diese Änderung wurde später auch von der lutherischen Kirche übernommen, während sie von den orthodoxen Kirchen bis heute abgelehnt wird. Wenn in dem Passus von der »katholischen« Kirche die Rede ist, ist das im Sinn des Auftrages Christi für die allgemeine, weltumspannende Kirche gemeint (katholisch »allgemein, für alle«). Der Begriff wird in der evangelischen Kirche heute mit »allgemein« ersetzt. Die Kurzform des Credos lautet:

Ich glaube an Gott,
den Vater, den Allmächtigen,
den Schöpfer des Himmels und der Erde.

Und an Jesus Christus,
seinen eingeborenen Sohn, unseren Herrn,
empfangen durch den Heiligen Geist,
geboren von der Jungfrau Maria,
gelitten unter Pontius Pilatus,
gekreuzigt, gestorben und begraben,
hinabgestiegen in das Reich des Todes,
am dritten Tage auferstanden von den Toten,
aufgefahren in den Himmel;
er sitzt zur Rechten Gottes,

des allmächtigen Vaters;
von dort wird er kommen,
zu richten die Lebenden und die Toten.

Ich glaube an den Heiligen Geist,
die heilige katholische Kirche,
Gemeinschaft der Heiligen,

Vergebung der Sünden,
Auferstehung der Toten
und das ewige Leben.

Amen.

Amen

Kein Wort wird im kultischen Kontext häufiger benutzt. »Wer Amen sagt«, proklamierte der heilige Augustinus (345–430), »gibt seine Unterschrift.« Es ist das persönliche Siegel, das damit gegeben wird: Ja, so ist es! Oder: Ja, ich glaube! Bischof Ambrosius von Mailand (339–397) wusste: »Du sagst Amen, das heißt: Das ist wahr.« Das aus dem Hebräischen kommende »Amen« (aman) bedeutet so viel wie »vertrauen«, »glauben«. Jesus verwendet das im Judentum vielfach gesprochene Wort, wenn er besondere Aussagen unterstreichen will. Allein im Matthäusevangelium finden sich 30 Amen-Stellen. Die Doppelung liebt er, wenn er auf die Wichtigkeit und Wahrheit seiner Botschaft hinweist: »Amen. Amen, ich sage euch ...« Welchen Nachhall in Körper und Seele dieses heilige Wort erzeugt, wird besonders auch in Gospel-Songs deutlich. Die Formel Amen wurde auch vom Islam übernommen, somit ist das Wort in den Gottesdiensten und Gebeten von Juden, Christen und Muslimen üblich.

Süsse Versuchung

Im Jahr 1569 sandten die Bischöfe von Mexiko einen Gesandten namens Fra Girolamo di San Vincenzo in den Vatikan zu Papst Pius V. Zu klären war, ob ein neues Getränk mit dem Namen Xocoatl von der Frucht des Cacahati und dem Baum Cacahaquahuitl in der Fastenzeit getrunken werden dürfe oder nicht. Als der Papst widerwillig von der bitteren heißen Schokolade gekostet hatte, soll er gesagt haben: »Potus iste non frangit jejunium« – Dieser Trank bricht das Fasten nicht.

Ihren Siegeszug trat die süße Speise an, als in einem Kloster entdeckt wurde, dass man das Fett vom flüssigen Kakaobrei abschöpfen und mit Vanille und Zucker gemischt trinken konnte. Schließlich konservierten Klosterköche in Guatemala Schokolade in Form von festen Tafeln. In Europa zettelte die Schokolade Anfang des 17. Jahrhunderts eine erbitterte Auseinandersetzung zwischen Jesuiten (pro) und Dominikanern (contra) an. 1662 fand die Auseinandersetzung ein Ende, durch eine entschiedene Stellungnahme des Kardinals Brancaccio – Gott sei Dank pro.

Die Geographie Gottes

Der Schwabe Abraham a Sancta Clara (auch: a Santa Clara), bürgerlich Johann Ulrich Megerle, war ein berühmter Prediger seiner Zeit († 1. Dezember 1709 in Wien). Seine Reden zeichnete nicht nur eine besondere Flamme aus, sondern auch hohe Originalität:
»Der liebe Gott ist mit seiner Hilfe nicht immer von Eilenburg, sondern auch zuweilen von Wartenberg; drum sollen wir in unserm Gebet von Anhalt sein. Wenn uns die Vorsehung über Kreuznach, Bitterfeld und Dornburg führt, so dürfen wir nicht verzagen, sondern wir müssen unsern Blick nach Seligenstadt richten, wohin wir aber nicht gelangen, wenn wir uns unterwegs in Weinheim und Spielberg aufhalten oder ungebührlich lange in Frauenstadt und Magdeburg verweilen.«

Die Orans-Geste

Die Orans-Geste, früher im Mittelmeerraum die übliche Art des Betens, wird als die älteste Gebetshaltung bezeichnet. Sie wird vom Priester während der Messfeier praktiziert. Dabei werden die Hände nicht gefaltet, sondern bei angewinkelten Armen mit der Handfläche nach vorn bis zur Höhe der Schulter oder des Kopfes gehoben – Zeichen des Flehens um Segen und Hilfe. In der Ostkirche wird die Gottesmutter nicht selten in der Orans-Haltung abgebildet, die heute zunehmend von charismatischen Bewegungen verwendet wird.

Definition von Ewigkeit

Das Sein ist jenseits der Zeit. Sein ist Ewigkeit, so hat es der spätantike christliche Philosoph Boethius († 524) in seiner berühmten Definition beschrieben:

»Ewigkeit ist der vollkommene, in einem einzigen, alles umfassenden Jetzt gegebene Besitz grenzenlosen Lebens.«
(»Interminabilis vita tota simul et perfecta possessio.«)

Einige Flaggen mit Kreuz

In vielen Staaten war das Christentum ein nationenbildendes und staatsgründendes Moment, insbesondere in den europäischen. Als Ausdruck hierfür sind in den Wappen, Symbolen, Fahnen oder Flaggen der jeweiligen Länder bis heute christliche Kreuze enthalten. Eine kleine Auswahl:

Flagge	Einsetzung	Land	Art des Kreuzes
	1219	Dänemark	Skandinavisches Kreuz: Es geht auf den Dannebrog aus dem Jahre 1219 zurück
	29. Mai 1918	Finnland	Skandinavisches Kreuz
	26. Jan. 2004	Georgien	Georgskreuz
	März 1822	Griechenland	Griechisches Kreuz
	1. Jan. 1801	Großbritannien	Union Jack: Flaggen von England (Georgskreuz), Schottland (Andreaskreuz) und Irland (Patrickskreuz).
	19. Juni 1915	Island	Skandinavisches Kreuz
	6. Aug. 1962	Jamaika	Andreaskreuz
	1918	Marineflagge Lettlands	Balkenkreuz

Flagge	Einsetzung	Land	Art des Kreuzes
	1937	Liechtenstein	Kreuz über der Fürstenkrone
	15. April 1942	Malta	Georgskreuz
	1. Jan. 1899	Norwegen	Skandinavisches Kreuz
	1699	Kriegs- und Marineflagge Russlands	Andreaskreuz
	1286	Schottland	Andreaskreuz. Andreas ist Nationalheiliger Schottlands
	22. Jan. 1906	Schweden	Skandinavisches Kreuz
	4. Juli 1815	Schweiz	Griechisches Kreuz (auch: Schweizer Kreuz)
	1990	Slowakei	Patriarchenkreuz
	19. Dez. 1981	Spanien	Kleines lateinisches Kreuz als Schmuck der Krone
	1866	Tonga	Griechisches Kreuz

Erleuchtung

Christliche Mystik behauptet, die Seele könne schon in diesem Leben die Gegenwart und das Wesen Gottes durch gewisse Erfahrungen erfassen. Papst Benedikt XVI. beschreibt den christlichen Glauben als den »Weg der Erleuchtung«. Mönchsvater Cassian meint über die Stufe mystischen Erlebens: »Es drückt der Geist in denkbar kürzester Zeit so hohe Dinge aus, dass er sie, wenn er zu seiner normalen Betätigungsweise zurückkehrt, kaum zu äußern oder wiederzugeben vermag.« Bernhard von Clairvaux hatte die mystische Losung gefunden: »Ich glaube, damit ich erfahre.« Sein Ziel war, das Göttliche nicht bloß als irgendwie interessante Lehre zur Kenntnis zu nehmen, sondern es als praktische Erfahrung tatsächlich auch zu verkosten. Allerdings glaubte auch er, niemand könne »das Wesen dieses Erlebnisses erklären, außer derjenige, der es empfangen hat«. Dennoch beschreiben viele Heilige etwas von diesem erstaunlichen Gefühl, das sie in der Hingabe an Gott erfahren hatten, als etwas radikal Befreiendes und Lichtvolles, eine Art Fenster zum Himmel, das man für kurze Zeit öffnen kann, um mehr an Freude und weniger an Angst zu haben:

Ignatius von Loyola

erklärt, er habe das Charisma der Tränen empfangen und Visionen erhalten, die ihn förmlich in Lichtstrahlen einhüllten. »Überströmen in Andacht und Tränen und infolgedessen Augenschmerzen«, hielt der Spanier in seinem Tagebuch fest. Die Erleuchtung seines Lebens schildert er in der dritten Person: »Die Augen seines Geistes begannen sich zu öffnen; nicht so sehr in dem Sinne, dass er ein Gesicht geschaut hätte, sondern indem er viele Fragen erfasste und erkannte, sowohl solche, die das geistliche Leben, als auch solche, die den Glauben und die Wissenschaft betrafen.« Jene Stunde der Erleuchtung habe ihn mehr gelehrt, als ihn hundert Doktoren der Welt hätten lehren können.

Theresia von Ávila,

Gründerin von 17 Frauen- und 15 Männerklöstern, wird nachgesagt, sie habe mit der Intensität und Dichte ihres Glaubens alle seelischen

Kräfte aktivieren können, die ansonsten unbenutzt in unserem Unterbewusstsein schlummerten. Die Folgen davon: ekstatisches Schweben, das Leuchten ihres Angesichtes und die Verzückung in Visionen. Einmal, so berichtet sie selbst, habe in dieser Schau ein Seraph mit einem goldenen, glühenden Pfeil ihr Herz durchbohrt. Tatsächlich können Besucher in der Kirche ihres Ordens in Alba noch heute die Spuren dieser Verwundung an dem dort ausgestellten unverwesten Herzen der Heiligen studieren.

Hildegard von Bingen:

»Das Licht, das ich schaue, ist nicht an den Raum gebunden. Es ist viel lichter als eine Wolke, die die Sonne in sich trägt.« Und immer, wenn sie das sehe, wurde »alle Traurigkeit und alle Angst von mir genommen.«

Benedikt von Nursia

konnte Kaputtes wieder ganz machen, Leeres füllen. In seiner unerschrockenen Sprache, typisch für die Streiter Gottes, habe er selbst den Zeitpunkt seines Todes vorausgesagt. Einmal sei der heilige Mönch nachts ans Fenster getreten. In einem innigen Flehen sehnte sich sein Inneres zu Gott empor. Plötzlich durchbrach ein blendendes Licht die Finsternis. Die Nacht wurde von einem Glanz erhellt, der noch das gleißendste Sonnenlicht des Tages übertraf. Thomas von Aquin hat das Ereignis so gedeutet: Benediktus habe in einer tiefen mystischen Gottesschau geruht, wie sie außer Abraham und Moses noch keinem menschlichen Wesen zuteil geworden sei. In diesem erweiterten Zustand der Seele, vergleichbar mit der Erkenntnismöglichkeit der Engel, sei das göttliche Licht in seinen begnadeten Verstand eingegangen, was ihn zu einem Abbild der ewigen Wahrheit gemacht habe. »Große Mönche kreisen nicht um das eigene Ego, sondern suchen in der Meditation Zugang zur ewigen Wahrheit. Für Benedikt wurden die Dinge dieser Welt immer kleiner. Er schaute nicht mehr in den Geschöpfen Gott, wie es heißt, sondern in Gott die Geschöpfe.« Für den Mönch von Monte Cassino, so Papst Gregor der Große, habe sich »die ganze Welt wie in einem einzigen Sonnenstrahl vereinigt«.

Wenn Heilige sterben

Augustinus † heftete sich in seinem Sterbezimmer Bußpsalmen an die Wand, damit er sie in zerknirschtem Gebet und unter vielen Tränen, wie es heißt, immerfort beten konnte. Zehn Tage vor seinem Tod am 28. August 430 ordnete er an, keinen Besucher mehr einzulassen, damit kein Laut der geschäftigen Welt und kein teilnehmendes Gespräch seine Stille störten.

Franziskus † war vor seinem Tod von einer religiösen Freude erfüllt und bat seine Brüder, während er nackt auf dem Boden in einer Hütte lag, ihm die letzten Worte Jesu vorzulesen und vom Tod zu singen. Mit seiner linken Hand bedeckte er die rechte Seitenwunde der Stigmata, die er als eine Art Zeichen des göttlichen Siegels auf dem Berg Alverna empfangen hatte. »Ich habe das Meine getan«, so verabschiedete sich der »Büßer von Assisi«, wie er sich selbst sah, von den Brüdern am 3. Oktober 1226, »was euer ist, möge euch Christus lehren.«

Bernhard †, der Vater der Zisterzienser, der ein ganzes Jahrhundert prägte und dem man nachsagte, er hätte in der Tiefe seiner Meditation einmal hoch zu Pferde den Genfer See umritten, ohne zu bemerken, dass ein See überhaupt vorhanden war, hatte sich zum Sterben am 20. August 1153 auf einem mit Asche bestreuten Häuflein Stroh ausgestreckt. Seinen Mönchen empfahl er zur Nachahmung, sich weniger auf das eigene Urteil als auf das der anderen zu verlassen.

Dominikus † gab unter den Sterbegebeten seiner Mitbrüder am 6. August 1221 seine Seele dem Schöpfer zurück. Dabei erklärte er seinen Hinterbliebenen, er werde ihnen nach seinem Tode »mehr nützen können als während meines Lebens«. Als seine geistige Hinterlassenschaft trug er ihnen auf: »Besitzet die Liebe! Bewahret die Vernunft! Verharrt in der freiwilligen Armut!« Ihn selbst, gestand er, habe die Barmherzigkeit »bis zu dieser Stunde in fleckenloser Reinheit bewahrt«, allerdings wolle er noch eines zugeben: »Ich bekenne aber, dass ich mich nicht von der Schwäche habe freimachen können, mich lieber mit jungen Frauen als mit alten Weibern zu unterhalten.«

Unverwesbarkeit

Bei jedem Seligsprechungsprozess müssen im Verlaufe des Verfahrens die Gräber der jeweiligen Betroffenen geöffnet werden. Nicht alle Heiligen sind unverwest, allerdings gibt es eine erstaunliche Anzahl von später Heiliggesprochenen, die noch Jahrhunderte nach ihrem Tode unverwest aufgefunden wurden. In seinem Buch »Die körperlichen Begleiterscheinungen der Mystik« untersucht der englische Jesuit Herbert Thurston 1955 das Phänomen der Unverwesbarkeit. Seine Dokumentation basiert vorwiegend auf Heiligsprechungsakten und Dokumenten des Vatikans. Die beobachteten Phänomene teilte Thurston in sechs Klassen ein:

1. Außernatürliche Wohlgerüche, die in der Nähe der Verstorbenen wahrgenommen wurden, teils über Monate und Jahre hinweg.
2. Völliges Ausbleiben der Totenstarre.
3. Unverweslichkeit über Jahrhunderte hinweg ohne Einbalsamierung oder Aufbewahrung in Metallsärgen oder Vakuum-Räumen.
4. Blutausfluss aus einem Leichnam noch Wochen, Monaten oder Jahren nach dem Tode.
5. Erhaltung der Körperwärme. Als zum Beispiel ein Chirurg die Leiche der Maria Villani neun Stunden nach dem Tode öffnete, um das Herz herauszunehmen, war die Temperatur im Innern des Leibes so hoch, dass er seine Hand mehrmals zurückziehen musste.

Bekannte Heilige, die heute noch unverwest in Kirchen aufgebahrt sind:

Vivenay .... hl. Pfarrer von Ars, stand im Dialog mit Maria
Bernadette Soubirous ... empfing die Marienerscheinungen von Lourdes
Theresia von Ávila .... spanische Mystikerin, deren Herz durchbohrt war
Katharina von Siena ..... Analphabetin, Papstberaterin, Patronin Italiens
Franz Xaver ....Jesuit, begründete in Asien die Mission der Neuzeit
Philipp Neri .... verschenkte Erbe, freie Frömmigkeit, Predigtverbot
Katharina Labouré .... die Heilige der Wunderbaren Medaille
Magdalena-Sophie Barat .... gründete Gesellschaft vom Herzen Jesu
Don Bosco ....Jugendseelsorger und Gründer der Salesianer
Johannes XXIII. .... Initiator des II. Vatikanischen Konzils

Die Sieben Schmerzen Mariens

1. Schmerz .... Simeons Weissagung
2. Schmerz .... Flucht nach Ägypten
3. Schmerz .... Verlust des 12jährigen Jesus im Tempel
4. Schmerz .... Begegnung auf dem Kreuzweg
5. Schmerz .... Kreuzigung, Tod, Lanzenstich und Kreuzabnahme Jesu
6. Schmerz .... Der Leichnam des Herrn in den Armen der Mutter
7. Schmerz .... Grablegung Jesu; Tränen und Verlassenheit Mariens

Die begehrteste Medaille der Welt

Sie ist meist nur aus Blech und wird völlig ohne Vorleistung vergeben. Immerhin hat sie einen attraktiven Namen: »Wunderbare Medaille«. Mit bislang einer Milliarde verteilter Exemplare weltweit ist das Medaillon der jungen Novizin Katharina Labouré aus der Pariser Rue du Bac Nr. 114 vermutlich das begehrteste Kleinod aller Zeiten. Denn dass sie Wunder wirken kann, gilt als gesichert. Bereits 1839 verfasste der Erzbischof von Paris ein eigenes Hirtenschreiben über die Medaille und empfahl, sie zu tragen und das darauf geschriebene Gebet häufig zu verrichten. Gregor XVI. ließ sie am Fuß seines Brustkreuzes anbringen und trug sie selbst. Leo XIII. ordnete 1894 ein eigenes Fest der »Erscheinung der Unbefleckten Jungfrau von der Wundertätigen Medaille« für den 27. November an. Pius X. errichtete die »Vereinigung der Wunderbaren Medaille«. Und Pius XII. verschenkte sie mit Vorliebe bei seinen Audienzen. Die Urheberin selbst, Katharina Labouré, die das Bildnis der Medaille bei einer Marienvision empfing, wurde 1933 selig gesprochen. Ihr Leib war unversehrt, als man ihr Grab öffnete, 56 Jahre nach ihrem Tod. 17 Jahre später, am 27. Juli 1947, wurde sie von Pius XII. zur Ehre der Altäre erhoben.

Liste der Apostolischen Väter

Apostolische Väter sind christliche Autoren von kirchlich bedeutsamen Schriften aus dem ersten und zweiten Jahrhundert. Bei ihnen wird eine persönliche Beziehung zu den Aposteln vermutet oder zumindest eine enorme direkte Prägung. Hierzu zählen:

1. Clemens von Rom
2. Der unbekannte Verfasser des so genannten 2. Clemensbriefs
3. Ignatius von Antiochien
4. Polykarp von Smyrna
5. Papias von Hierapolis
6. Quadratus
7. Der unbekannte Verfasser der Didache
8. Der unbekannte Verfasser des Barnabasbriefs
9. Der unbekannte Verfasser des Hirten von Hermas
10. Der unbekannte Verfasser des Briefs des »Mathetes«
11. Irenäus von Lyon

Weitere wichtige Autoren der frühen Kirche: Justin der Märtyrer, Tertullian, Clemens von Alexandrien, Origenes und Cyprian.

Aus der Gebührenordnung

Einige Tarife in Euro für kirchliche Dienstleistungen am Beispiel der Pfarrei Trumau in Österreich:

Stipendium für eine heilige Messe 7
Stiftungsmesse 14
Stolagebühr bei Trauungen 18
Beerdigung ohne hl. Messe, ohne Glockengeläute 43
Beerdigung ohne hl. Messe mit Glockengeläute 63
Beerdigung mit hl. Messe und Glockengeläute (ohne Orgelspiel) 70
Beerdigung mit hl. Messe und Glockengeläute (mit Orgelspiel) 100

Hokuspokus

Für die Herkunft von »Hokuspokus« gibt es verschiedene Theorien: In den Einsetzungsworten der christlichen Liturgie spricht der Priester während der Wandlung mit leiser Stimme die lateinischen Worte *Hoc est enim corpus meum* (kurz: Hoc est corpus, »Dies ist mein Leib«). Die lateinunkundigen Kirchenbesucher hörten nur so etwas wie »Hokuspokus«. Da nach katholischem Verständnis etwas verwandelt wird – nämlich die Hostie in den Leib Jesu Christi – war der Zauberspruch geschaffen. In Skandinavien glauben einige, dass sich der Spruch vom Namen des Magiers Ochus Bochus aus der nordischen Mythologie herleitet.

Fussabdruck des Teufels

Der »schwarze Tritt«, auch Teufelstritt, ist ein Abdruck am Boden der Eingangshalle der Münchner Frauenkirche. Er zeigt einen menschlichen Fuß mit einem Sporn an der Ferse. Die Sage erzählt, dass sich, nachdem die Kirche fertig erbaut aber noch nicht geweiht war, der Teufel durch das große Tor der Eingangshalle schlich. Er betrachtete den Bau neugierig und fing laut an zu lachen. Denn offenbar hatte man vergessen, der Kirche Fenster zu geben. Tatsächlich sind an jener Stelle durch einen architektonischen Trick keine Fenster zu sehen. Triumphierend vor Freude stampfte er fest auf den Boden und hinterließ den Fußabdruck im Pflaster. Als er sich jedoch näher zur Tür hinbegab, begriff er, dass er selbst der Geprellte war und sich gewaltig geirrt hatte. Zornig verwandelte sich der Teufel in einen heftigen Wind, um das Gebäude zum Einstürzen zu bringen. Noch heute »stürmt« der eine oder andere seiner Gesellen um das Gotteshaus herum.

Für Beginner

Thomas von Aquin: »Wähle den Weg über die Bäche und stürze dich nicht gleich in das Meer! Man muss durch das Leichtere zum Schwierigeren gelangen.«

Das Birett

Es war das auffälligste Kennzeichen für römisch-katholische Priester, und mit Don Camillo wurde das Birett wirklich Kult. Nach dem II. Vatikanischen Konzil kam die alte liturgische Kopfbedeckung allerdings aus der Mode. Früher trug der Priester das Birett unter anderem beim Ein- und Auszug bei der hl. Messe, heute wohl nur noch bei einem Begräbnis. In südlichen Ländern und bei besonders papsttreuen Geistlichen erlebt die flache, vierkantige Mütze mit den drei oder vier bogenförmigen Erhöhungen aber inzwischen eine gewisse Renaissance.

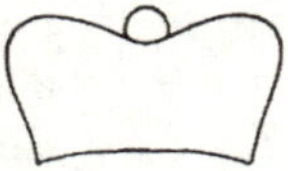

Birett 14. Jh.

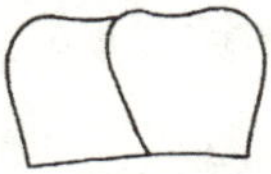

Birett 16. Jh.

Eier-Kult

In allen Kulturen und Religionen symbolisiert das Ei Fruchtbarkeit und Wiedergeburt. Im Christentum wurde diese Symbolik noch erhöht. Hier verweist das Ei durch seine unversehrte Schale auf die Auferstehung Jesu, der den Tod besiegt hatte. Ab dem 10. Jahrhundert reichten sich Christen in Ägypten zum Osterfest Eier als Geschenk. Bereits im 12. Jahrhundert kannte man eine »Segnung der Eier«. Und während des gesamten Mittelalters weihten am Karfreitag französische Priester hart gekochte Eier in einem roten Wasserbad, um sie an Ostern zum Verzehr anzubieten.
In Klöstern waren Eier Grundnahrungsmittel. Den Mönchen in Cluny wurde regelrecht Eier-Fresswut nachgesagt. »Wer vermag schon zu sagen«, polterte Bernhard von Clairvaux, »auf wie viele Arten dort Eier verwandelt und gemartert werden; welchen Eifer man walten lässt, um sie zu verfälschen, zu entstellen, aufzulösen, zu verhärten und herabzuwürdigen? Man isst sie bald gebraten, bald frittiert, gefüllt, verquirlt; man gibt sich alle Mühe, der Speise eine gefällige Note zu verleihen, um Auge und Gaumen zu schmeicheln.«

Jesus über Probleme aus dem Alltag

Müdigkeit: Kommt her zu mir alle, die ihr mühselig und beladen seid; ich will euch erquicken. *Mt 11,28*

Essen: Der Mensch lebt nicht allein vom Brot. *Lk 4,4*

Motivation: Steht auf und fürchtet euch nicht! *Mt 17,7*

Boulevardblätter: Wo das Aas ist, da sammeln sich die Geier. *Mt 24,28; Lk 17,37*

Ehen im Jenseits: Wenn sie von den Toten auferstehen werden, so werden sie weder heiraten noch sich heiraten lassen, sondern sie sind wie die Engel im Himmel *Mk12,25; Mt 22,30*

In und out:
IN: Wenn jemand will der Erste sein, der soll der Letzte sein von allen und aller Diener. *Mk 9,35*

OUT: Böse Gedanken, Unzucht, Diebstahl, Mord, Ehebruch, Habgier, Bosheit, Arglist, Ausschweifung, Missgunst, Lästerung, Hochmut, Unvernunft. *Mk 7,21–23*

Kirchenfunktionäre: O du ungläubiges und verkehrtes Geschlecht, wie lange soll ich bei euch sein? *Mt 17,17; Mk 9,19*

Politiker: Ihr verblendeten Führer, die ihr Mücken aussiebt, aber Kamele verschluckt! *Mt 23,24*

Journalisten: Lasst sie, sie sind blinde Blindenführer! Wenn aber ein Blinder den andern führt, so fallen sie beide in die Grube. *Mt 15,14; Lk 6,39*

Postmoderne: Wie fein hebt ihr Gottes Gebot auf, damit ihr eure Satzungen aufrichtet! *Mk 7,8f.*

Korrektes Verhalten: Ihr sollt das Heilige nicht den Hunden geben, und eure Perlen sollt ihr nicht vor die Säue werfen. *Mt 7,6*

Prüfmethoden: An ihren Früchten sollt ihr sie erkennen. *Mt 7,16–20*

Mainstream: Das Herz dieses Volkes ist verstockt: ihre Ohren hören schwer, und ihre Augen sind geschlossen, damit sie nicht etwa mit den Augen sehen und mit den Ohren hören und mit dem Herzen verstehen und sich bekehren, und ich ihnen helfe. *Mt 13,15; Mk 4,12*

BETEN: Alles, was ihr bittet in eurem Gebet, glaubt nur, dass ihrs empfangt, so wird's euch zuteil werden. *Mk 11,24f.*

SPENDEN: Verkauft, was ihr habt, und gebt Almosen. Macht euch Geldbeutel, die nicht veralten. *Lk 12,33*

LÜGEN UND KOMPLOTTE: Denn es ist nichts verborgen, was nicht offenbar werden soll, und ist nichts geheim, was nicht an den Tag kommen soll. *Mk 4,22; Lk 8,17,*

HEUCHLER: Was siehst du aber den Splitter in deines Bruders Auge und nimmst nicht wahr den Balken in deinem Auge? *Mt 7,3f.*

GUTE ZIELE: Macht Kranke gesund, weckt Tote auf, macht Aussätzige rein, treibt böse Geister aus. *Mt 10,8*

SINN DES LEBENS: Das ist mein Gebot, dass ihr euch untereinander liebt, wie ich euch liebe. *Joh 15,12*

APOKALYPSE: Denn es wird geschehen, dass der Menschensohn kommt in der Herrlichkeit seines Vater mit seinen Engeln, und dann wird er einem Jeden vergelten nach seinem Tun. *Mt 16,24–28, Mk 8,38; Lk 9,26*

PROGNOSEN: Doch wenn der Menschensohn kommen wird, meinst du, er werde Glauben finden auf Erden? *Lk 18,8*

Deutscher Michel

Die Bezeichnung »deutscher Michel« weist auf den Erzengel Michael hin. Er gilt als der Schutzpatron Deutschlands. Sein Bild war auf dem Reichsbanner des Heiligen Römischen Reiches Deutscher Nation eingestickt. In kriegerischen Auseinandersetzungen wurde in der Spitze der kämpfenden Truppen die Reichsfahne mitgetragen, so dass man dort, wo das Bild des »Michael« auftauchte, auch wusste, wen man vor sich fand. In Frankreich wird der Begriff deutscher Michel auch mit der Mönchsinsel Mont-Saint-Michel in der Normandie verbunden, die von keiner Nation stärker besucht wurde als von deutschen Pilgern.

Mission possible

818 ethnolinguistische Gruppen weltweit wurden bis heute noch von keiner Missionsgruppe erreicht.

10 000 Neubekehrte werden pro Tag in China gezählt. Das Land verzeichnet damit die höchsten Wachstumsraten des Christentums.

175 000 unterschiedliche Bücher über Jesus füllen inzwischen die Büchereien der Welt. Sie sind in 500 Sprachen erschienen, jedes Jahr kommen vier neue hinzu.

14 000 000 Bekehrte aus der Welt der Hindus, Moslems und Buddhisten haben es vorgezogen, innerhalb ihrer angestammten Religionen zu verbleiben, um dort für Jesus Christus Zeugnis zu geben.

Goethe über das Christentum

»Mag die geistige Kultur immer fortschreiten, mögen die Naturwissenschaften in immer breiterer Ausdehnung und Tiefe wachsen und der menschliche Geist sich erweitern, wie er will – über die Hoheit und sittliche Kultur des Christentums, wie es in den Evangelien schimmert und leuchtet, wird er nicht hinauskommen.« *(Aus: Eckermann, »Gespräche mit Goethe«)*

Zitate von Johannes XXIII.

»Papa Giovanni« nennen ihn die Italiener liebevoll. Johannes XXIII., ein Bauernsohn, der mit 78 Papst wurde und eines der bedeutendsten Konzile der Kirchengeschichte einsetzte, war ein Mann des Glaubens, des Mutes und der Menschenliebe. Unvergesslich seine improvisierte Ansprache am Abend der Konzilseröffnung an die Tausenden von Pilgern auf dem Petersplatz: »Geht jetzt, es ist spät. Und streichelt zu Hause eure Kinder. Und sagt ihnen, da ist der Papst, der sie alle lieb hat.«

Einige seiner schönsten Zitate:

»Man kann mit einem Hirtenstab in der Hand heilig werden, aber ebenso gut mit einem Besen!«

Während eines Spaziergangs in den Vatikangärten fragt ein Bischof aus Kanada: »Heiliger Vater, wie viele Menschen arbeiten eigentlich im Vatikan?« Johannes überlegt nicht lange: »Etwa die Hälfte!«

In seiner Zeit als Erzbischof Angelo Roncalli trifft der spätere Johannes XXIII. bei einem diplomatischen Empfang auf den Oberrabbiner von Paris. Beim Eintritt in den Speisesaal will ihm dieser den Vortritt lassen. Sanft bugsiert Roncalli den Oberrabbiner vor sich durch die Flügeltür: »Zuerst das Alte Testament.«

Johannes XXIII. besuchte in Rom das Ordens-Krankenhaus zum »Heiligen Geist«. Ergriffen von der Ehre des hohen Besuches, stellte sich die Oberin vor: »Heiliger Vater, ich bin die Oberin vom ›Heiligen Geist‹.« Der Papst war beeindruckt: »Was für ein Glück. Ich bin nur der Stellvertreter von Jesus Christus.«

Kirchgänger leben länger

Nach einer an der Universität Berkeley durchgeführten Studie leben Menschen, die regelmäßig den Gottesdienst besuchen, eindeutig länger. Wissenschaftler vom »Human Population Laboratory« hatten seit 1965 eine Langzeitstudie an über 6 545 Einwohnern von Alameda in den USA durchgeführt. Danach stärkt der Glaube an Gott die Fähigkeit, mit Stress umzugehen. Die beruhigende Wirkung hilft wiederum, ein ausgeglicheneres und glücklicheres Leben zu führen – und somit auch älter zu werden. Die Wirkung ist dabei bei Frauen größer als bei Männern. Nach Angaben der Weltgesundheitsorganisation (WHO) leiden umgekehrt bereits etwa sechs Millionen Deutsche an Depressionen, im Jahr 2020 werde die Depression weltweit nach Herz-Kreislauf-Erkrankungen die häufigste Krankheit sein.

Drei plus vier – der Regenbogen

Er gilt als ein Symbol für eine göttliche Manifestation des Wohlwollens. Im Alten Testament *(1. Buch Mosis, 9,11)* ist er das Zeichen des Bundes Gottes mit den Menschen. Von dieser Zeit an soll es keine Sintflut mehr geben. Auch der Weltenrichter am Ende der Zeit wird auf einem Regenbogen thronend dargestellt. In der christlichen Symbolik des Mittelalters werden die drei Hauptfarben des Regenbogens als Bilder von Sintflut (Blau), Weltenbrand (Rot) und neue Erde (Grün) aufgefasst. Alle sieben Farben des Regenbogens zusammen gelten als Bilder der sieben Sakramente, der sieben Gaben des Heiligen Geistes – oder auch als Himmel und Erde versöhnendes Mariensymbol.

Der Reichtum der Kirche

Vom heiligen Laurentius verlangte der Kaiser in Rom, er solle die Schätze der Kirche abliefern. Kurze Zeit später trat Laurentius, der dafür den Märtyrertod starb, vor den Imperator und zeigte ihm das Heer der Armen der Stadt mit folgenden Worten: »Das ist der größte Schatz der Kirche.«

Bezeichnungen für Jesus

Fürsprecher	(1 Joh 2,1)
Gottes Lamm	(Joh 1,29)
Die Auferstehung und das Leben	(Joh 11,25)
Richter der Lebenden und der Toten	(Apg 10,42)
Herr aller Herren	(1 Tim 6,15)
Mann der Schmerzen	(Jes 53,3)
Haupt der Gemeinde	(Eph 5,23)
Meister	(Mt 8,19)
Der treue und wahrhaftige Zeuge	(Offb 3,14)
Felsen	(1 Kor 10,4)
Hohepriester	(Hebr 6,20)
Die Tür	(Joh 10,9)
Lebendiges Wasser	(Joh 4,10)
Brot des Lebens	(Joh 6,35)
König aller Könige	(1 Tim 6,15)
A und O	(Offb 22,13)
Der wahre Weinstock	(Joh 15,1)
Gesalbter	(Dan 9,25)
Lehrer	(Joh 3,2)
Der Heilige Gottes	(Mk 1,24)
Mittler	(1 Tim 2,5)
Geliebter	(Eph 1,6)
Zweig	(Jes 11,1)
Das Licht der Welt	(Joh 8,12)
Ebenbild des unsichtbaren Gottes	(Kol 1,15)
Das Wort	(Joh 1,1)
Eckstein	(Eph 2,20)
Heiland	(Joh 4,42)
Knecht	(Mt 12,18)
Anfänger und Vollender des Glaubens	(Heb 12,2)
Der Allmächtige	(Offb 1,8)
Löwe aus dem Stamm Juda	(Offb 5,5)
Friede-Fürst	(Jes 9,5)
Bräutigam	(Mt 9,15)
Eingeborener Sohn	(Joh 3,16)
Immanuel	(Jes 7,14)
Amen	(Offb 3,14)

888

Seit der Frühzeit des Christentums gilt die 888 als die Christus-Zahl. Die Zahl erklärt sich nach dem griechischen Wort für Jesus (Jesous). Im griechischen Alphabet wurde jedem Buchstaben ein Zahlenwert zugeordnet:

J	e	s	o	u	s	
10	8	200	70	400	200	= 888

Aus dem Lexikon der boshaften Zitate

Glauben

»Dinge für wahr halten, für die es keine Parallele und keinen Beweis gibt und die jemand verkündet, der über kein Wissen verfügt.«

Ambrose Bierce

Gott

»Das einzige Wesen, das – um zu herrschen – nicht selbst zu existieren braucht.« *Charles Baudelaire*

»Ein Steuereinnehmer, der voll Erbarmen die Steuer aus eigener Tasche bezahlt.«

Sigismund von Radecki

»Nicht Gott schuf den Menschen, sondern der Mensch schuf Gott.«

Ludwig Feuerbach

Religion

»Versicherung im Diesseits gegen Feuer im Jenseits.«

Robert Lembke

»Das, was die Armen davon abhält, die Reichen umzubringen.«

Napoleon I.

»Die Suche in einem dunklen Raum nach einer schwarzen Katze, wenn keine da ist und doch plötzlich einer ruft: ›Ich habe sie gefangen.‹«

Manfred Rommel

»Für die meisten etwas, woran man glaubt, weil man glaubt, dass der andere daran glaubt.«

Hjalmar Söderberg

Bruder Rindvieh

Bruder Joseph aus Beuron, der zum Wohle der Kommunität jahrzehntelang für den Tee-Anbau im Garten gesorgt hatte, ministrierte bei Pater Alban regelmäßig in der Krankenkapelle. Nach der Messe wurden damals noch drei »Ave Maria« gebetet. Bruder Joseph tat sich schwer mit dem Lateinischen und so betete er statt »Ora pro nobis peccatoribus« – Bitte für uns Sünder – »Ora pro nobis pecoribus«. Pater Alban sprach ihn nach der Messe an und sagte: »Lieber Bruder Joseph, Se bäte praktisch: Bitte für uns Rindviecher; denn ›pecus‹ heißt Rindvieh. Stimme tut's jo, aber falsch is trotzdem.«

Biblische Zeitrechnung

Die Überlieferungen des Neuen Testamentes sind häufig mit genauen Zeitangaben versehen. »Es war schon um die sechste Stunde, als eine Finsternis bis zur neunten Stunde über das ganze Land kam«, heißt es etwa in der Schilderung über den Tod Jesu bei Lukas. Die neunte Stunde wird als Todesstunde Jesu vermerkt. Daran erinnert bis heute das Läuten der Kirchenglocken um 15 Uhr an jedem Freitag.
Die Römer teilten den Tag vom Sonnenaufgang bis Sonnenuntergang in zwölf Stunden ein, die sechste Stunde fiel also auf den Mittag; die Nacht wurde in vier Nachtwachen eingeteilt.

Einteilung des Tages zur Zeit des

Neuen Testaments		Alten Testaments	
3. Stunde	6.00 bis 9.00 Uhr	Morgen	6.00 bis 10.00 Uhr
6. Stunde	9.00 bis 12.00 Uhr	Hitze des Tages	10.00 bis 14.00 Uhr
9. Stunde	12.00 bis 15.00 Uhr	Kühle des Tages	14.00 bis 18.00 Uhr
12. Stunde	15.00 bis 18.00 Uhr		

Der jüdische Kultzyklus

1 Nisan (Abib)*	März/April	7 [Tischri] (Etanim)	Sept./Okt.
2 [Ijjar]* (Siw)	April/Mai	8 [Marschewan] (Bul)	Okt./Nov.
3 Siwan	Mai/Juni	9 Kislen	Nov./Dez.
4 [Tammus]	Juni/Juli	10 Tebet	Dez./Jan.
5 [Ab]	Juli/August	11 Schebat	Jan./Feb.
6 Elul	Aug./Sept.	12 Adar	Feb./März

*Ausgangspunkt für die Kalenderberechnung war die Beobachtung des Nisan-Neumonds, der auf das Frühlingsäquinoktium (Tagundnachtgleiche) folgt. Seit dem Exil übernahm man die babylonischen Monatsnamen. Gelegentlich erscheinen im AT auch andere Namen (in runden Klammern; in eckigen Klammern die Namen, die sich nicht in der Bibel finden).

Die schwebende Hostie des Pfarrers von Ars

Vom heiligen Pfarrer von Ars wird Folgendes berichtet: Zwei ungläubige Professoren der Universität Lyon beschlossen, nach Ars zu gehen, um den bekannten Pfarrer genau zu beobachten. Als im Augenblick der heiligen Wandlung die anwesenden Gläubigen sich hinknieten, sagten jene zueinander, wie es nur möglich sein könne, dass vernünftige Leute vor einem Stückchen Brot niederknien. Als dann der heilige Johannes Maria Vianney, wie der Name des Pfarrers von Ars lautete, die erste Hostie vor dem Austeilen an die Gläubigen zeigte, entschwebte sie seinen Fingern und legte sich von selbst auf die Lippen des ersten Kommunizierenden. Einer der beiden Zweifler kehrte um und wurde später Priester und Dominikanermönch.

Vom König, der Gott sehen wollte

Leo Tolstoi erzählte einmal eine Geschichte von einem König, der Gott sehen wollte: Unter Androhung der Todesstrafe befahl der König, ihm innerhalb von drei Tagen Gott zu zeigen. Es beginnt der erste Tag, es verging der zweite Tag, es kam der dritte Tag. Alle am Hofe waren ganz aufgeregt und verzweifelt vor Angst. Da kam ein Hirte vom Feld, der von dem Wunsch des Königs gehört hatte, und er sagte: »Ich will dir Gott zeigen«. Der König: »Bedenke, es kostet deinen Kopf, wenn ich mit deinen Antworten nicht zufrieden bin.« Der Hirte bat den König, mit auf den Marktplatz zu kommen. Es war ein sonniger Tag, und er sagte dem König: »Schau in die Sonne!« Der König tat es. Dann aber schrie er: »Willst du, dass ich erblinde!« »Siehst du«, sagte der Hirte, »du kannst nicht einmal ein Geschöpf Gottes anschauen, und willst Gott selber anschauen.«

Keckheit gegen Gott

Alexis de Tocqueville: Ich habe Männer gesehen, die ihre Kriecherei vor dem winzigsten Vertreter der politischen Gewalt durch ihre Keckheit gegen Gott wieder gutzumachen glaubten.

Frühchristliche Häresien

Als Häresie (Irrlehre) gilt eine Abweichung vom ursprünglichen Glauben, wie er von den ersten Zeugen Christi und den Evangelien überliefert wurde. Schwierige Fragen tauchten auf. Etwa zur Klärung des Begriffes, ob Christus zugleich Gott und zugleich Mensch sein konnte. Notgedrungen diskutierte die apostolische Kirche auch auf den Konzilien immer wieder über die richtige Auslegung, um die orthodoxen Glaubenssätze zu definieren und sich verbindlich darauf zu einigen. Im folgenden eine Liste der Richtungen, die von der offiziellen Kirche schließlich als Irrlehren eingestuft wurden:

Häresie	Bedeutung
Adoptionismus	Christus wurde erst mit seiner Taufe wahrer Gott.
Apollinarismus	Christus war kein wahrer Mensch oder kein wahrer Gott.
Arianismus	Leugnung der Dreifaltigkeit.
Docetismus	Christus besaß keinen physischen Körper.
Donatismus	Lehnte Gläubige ab, die ihren Glauben unter Verfolgung widerrufen hatten.
Gnostizismus	Jesu Botschaft ist Geheimwissen im Besitz weniger.
Jansenismus	Überbetonung der Prädestination.
Monophysitismus	Christus hatte nur eine Natur.
Nestorianismus	Christus teilte sich in zwei Personen auf, eine göttliche und eine menschliche.
Patripassianismus	Gott der Vater, nicht der Sohn, litt am Kreuz.
Pelagianismus	Adams und Evas Sünde hatte keinen zerstörerischen Einfluss auf die Natur des Menschen.
Psilanthropismus oder Sozianismus	Leugnung der göttlichen Natur Christi.

Besitzer der Welt

»Die Erde gehört Gott und nicht den Reichen.«

Papst Johannes XXIII.

Hochzeitstage

Die Gesellschaft für deutsche Sprache in Wiesbaden hat eine Liste mit den Bezeichnungen der unterschiedlichen Hochzeitsjubiläen festgelegt:

1 Jahr	papierene Hochzeit	25 Jahre	silberne Hochzeit
2 Jahre	baumwollene Hochzeit	30 Jahre	Perlenhochzeit
5 Jahre	hölzerne Hochzeit	35 Jahre	Leinwandhochzeit
6 Jahre	Zuckerhochzeit	37 Jahre	Aluminiumhochzeit
6,5 Jahre	zinnerne Hochzeit	40 Jahre	Rubinhochzeit
7 Jahre	kupferne Hochzeit	50 Jahre	goldene Hochzeit
8 Jahre	blecherne Hochzeit	60 Jahre	diamantene Hochzeit
10 Jahre	Rosenhochzeit	65 Jahre	eiserne Hochzeit
12 Jahre	Nickelhochzeit	67 Jahre	steinerne Hochzeit
15 Jahre	gläserne Hochzeit	70 Jahre	Gnadenhochzeit
20 Jahre	Porzellanhochzeit	75 Jahre	Kronjuwelenhochzeit

Kult in Europa

Etwa 75 Prozent der Europäer sind Christen (vor allem katholisch, protestantisch, orthodox). Acht Prozent sind Muslime, wobei die meisten Muslime in den europäischen Teilen Russlands (25 Millionen), in Frankreich (5,5 Millionen), Deutschland (3,2 Millionen), Großbritannien (1,5 Millionen) und Italien (1 Million) leben. Etwa 2 Millionen Europäer sind Juden. Hinzu kommen Religionen aus anderen Kontinenten und neu entstandene Religionen. Etwa 17 % sind konfessionslos; der stärkste Anteil liegt in Estland, Tschechien, Holland und in Ostdeutschland.
Soviel zu den Zahlen der Statistik, aber: »Die Bundesrepublik Deutschland teilt mit der ganzen westlichen Welt die Situation einer von der Säkularisation geprägten Kultur, in der Gott immer mehr aus dem öffentlichen Bewusstsein verschwindet – und die von der kirchlichen Tradition geformten Werte immer mehr an Wirkkraft verlieren.« *(Benedikt XVI. zu den deutschen Bischöfen im November 2006).*

Notre Dame und das Geheimnis der Dornenkrone

Die Kathedrale *Notre-Dame de Paris* (Unsere Liebe Frau von Paris) auf der Seine-Insel »Ile de la Cité« ist die meistbesuchte Sehenswürdigkeit der Stadt. 1792 befahlen die Kommunarden der französischen Revolution ihre Schließung, der Abriss war bereits geplant. Statt Gottesdiensten wurde 1793 das »Fest der Vernunft« gefeiert. Abgesehen hatten es die Revolutionäre vor allem auf eines: die Dornenkrone Jesu Christi. Es war Ludwig IX. (»der Fromme«), der die Reliquie 1239 für die sagenhafte Summe von 135 000 Livre in Konstantinopel von Kaiser Balduin II. erworben hatte. Einzig zur Aufbewahrung der Dornenkrone ließ er unweit von Notre Dame die zweistöckige Palast-Kapelle *Sainte-Chapelle* bauen, eines der schönsten Bauwerke der Gotik. Der größte Teil ihrer Wände wird von kostbaren Buntglasfenstern eingenommen, wodurch der hohe Raum von unirdisch wirkendem Licht durchflutet wird. Heute ruht die grüne Dornenkrone in Notre-Dame. Der Ritterorden vom Heiligen Grab zu Jerusalem ist damit beauftragt, über die Passionsreliquien zu wachen. Jeweils am Herz-Jesu-Freitag (jeder erste Freitag des Monats) findet eine feierliche Verehrung statt.

Blutwunder von Neapel

Kaum ein Ereignis wurde häufiger beschrieben und untersucht als die alljährlich neue Verflüssigung des Blutes des Heiligen Januarius in Neapel. Januarius war Bischof von Benevent in Italien und wurde während der Christenverfolgung durch Diokletian um 305 enthauptet. Gleich nach seiner Hinrichtung habe eine Frau das Blut des Märtyrers in zwei Ampullen aufgefangen. 313 wurden seine Gebeine samt den Ampullen nach Neapel gebracht und in den Katakomben beigesetzt. Bei dieser Überführung soll sich das Wunder der Verflüssigung zum ersten Mal ereignet haben. Seit 1646 befinden sich die Reliquien in der Barock-Kapelle des Domes. Die Blutverflüssigung vollzieht sich seit Jahrhunderten mehrmals im Jahr.

Lourdes in Zahlen

Am 11. Februar 1858 hatte die Müllerstochter Bernadette Soubirous die erste Erscheinung einer geheimnisvollen Frau in der Nähe ihres Wohnortes in Lourdes, bei den Grotten von Massabielle. Sie war mit ihrer jüngeren Schwester Toinette und ihrer Freundin Jeanne Abadie auf der Suche nach Reisigholz. »Nach einem Windstoß«, erzählt Bernadette, »habe ich etwas Weißes gesehen, wie ein kleines Fräulein. Ich wollte das Kreuzzeichen machen. Ich konnte nicht, meine Hand fiel zurück. In dem Moment hat das Fräulein das Kreuzzeichen gemacht, und dann konnte ich es auch.« Die wundervolle Frau habe sich später als »Unbefleckte Jungfrau« zu erkennen gegeben. Bei der zweiten Erscheinungen am 14. Februar begleiteten sie alle Kinder ihrer Schulklasse, bei der fünfzehnten von insgesamt achtzehn Erscheinungen Mariens schätzte der zuständige Polizeikommissar die Zahl der an der Grotte versammelten Menschen auf »10 000 bis 20 000«.

Gemeldete Heilungen insg.	6800
Davon von der Kirche als Wunder anerkannt	67
Anteil der geheilten Frauen	80 %
Pilger pro Jahr	6 Millionen
Mahlzeiten pro Saison	700 000
Übernachtungen	165 359
Bädernutzungen im Heilwasser	400 000
Feste Mitarb./Saisonkräfte	340
Freiw. Helfer pro Saison	100 000
Krankenbetten	1304
Kapellen und Kirchen	22
Messen pro Tag im Schnitt	52
Wassermenge aus der Grotte täglich	8500 m³
Brunnen m. Wasser a. d. Grotte	35
Heilbäder für Frauen	10
Heilbäder für Kinder	1
Heilbäder für Männer	6
Besetzte Beichtstühle in der »Kapelle der Versöhnung«	20
»Hilfsbeichtväter« in der Hochsaison	130
Fahrbare Krankenstühle	1000
Kerzenverbrauch jährlich	8000 t
Fläche des Campingplatzes	15 ha

Kirchlich anerkannte Geheilte:

Franzosen	55
Italiener	5
Deutsche	1
Österreicher	1
Schweizer	1

Chronik der Ereignisse

11. Februar 1858: Tag der ersten Erscheinung gegenüber der 14-jährigen Müllerstochter Bernadette Soubirous bei den Grotten von Massabielle.

18. Januar 1862: Msgr. Laurence, der Bischof von Tarbes, erkennt die Echtheit der Erscheinungen offiziell an. Nach einer langen Untersuchung und Befragung der Seherin erklärt er in einem Hirtenbrief: »Die Unbefleckte Maria, die Mutter Gottes, ist Bernadette Soubirous wirklich erschienen …«

4. April 1864: Einweihung der Statue der Grotte von Massabielle (ein Werk des Bildhauers Fabisch aus Lyon, das von Fräulein Lacour gestiftet wurde).

3. Juli 1876: Msgr. Meglia, der apostolische Nuntius in Paris, krönt in Vertretung von Papst Pius IX. die Statue der Basilika und die der Grotte. An der Zeremonie nehmen 23 Erzbischöfe und Bischöfe, 3000 Priester sowie 100 000 Pilger teil.

1880: Eröffnung des Ärztebüros zur Feststellung von Wunderheilungen. Doktor Boissarie wird erster Vorsitzender.

8. Dezember 1933: Bernadette Soubirous wird in Rom heiliggesprochen. Bei der Feier sind ihr Bruder Jean-Marie und ihre Neffen anwesend.

25.–28. April 1936: Dreitägige Abschlussfeier des Jubiläums der Erlösung in Lourdes mit Kardinal Pacelli (der spätere Papst Pius XII.), rund sechzig Kardinälen und Bischöfen sowie 4000 Priestern und 250 000 Pilgern.

1958: Zum 100. Jahrestag der Erscheinungen weiht Kardinal Roncalli (der spät. Papst Johannes XXIII.), die Unterirdische Basilika Pius X.

Der Leichnam Bernadettes ruht unversehrt im Kloster der Schwestern der Barmherzigkeit in Nevers.

Bekehrung

Von Bischof Johann Michael Sailer, einem großen bayerischen Theologen und Bischof († 20. Mai 1832 in Regensburg), wollten Zuhörer wissen, was er alles tue, um Menschen auf den rechten Weg zu bringen. Der Bischof antwortete: »Ich habe eben jetzt die Bekehrung eines sehr bekannten Mannes in Arbeit, der leider auch ein großer Sünder ist.« Neugierig fragten sie, wie der Mann hieße. Die Antwort war: »Johann Michael Sailer.«

Moscheen und Kirchen

Die Anzahl der Moscheen in Deutschland wächst, während die der Kirchen sinkt. 2006 waren fast ebenso viele klassische Moscheen in Planung oder Bau, wie bereits bestehen: 128. Die Deutsche Bischofskonferenz rechnet (optimistisch geschätzt) bis 2015 mit der Schließung von etwa 700 katholischen Kirchen. Allein im Bistum Essen sollen bis 2008 fast 100 Kirchen aufgegeben werden. Über die von Schließung bedrohten evangelischen Gotteshäuser gibt es keine Angaben. Derzeit gibt es etwa 3,3 Millionen Muslime und 54 Millionen Christen.

- Nichtklassische Moscheen (Gebets- und Versammlungsräume) 2660
- Klassische Moscheen (mit Minarett und Kuppel) 143
- Katholische Kirchen 24 500
- Evangelische Kirchen (Stand: 1994, ohne Freikirchen) 21 100

Namenstag

Der im Auftrag des Konzils von Trient 1566 herausgegebene »Catechismus Romanus« schreibt im Zweiten Teil, zweites Hauptstück Nr. 76 über die Bedeutung des Taufnamens: Der Getaufte soll »durch die Gleichheit mit dem Namen eines Heiligen zur Nachahmung der Tugend und Heiligkeit angeregt« werden. Im Übrigen sei durch die Verbindung zu dem entsprechenden heiligen Vorgänger zu erwarten, dass der so Getaufte »gewiss auch seinen Namenspatron anruft und durch dessen Fürbitte hofft, er möge ihm bei der Verwirklichung eines gottgefälligen Lebens beistehen«.

Prophetin der Deutschen

Hildegard von Bingen gilt als »Posaune Gottes« und »Prophetin der Deutschen«. 900 Jahre nach ihrem Tod wurden Ende des 20. Jahrhunderts ihre Ernährungslehre und ihr ganzheitliches mystisches Lebenskonzept neu entdeckt. Einige Aussagen:

Visionen: »Was ich schreibe, das schaue und höre ich in der Vision und setze keine anderen Worte als die, die ich höre.«

Geheimnisse: »Gott kann nicht direkt geschaut werden. Er wird vielmehr durch die Schöpfung erkannt. Wo aber im Menschen die Frage nicht ist, da ist auch keine Antwort des Heiligen Geistes.«

Kernsatz: »Liebe erschuf die Welt – die Liebe hat sie geheilt.«

Erleuchtung: »Das Licht, das ich schaue, ist nicht an den Raum gebunden. Es ist viel lichter als eine Wolke, die die Sonne in sich trägt. ... Solange ich es schaue, wird alle Traurigkeit und alle Angst von mir genommen.«

Klerus: »Ihr seht nur noch das, was ihr selbst produziert habt; ihr tut und lasst nur, was euch grad gefällt. Und doch solltet ihr die Eckpfeiler der Kirche sein und wie die Säulen, die das Weltall tragen. Allein ihr ertragt nichts.«

Ein Motto: »Erkenne die Verflechtungen des Schöpfers mit seiner Schöpfung, begreife die Einheit der kosmischen Geheimnisse, die Kraft der Kirche und der Sakramente.«

Homepages von Wallfahrtsorten

Aachen	www.aachendom.de
Altötting	www.altoetting.de
Andechs	www.andechs.de
Augsburg/St.Ulrich	www.ulrichsbasilika.de
Bamberg	www.erzbistum-bamberg.de
Berlin-Mariendorf	www.gemeindemariafrieden.de
Birkenstein	www.erzbistum-muenchen.de
Bochum-Stiepel	www.kloster-stiepel.de
Christkindl	www.pfarre-christkindl.at
Coesfeld	www.lamberti-coe.de
Erfurt	www.dom-erfurt.de
Ettal	www.kloster-ettal.de
Fátima	www.fatimavirtual.com
Haindling	www.marienwallfahrt-haindling.de
Helfta/Eisleben	www.kloster-helfta.de
Kaufbeuren	www.crescentiakloster.de
Kevelaer	www.wallfahrt-kevelaer.de
Köln	www.dombau-koeln.de
Lourdes	www.lourdes-france.com
Maria Taferl	www.mariataferl.at
Mariazell	www.basilika-mariazell.at
München/Herzogspital	www.alterpeter.de
Ottobeuren	www.abtei-ottobeuren.de
Passau/Mariahilf	www.mariahilf-passau.de
Santiago de Compostela	www.jakobus-info.de
Trier	www.trierer.dom.de
Tschenstochau	www.jasnagora.pl/deutsch
Vierzehnheiligen	www.vierzehnheiligen.de
Weingarten	www.kloster-weingarten.de
Weltenburg	www.kloster-weltenburg.de
Steingaden-Wieskirche	www.wieskirche.de
Xanten	www.xanten-dom.de

Körperhaltung und Gesten während der Messe

Der heilige Augustinus sagt: »Die äußerlichen und sichtbaren körperlichen Bewegungen verstärken die inneren und unsichtbaren Bewegungen der Seele, ohne die sie unmöglich sind.«

Sitzen: Sitzen soll das Zuhören und die Besinnung erleichtern. Die Gemeinde sitzt während der Lesung und der Predigt, so wie zu Beginn der Eucharistiefeier und zur Gabenbereitung.

Stehen: Symbolisiert Ehrfurcht, erhöhte Aufmerksamkeit und die Bereitschaft, sich aktiv an der Messfeier zu beteiligen. In der Regel beginnt jeder Gottesdienstbesucher stehend. Der Gläubige steht zum Gloria, hört das Tagesgebet und das Evangelium im Stehen. Auch zur Präfation, dem »Vaterunser«, und dem Sanctus steht die Gemeinde.

Knien: Verneigung vor dem Altar und Kniebeuge sind Zeichen der Ehrfurcht und Ehrerbietung. Das Knien der Gemeinde zur Wandlung bedeutet: Wir knien vor Gott nieder und erkennen seine Allmacht und Herrlichkeit an.

Falten der Hände: Zeichen der inneren Ruhe, Besinnung und Andacht.

Ausbreiten der Hände: »Oranten-Haltung« wird die Haltung des Priesters genannt, wenn er mit ausgebreiteten Händen betet. Die ausgebreiteten Arme mit geöffneten Handflächen symbolisieren Offenheit.

Kreuzzeichen: Erinnert symbolisch an den Opfertod Jesu und die Erlösung, die Christen dadurch zuteil wurde. Neben dem Handauflegen eine der ältesten christlichen Segensgesten. Vor dem Evangelium bekreuzigt sich jeder Kirchenbesucher mit drei kleinen Kreuzchen:

- auf der Stirn, da das Evangelium mit dem ganzen Verstand erfasst werden soll;
- auf den Mund, da es mit dem Mund weitergegeben und bekannt gemacht wird;
- auf die Brust, da das Evangelium im Herzen bewahrt werden will.

Auf die Brust schlagen: Zeichen der Einsicht und Buße; wird zum Schuldbekenntnis und Agnus Dei genutzt.

Arche Noah in Zahlen

Länge	300 Ellen*
Breite	50 Ellen
Höhe	30 Ellen
Baumaterial	Gopherholz
Anzahl der Fenster	1
Anzahl der Decks	3
Anzahl der Menschen	8
Regendauer	40 Tage
Dauer der Sintflut	150 Tage
Aussendung der Taube	7 Tage
Lebensalter Noahs	950 Jahre

*) 1 Elle = etwa Länge des Unterarms, ca. 45 cm

Kult der Lüste

Die frühen Christen sahen sich mit Vorurteilen, Missverständnissen und Verleumdungen konfrontiert. Noch etwa um 200 n. Chr. konnte der la-tei-nische Apologet Minucius Felix in seinem Dialog »Octavius« dem Gesprächspartner Caecilius folgende Meinung in den Mund legen: »Aus der untersten Hefe des Volkes sammeln sich da die Ungebildeten und die leichtgläubigen Weiber, die wegen der Beeinflussbarkeit ihres Geschlechtes ohnedies auf alles hereinfallen; sie bilden eine gemeine Verschwörerbande, die sich in nächtlichen Zusammenkünften, bei Feierlichkeiten mit Fasten und menschenunwürdiger Speise nicht im Kult, sondern im Verbrechen verbrüdert; eine obskure, lichtscheue Gesellschaft, stumm in der Öffentlichkeit, in Winkeln geschwätzig; Tempel verachten sie, als ob es Gräber wären, vor Götterbildern speien sie aus, verlachen die heiligen Opfer. O diese unfassliche Dummheit, diese unglaubliche Frechheit! ... Unterschiedslos vollziehen sie miteinander eine Art Ritual der Lüste; sie nennen einander Brüder und Schwestern, so dass die bei ihnen übliche Unzucht durch den Gebrauch eines so heiligen Wortes sogar zum Inzest wird. So prahlt ihr sinn- und gehaltloser Aberglaube noch mit seinen Verbrechen.«

Alter Sinnspruch

Lerne beten und entsagen,
Lerne kämpfen und ertragen,
Lern' vergessen und vergeben,
Dann führst du ein christlich
Leben!

Einige Fakten mit der Zahl 54

54 .... Meter Länge der Geburtskirche in Bethlehem
54 .... Paulus erscheint in Ephesos
54–68 .... Regierungszeit von Kaiser Nero
154 .... Mal Nennung des Namens Petrus im Neuen Testament
254 .... Todesjahr von Origenes
354 .... Johannes Chrysostomus (†407)
354 .... Augustinus (†430)
354 .... Papst Liberius erklärt 25. Dez. zum Geburtstag Jesu
540 .... Papst Gregor der Große (†601)
540 .... Todesjahr des Mönches Dionysius Exigus[1]
543 .... Weihe der »Neuen Marienkirche« in Jerusalem
547 .... Benedikt von Nursia
754 .... Geburt Christi nach alter Zeitrechnung
754 .... Bonifatius Mission bei den Friesen
1054 .... Morgenländisches Schisma[2]
1545 .... Konzil von Trient[3]
1546 .... Todesjahr Luthers (*1483)
1754 .... Leo der Große (* um 400) zum Kirchenlehrer erhoben
1854 .... Dogma der Unbefleckten Empfängnis
1954 .... Einführung des Festes Maria Regina
1954 .... Gründung der Bewegung »Communione e Liberazione«
1954 .... Weihe Deutschlands an das Unbefleckte Herz Mariens
1954 .... Reise der Fátima-Pilgermadonna durch Deutschland
5456 .... Wunden an Jesu Körper[4]

(1) Dionysius hatte als Erster das Jahr der Geburt Jesu berechnet und damit den Beginn der neuen Zeitrechnung festgelegt, allerdings falsch.
(2) Trennung zwischen West- und Ostkirche, Rom und Byzanz.
(3) Pius V. hatte den Ritus der römisch-katholischen Liturgie (tridentinische Messe) auf dem Konzil endlich »irrtumsfrei« und verbindlich festlegen lassen.
(4) Laut einer Vision der hl. Gertrud von Helfta (1256–1302)

Apologie der Wunder

Die Wunder sind außergewöhnliche Vorgänge in der sichtbaren Natur – unmittelbare Werke der Allmacht Gottes. Sie sind im Sinne des Glaubens nicht gegen die Naturgesetze, sondern stehen als Ausnahme über denselben.

ROUSSEAU: Diese Frage (ob Gott Wunder wirken könne) wäre, wenn ernstlich genommen, gottlos, wäre sie nicht schon an sich absurd; und dem, der sie verneint, würde man zu viel Ehre antun, wollte man ihn dafür bestrafen; es wäre besser, ihn einfach ins Narrenhaus zu schicken. Aber wer hat denn auch je geleugnet, dass Gott Wunder wirken könne?

Rousseau, Lettre III de la Montagne

MILL: Ich nehme keine andere Gleichförmigkeit in den Vorgängen der Natur an als das Kausalgesetz, und ein Wunder bildet keine Ausnahme von diesem Gesetze.

John Stuart Mill, System der deduktiven und induktiven Logik

AUGUSTINUS: »Wir sagen von allen Wundern, sie seien gegen die Natur. Das ist nicht richtig. Wie soll gegen die Natur sein, was durch Gottes Willen ist? Hat nicht der Wille des Schöpfers jedem erschaffenen Ding seine Natur bestimmt? Ein Wunder geht nicht gegen die Natur, sondern gegen unsere Naturerkenntnis.«

Augustinus von Hippo, De civitate Dei

Wallfahrtsorte mit Mariennamen in Österreich

Mariazell
Maria Bildstein
Maria Dreieichen
Maria Schmolln
Maria Hilf
Maria Lanzendorf
Maria Schutz
Maria Seesal
Maria Taferl
Mariatrost
Kleinmariazell
Maria Waitschach
Maria Plain
Maria Kirchenthal
Maria Ponsee
Maria Schnee
Mariastein
Maria Neustift
Maria Luggau
Maria Rojach
Maria Rain
Maria Buch
Maria Fieberbründl

Unerklärliche Ereignisse

Im Jahre 1988 wurde von dem Richter am Amtsgericht Rheda-Wiedenbrück Harald Grochtmann an der Freien Universität Berlin eine Dissertation über unerklärliche Phänomene vorgelegt. In einem Vorwort schreibt Kardinal Franz Hengsbach, ehemals Bischof von Essen: »Das Buch eines Amtsrichters ... dokumentiert, dass die äußeren Tatsachen der Wunder, wie sie in den letzten Jahrhunderten in kirchlichen Untersuchungsprozessen in einem denkbar strengen juristischen Beweisverfahren überprüft wurden, wirklich bis heute unwiderlegt erwiesen sind ... In den lebendigen Schilderungen erfährt der Leser, dass nahezu alle Wunder der Bibel sich bis in die jüngste Zeit wiederholt haben.«

Eucharistische Wunder

- Wandlungswunder von Lanciano
- Wunder von Manzaneda
- Hostienwunder von Faverney
- Wunder von Turin
- Schwebende Hostie beim hl. Pfarrer von Ars
- Leuchtende Hostie von Almolda

Marienerscheinungen

- Marienerscheinungen in Guadalupe
- Marienerscheinung 1830 in Paris als Ursprung der Wundertätigen Medaille
- Der Gottesmutter in Fatima
- Marienerscheinung von Tre Fontane bei Rom 1947
- Erscheinung der Gottesmutter gegenüber dem heiligen Pfarrer von Ars

Unterschiedliche Erscheinungen

- Erscheinungen von Jesus Christus
- Erscheinungen von Engeln, Heiligen und anderen Verstorbenen
- Weinende Madonna von Syrakus
- Blutwunder des Heiligen Januarius in Neapel
- Wiedererweckung vom Tode
- Das plötzliche Anwachsen eines Beines in Caland
- Bilokationen
- Levitationen
- Unverwesbarkeit normal Begrabener
- Jahrzehntelanges Leben von Menschen ohne jede Nahrungsaufnahme
- Fegefeuer- und Höllenvisionen mit äußerlich feststellbaren Merkmalen
- Phänomene der eingebrannten Hand

Blutende Hostien: Lanciano (8. Jh.); Ferrara (1171); Alatri (1228); Florenz (1230); Bolsena (1263); Offida (1283)

Leuchterscheinungen an konsekrierten Hostien: Turin (1453); Paterno bei Neapel (1772)

Erscheinungen Jesu in der Hostie: Braine (1153); Ulmes in der Diözese von Angers (1668) etc.

Einige Zitate von und über Jesus

Was Jesus selbst sagt	Was man über Jesus sagt
Ich bin das Licht der Welt *(Joh 8,12)*.	Haltet euch bereit für den Menschensohn *(Mt 24, 42a)*.
Ich bin der Weinstock, ihr seid die Reben *(Joh 15,5)*.	Gott hat uns geliebt und seinen Sohn gesandt *(1 Joh 4, 10b)*.
Ich bin die Auferstehung und das Leben *(Joh 11,23)*.	Christus Jesus hat uns das Licht des Lebens gebracht *(2 Tim 1,10)*.
Niemand kommt zum Vater außer durch mich *(Joh 14,6)*.	Kommt zu Jesus, er wird euch Ruhe verschaffen *(Mt 11,28)*.
Wer mich sieht, der sieht auch den Vater *(Joh 18,9)*.	Er ist am dritten Tage auferweckt worden *(1 Kor 15,4)*.
Der Geist der Wahrheit wird euch in die ganze Wahrheit führen *(Joh 16,13)*.	Er war in der Welt, und die Welt ist durch ihn geworden, aber die Welt erkannte ihn nicht *(Joh 1,10)*.
Kommt alle zu mir, die ihr euch plagt und schwere Lasten zu tragen habt. Ich werde euch Ruhe verschaffen *(Mt 11,28)*.	Ich sah, dass der Geist vom Himmel herabkam wie eine Taube und auf ihm blieb *(Joh 1,32)*.
Ich bin der Weg, die Wahrheit und das Leben *(Mk 8,11)*.	Wer an Jesus glaubt, wird nicht zugrunde gehen *(Röm 10,11)*.
Wer mein Fleisch isst und mein Blut trinkt, der bleibt in mir und ich in ihm *(Joh 6,36)*.	Das Wort ist Fleisch geworden, und hat unter uns gewohnt *(Joh 1,14a)*.
Wenn ihr bei mir bleibt und wenn meine Worte in euch bleiben, dann bittet um alles, was ihr wollt: Ihr werdet es erhalten *(Joh 15,7)*.	In dieser Endzeit hat Gott zu uns gesprochen durch den Sohn, den er zum Erben des Alls eingesetzt hat. *(Hebr 1,2)*.

Abschaum der Menschheit

Im ersten Brief an die Gemeinde in Korinth spricht Paulus von sich und anderen Aposteln zunächst so: »Ich denke, Gott hat uns Apostel als die Allergeringsten hingestellt, wie zum Tode Verurteilte. Denn wir sind ein Schauspiel geworden der Welt« (Kapitel 4, Vers 9). Abschließend räsoniert er: »Wir sind geworden wie der Abschaum der Menschheit, jedermanns Kehricht, bis heute« (Vers 13).

Das Schwarz der Popen, Priester und Kirchenräte

Das Schwarz der Kleriker ist vom Schwarz der frühen Mönche abgeleitet. Der Talar (Soutane), der von der Schulter bis zu den Fersen die ganze menschliche Gestalt umhüllt, gehört zu den ältesten Formen der Kleidung (wie die römische Tunika oder der griechische Chiton). Das bodenlange Ganzkörper-Gewand gibt der menschlichen Gestalt Würde und Halt. Hosen hingegen waren Beinkleider in kalten Gegenden für Reiter und anderes Volk, das von den Griechen »Barbaren« genannt wurde. Als Stufe höchster Feierlichkeit war Schwarz in der spätantiken Textiltechnik nur durch das mehrfache Färben mit dem kostbaren Saft der Purpurschnecke zu erzielen. Durch schwarze Kleidung hebt sich heute der Kleriker als Mann besonderer Feierlichkeit ab. Evangelische Kirchenräte tragen bei Empfängen den schwarzen Gehrock mit Stehkragen.

Das Geheimnis von Kapitel und Vers

Die auf Griechisch verfassten Originalmanuskripte der Heiligen Schriften enthielten weder Zwischenüberschriften noch Satzzeichen. In der damaligen Schreibweise wurden noch nicht mal einzelne Wörter voneinander getrennt. Die erste Ausgabe in Latein war die so genannte »Vulgata«, die der heilige Hieronymus im Auftrag von Papst Damasus 383 in Bethlehem begann. Erst 1551 kam der Drucker Robertus Stephanus auf die Idee, die Bibel in Verse einzuteilen. Die Kapiteleinteilung geht dagegen auf Stephen Langton zurück, den Erzbischof von Canterbury (um 1200 n. Chr.).

Viermal 31. Oktober

Der Überlieferung nach war es der Tag vor Allerheiligen, an dem Martin Luther 1517 seine 95 kritischen Kirchen-Thesen an die Tür der Schlosskirche zu Wittenberg anschlug. Das Datum gilt deshalb als Beginn der Reformation. Als Gedenktag wurde er von Georg II. von Sachsen 1667 festgelegt. Zuvor war der Gründungstag bereits an drei verschiedenen Terminen gefeiert worden:

- am 10. November, dem Geburtstag Luthers,
- am 18. Februar, dem Todestag Luthers,
- am 25. Juni, der Übergabe der Confessio Augustana an den Kaiser.

Die unterschiedliche Terminierung mag darin begründet sein, dass mit großer Wahrscheinlichkeit der Anschlag der Thesen niemals stattgefunden hat. Weder gibt es Augenzeugen, noch hat Luther selbst etwas Derartiges behauptet. Einziger Beleg ist ein lateinisch abgefasster, handschriftlicher Bericht von Luthers Famulus Agricola, der lange falsch übersetzt und missverstanden wurde. Die dramatische Szenerie verdankt die Welt dem Reformator Philipp Melanchthon, der kurz nach dem Tod des früheren Augustinermönches zum zweiten Band von Luthers Werken festhielt: »Luther, brennend von Eifer für die rechte Frömmigkeit, gab Ablassthesen heraus ... Diese hat er öffentlich an der Kirche in der Nähe des Wittenberger Schlosses am Vortage des Festes Allerheiligen 1517 angeschlagen.« Tatsächlich hat Luther seine Thesen von Hand geschrieben und mit durchaus ehrerbietigen Erläuterungen an den für die kritisierte Ablasspraxis zuständigen Erzbischof von Mainz gesandt. Eine weiteres Exemplar ging an den Bischof von Brandenburg, Luthers Vorgesetzten. Erst im Januar 1518 ließen Freunde Luthers diese Thesen drucken und verbreiten.

Vierzehn Nothelfer

Heilige sind Tröster, Helfer und Fürsprecher bei Gott. Unzählige Votivgaben in Wallfahrtskirchen erzählen von Heilungen und Gebetserhörungen, die gewissermaßen durch die Mithilfe von Heiligen zustande kamen. Die berühmten 14 heiligen Nothelfer werden seit dem 9. Jahrhundert verehrt und um Hilfe angerufen. Der Legende nach baten sie vor ihrem Tod bei Gott um die Gnade der Fürbitte, die ihnen gewährt wurde:

Achatius .. Todesangst und Zweifel
Ägidius .... gute Beichte
Barbara .. Patronin der Sterbenden
Blasius ..... Halsleiden, Todesangst
Christophorus .... gegen unvorbereiteten Tod
Cyriacus ...... gegen Anfechtung in der Todesstunde
Dionysius .... Kopfschmerzen
Erasmus .... Leibschmerzen
Eustachius ...... schwierige Lebenslagen
Georg .... Seuchen der Haustiere
Katharina .... Leiden der Zunge und schweren Sprache
Margareta .... Gebärende
Pantaleon .... Patron der Ärzte
Vitus (Veit) .... Epilepsie

Der Totenschädel am Kreuz Christi

Warum zeigen alte Bilder und religiöse Reliefs häufig einen Totenschädel am Fuße des Kreuzes Christi? Mit Grundlage hierfür ist die Überlieferung des so genannten »Adambuches«: Auf Geheiß Noahs werden durch den Noah-Sohn Sem und seinen Enkel Melchisedek unter Führung eines Engels die Gebeine Adams aus der Bestattungshöhle an einen neuen Ort überführt. Zielpunkt ist der »Mittelpunkt der Erde«, an dem vier Enden zusammengebunden sind: »Dort wird vollbracht werden die Erlösung.« Als sie nach Golgatha kamen, gingen vier Teile auseinander, und die Erde öffnete sich in Gestalt eines Kreuzes, und Sem und Melchisedek legten den Leichnam Adams hinein: »Es bewegten sich die vier Seiten und umschlossen den Leichnam unseres Vaters Adam, und es schloss sich die Tür der äußeren Erde. Und dieser Ort ward ›Schädelstätte‹ genannt, darum dass dort das Haupt aller Menschen hingelegt wurde ...«

Die sieben Kriterien für die Anerkennung von Heilungswundern

Im Archiv der Kongregation für die Selig- und Heiligsprechungsverfahren in Rom türmen sich die Aktenberge. Allein für Verfahren aus den Jahren 1588 bis 1982 liegen etwa 15 000 ungedruckte Bände vor, die noch keinen Abschluss gefunden haben. Das Verfahren ist aufwändig. Für jedes Selig- bzw. Heiligsprechungsverfahren müssen zunächst in dem Bistum, in dem ein Christ im Rufe der Heiligkeit gestorben ist und eine wachsende Verehrung sich abzeichnet, alle seine hinterlassenen Schriftstücke (Predigten, Briefe, Tagebücher, Zeitschriftenartikel, Bücher, Rundfunk- und Fernsehbeiträge usw.) gesammelt werden. Gleichzeitig werden die Gläubigen aufgerufen, entweder positive Zeugenaussagen zu machen oder ihre Einsprüche zu erheben. Für die Anerkennung eines Heilungswunders sind noch immer jene sieben Kriterien gültig, die Papst Benedikt XIV. (1740–1758) vor seiner Wahl in seinem vierbändigen Werk »De servorum Dei beatificatione et beatorum canonisatione« (Bologna 1734/38) genannt hat (4. Buch, 8. Kapitel):

1. dass es sich um eine schwere Krankheit handelt, die unmöglich oder wenigstens schwierig zu heilen ist;
2. dass die geheilte Krankheit nicht schon zurückging, so dass sie kurz nach der Heilung sowieso verschwunden wäre;
3. dass keine Arznei verabreicht worden ist oder, wenn Medikamente angewandt wurden, dass ihre Wirkungslosigkeit bestätigt wird;
4. dass sich die Heilung plötzlich und augenblicklich vollzieht;
5. dass die Heilung vollkommen ist;
6. dass vorher unter Einfluss eines bestimmten Mittels oder zu gewohnter Stunde keine unvermutete Krise eingetreten war: in diesem Falle könnte man nicht sagen, dass die Heilung wunderbar, sondern nur, dass sie ganz oder teilweise natürlich erklärbar ist;
7. dass nach der Heilung kein Rückfall der geheilten Krankheit eintritt.

Zeugen aus Stein

Als der französische Schriftsteller Ernest Renan im 19. Jahrhundert die Überlieferung des Neuen Testaments historisch-kritisch hinterfragte, löste er ein gewaltiges Beben aus. Sein »Leben Jesu« wurde zur Grundlektüre der Zweifler. Der Franzose stellte nicht nur Wunder und Auftrag Jesu in Frage, auch viele der in der Heiligen Schrift angegebenen Orte habe es nicht gegeben. Jesus sei gewissermaßen vom Winde verweht. »Es ist zu bezweifeln«, merkte er an, »ob man jemals dazu gelangt, auf diesem von Grund auf verwüsteten Boden die Stellen fest zu bestimmen, auf denen die Menschheit seine Fußstapfen küssen möchte.« Inzwischen lässt sich ungeniert küssen. Nicht nur konnten verschüttete Orte wie Kafarnaum und Betsaida ausgegraben werden. 1968 wurden in Kafarnaum – nach den Evangelien der Wohnort des Simon Petrus und Hauptquartier Jesu in Galiläa – neben einer Kirche, die seit dem 5. Jahrhundert dem Apostel geweiht war, die Überreste eines Hauses gefunden, das die Archäologen als das Haus des Petrus identifizierten. Die Wände sind mit Fresken und Inschriften (in Griechisch, Syrisch, Aramäisch und Lateinisch) bedeckt. Sie enthalten Anrufungen um die Fürsprache Petri und lassen erkennen, dass dieses Haus bereits nach dem 1. Jahrhundert in eine heilige Stätte umgewandelt worden war. Obendrein ein Beleg dafür, dass schon vor dem Jahre 100 nicht nur der Kult Jesu stark verbreitet, sondern auch die »Kanonisation« seiner Jünger so weit fortgeschritten war, dass sie als heilige Fürsprecher angerufen wurden.

Liste aller deutscher Bistümer

Aachen	Essen	Limburg	Passau
Augsburg	Freiburg	Magdeburg	Regensburg
Bamberg	Fulda	Mainz	Rottenburg-Stuttgart
Berlin	Görlitz	München-Freising	Speyer
Dresden-Meißen	Hamburg	Münster	Trier
Eichstätt	Hildesheim	Osnabrück	Würzburg
Erfurt	Köln	Paderborn	

Redensarten aus der Bibel

Redensart	Original/Bedeutung	Herkunft
Das ist das A und O	Ich bin das Alpha und das Omega.	*Offb 21,6*
Jemanden etwas ablinsen	Jakob luchst seinem Bruder Esau für ein Linsengericht das Erstgeburtsrecht ab.	*Gen 25,29–34*
Adamskostüm	Beide, Adam und seine Frau, waren nackt, aber sie schämten sich nicht voreinander.	*Gen 2,25*
Bei Adam u. Eva anfangen	Adam nannte sein Frau Eva ...	*Gen 3,20*
Alle Jubeljahre	Alle 49 Jahre gab es bei den Juden eine Generalamnestie, das sog. Jobeljahr.	*Lev 25,8–10*
Der Bart ist ab	An jenem Tag wird der Herr ... euch den Kopf kahlscheren und die Schamhaare abrasieren; auch den Bart schneidet er ab.	*Jes 7,20*
Wenn der Berg nicht zum Propheten kommt, muss der Prophet zum Berg kommen	Mose und Elias haben am Berg Horeb eine Gottesbegegnung und die beiden Propheten am Berg Tabor mit Jesus.	*Ex 3,1–5* *1 Kön 19,8–13* *Mk 9,2–4*
Der Glaube kann Berge versetzen	Amen, das sage ich euch: Wenn jemand zu diesem Berg sagt: Heb dich empor und stürz dich ins Meer, und wenn er in seinem Herzen nicht zweifelt, sondern glaubt, dass geschieht, was er sagt, dann wird es geschehen.	*Mk 11,23*
Blut und Wasser schwitzen	Und sein Schweiß war wie Blut ...	*Lk 22,44*
Blutenden Herzens	Einer der Soldaten stieß mit der Lanze in seine Seite (Herz) und sogleich floss Blut und Wasser heraus.	Joh 19,34

Redensart	Original/Bedeutung	Herkunft
Mit Blindheit geschlagen sein	Dann schlugen sie die Leute ..., Groß und Klein, mit Blindheit ...	*Gen 19,11*
Das ist ja eben die Crux (das Kreuz)	Und wer nicht sein Kreuz auf sich nimmt und mir nachfolgt, ist meiner nicht würdig.	*Mt 10,38*
Jemandem aufs Dach steigen	Weil sie ihn aber wegen der vielen Leute nicht bis zu Jesus bringen konnten, deckten sie dort, wo Jesus war, das Dach ab, schlugen durch und ließen den Gelähmten auf seiner Tragbahre durch die Öffnung hinab.	*Mk 2,4*
Ein Damaskuserlebnis haben	Unterwegs aber, als er sich bereits Damaskus näherte, geschah es, dass ihn plötzlich ein Licht vom Himmel umstrahlte.	*Apg 9,3*
Vom Saulus zum Paulus werden	Saulus, der auch Paulus heißt ...	*Apg 13,9*
Jemanden mit Schimpf und Schande davonjagen oder in die Wüste schicken	Aaron soll ... auf den Kopf des lebenden Bockes ... alle Sünden der Israeliten, ...bekennen. Nachdem er sie so auf den Kopf des Bockes geladen hat, soll er ihn ... in die Wüste treiben lassen.	*Lev 16,21*
Du sollst dem Ochsen, der da drischt, nicht das Maul verbinden	Du sollst dem Ochsen zum Dreschen keinen Maulkorb anlegen.	*Dtn 25,4*
David gegen Goliath	Davids Kampf gegen den übermächtigen Goliath.	*1 Sam 17,1–54*
Ehre, wem Ehre gebührt	Gebt allen, was ihr ihnen schuldig seid, sei es Steuer oder Zoll, sei es Furcht oder Ehre.	*Röm 13,1*
Für jemanden durchs Feuer gehen	Wegen ihres Glaubens warf Nebukadnezar drei Juden ins Feuer. Sie blieben unversehrt.	*Dan 3,1–97*

Redensart	Original/Bedeutung	Herkunft
Die Feuertaufe bestehen	Er wird euch mit dem Heiligen Geist und mit Feuer taufen.	*Mt 3,11*
Jemandem die Füße küssen	Sie trocknete seine Füße mit ihrem Haar, küsste sie und salbte sie mit dem Öl.	*Lk 7,38*
Der Geist ist willig, doch das Fleisch ist schwach	Wacht und betet, damit ihr nicht in Versuchung geratet. Der Geist ist willig, aber das Fleisch ist schwach.	*Mk 14,38*
Etwas auf Herz und Nieren prüfen	Erprobe mich, Herr, und durchforsche mich, / prüfe mich auf Herz und Nieren!	*Ps 26,2*
Ein Herz aus Stein haben	Ich schenke ihnen ein anderes Herz und schenke ihnen einen neuen Geist. Ich nehme das Herz von Stein aus ihrer Brust und gebe ihnen ein Herz von Fleisch, ...	*Ez 11,19*
Eine Hiobsbotschaft erhalten	Da kam ein Bote zu Hiob und meldete ...	*Ijob 1,14*
Hochmut kommt vor dem Fall	Hoffart kommt vor dem Sturz / und Hochmut kommt vor dem Fall.	*Spr 16,18*
Über den Jordan gehen	Erst nachdem Mose gestorben war, zog Israel über den Jordan ins gelobte Land.	*Jos 1,1*
Josephsehe	Eine Ehe, die auf Keuschheit basiert.	*Mt 1,24–25*
Krethi und Plethi	Benaja, der Sohn Jojadas, war der Befehlshaber der Kreter und Peleter.	*2 Sam 8,18*
Judaskuss	Judas, mit einem Kuss verrätst du den Menschensohn?	*Lk 22,47–48*
Da geht eher ein Kamel durch ein Nadelöhr als ...	Eher geht ein Kamel durch ein Nadelöhr, als dass ein Reicher in das Reich Gottes gelangt.	*Mk 10,25*

Redensart	Original/Bedeutung	Herkunft
Mit ganzer Seele	Darum sollst du den Herrn, deinen Gott, lieben mit ganzem Herzen, mit ganzer Seele und mit ganzer Kraft.	*Dtn 6,5*
Unter einem guten Stern stehen/geboren sein	Wo ist der neugeborene König der Juden? Wir haben seinen Stern aufgehen sehen und sind gekommen, um ihm zu huldigen.	*Mt 2,1–11*
Um das Goldene Kalb tanzen	Sie haben sich ein Kalb aus Metall gegossen und werfen sich vor ihm zu Boden.	*Ex 32,19*
Ein Kainszeichen/Kainsmal tragen	Darauf machte der Herr dem Kain ein Zeichen, damit ihn keiner erschlage, der ihn finde.	*Gen 4,15*
Der Kelch ist an jemandem vorübergegangen	Jesus erwiderte: Ihr wisst nicht, um was ihr bittet. Könnt ihr den Kelch trinken, den ich trinke, ...	*Mk 10,38*
Jemanden die Leviten lesen	Für Bibellesungen wurde oft das dritten Buch Mose gewählt, »Levitikus«.	*Lev 1–26*
Sich die Hände in Unschuld waschen	Als Pilatus sah, dass der Tumult immer größer wurde, ließ er Wasser bringen, wusch sich vor allen Leuten die Hände und sagte: Ich bin unschuldig am Blut dieses Menschen.	*Mt 27,24*
Langer Lulatsch	Palmwedel, der beim Laubhüttenfest an die Tür gehängt wird.	*Neh 8,13–17*
Der Haussegen hängt schief	Die Mesusa, kleine Kapsel mit dem jüdischen Shma Israel (Glaubensbekenntnis) am Eingang des Hauses, hing wegen Wind oft schief.	*Dtn 6,9*
Perlen vor die Säue werfen	Gebt das Heilige nicht den Hunden und werft eure Perlen nicht den Schweinen vor, denn sie könnten sie mit ihren Füßen zertreten und sich umwenden und euch zerreißen.	*Mt 7,6*

Jesus spricht mit Gottvater

Jesus lehrte uns, mit Gott wie zu unserem leiblichen Vater zu sprechen. Er selbst nennt ihn »Abba« – Vater. »Das ist das ewige Leben: dich, den einzigen wahren Gott, zu erkennen und Jesus Christus, den du gesandt hast. Ich habe dich auf der Erde verherrlicht, und das Werk zu Ende geführt, das du mir aufgetragen hast. Vater, verherrliche du mich jetzt bei dir mit der Herrlichkeit, die ich bei dir hatte, bevor die Welt war.« *(Joh 17,3–5)*

Dogma der Unfehlbarkeit

Die Irrtumsfreiheit des Papstes in Fragen des Glaubens und der Moral wurde auf dem Ersten Vatikanischen Konzil 1870 zum Dogma erhoben – gegen den Widerstand einer starken Minderheit, darunter die meisten deutschen und österreichischen Bischöfe. Allerdings gilt diese Unfehlbarkeit nur unter bestimmten Bedingungen: wenn der Papst mit der offenkundigen Absicht »ex cathedra« einen Lehrsatz verkündet, die Gesamtkirche auf dessen Anerkennung zu verpflichten.

Der Papst gilt nicht als unfehlbar in seinen persönlichen Ansichten. Nach 1870 wurde in der römisch-katholischen Kirche lediglich ein Lehrsatz *ex cathedra* verkündet, das Dogma der leiblichen Aufnahme Mariens in den Himmel von 1950.

Einige Wissenschaften der Religion

Bibliologie	Lehre vom Wort Gottes *(2 Tim 3,16)*
Theologie	Lehre von Gott *(Dtm 4,6; Eph 4,6)*
Christologie	Lehre von Christus dem Sohn *(Joh 1,1–2.14)*
Pneumatologie	Lehre vom Heiligen Geist *(Joh 16,7–11)*
Angelologie	Lehre von den Engeln *(2 Petr 2,4)*
Hamartiologie	Lehre von der Sünde *(Röm 5,12)*
Soteriologie	Lehre von der Errettung *(Joh 3,16)*
Ekklesiologie	Lehre von der Kirche *(Eph 4,11–16)*
Eschatologie	Lehre von der Endzeit *(1 Thess 4,13–18)*

Kreuz des Anstosses

Obwohl ein Kreuz von vielen jungen Frauen als modisches Accessoire unbekümmert um den Hals getragen wird, kann es auch heute noch die Gemüter erregen: »Die britische Fluggesellschaft Britisch Airways (BA) darf ihren Mitarbeitern zu Recht verbieten, über der Uniform ein Kreuz zu tragen. Eine 55-jährige BA-Angestellte scheiterte in erster Instanz mit dem Versuch, die Entscheidung anzufechten.«

»Richter in Trier verbannt Kruzifix. Der Präsident des Landgerichts hatte nach der Renovierung seines Gebäudes die Kreuze in den Gerichtssälen nicht wieder aufhängen lassen.«

beide Süddeutsche Zeitung, vom 21. November 2006:

Der Trierer Bischof Reinhard Marx kommentierte: »Die Geschichte der Stadt und Region Trier wurde in den letzten 1700 Jahren und bis heute entscheidend durch das Christentum geprägt. Das Bistum Trier ist das älteste Bistum Deutschlands, in Trier steht die älteste christliche Kathedrale nördlich der Alpen ... Das Kreuz in öffentlichen Gebäuden, gerade auch in Schulen und Gerichten, macht deutlich, dass unser Gemeinwesen sich auch ›in Verantwortung vor Gott‹ sieht, wie es das Grundgesetz formuliert.«

Umgangssprachliche Kreuz-Worte

Es ist ein Kreuz † kreuz und quer † aufs Kreuz fallen † mit jemandem über Kreuz sein † jeder hat sein Kreuz zu tragen † sein Kreuz auf sich nehmen † jemanden aufs Kreuz legen † jemandem etwas aus dem Kreuz leiern † ein breites Kreuz haben † drei Kreuze machen † zu Kreuze kriechen † kreuzelend † kreuzdumm † kreuzunglücklich † die Klingen kreuzen † ins Kreuzfeuer geraten † du kannst mich mal kreuzweise † Kreuzworträtsel † Kreuzass † Kreuzfahrer † Kreuzgang † Kreuzung † kreuzehrlich † kreuzgefährlich † Kreuzschmerzen † Rotes Kreuz † kreuzbrav † kreuzlahm † Kreuzgewölbe † Kreuzbandriss

Verschollene Bücher

In der Bibel werden verschiedene Bücher erwähnt, die nicht in der Bibel enthalten sind:

Bezeichnung	Bibelstelle
Buch von den Kriegen des Herrn	4. Mose 21,14
Buch des Redlichen / Buch Jaschar	Josua 10,13
Chronik Salomons	1. Könige 11,41
Chronik der Könige von Israel	1. Könige 14,19
Chronik der Könige von Juda	1. Könige 14,29
Buch der Könige von Israel	1. Chronik 9,1
Geschichte Samuels, des Sehers	1. Chronik 29,29
Geschichte des Propheten Nathan	1. Chronik 29,29
Geschichte Gads, des Sehers	1. Chronik 29,29
Prophezeiungen Ahijas von Silo	2. Chronik 9,29
Geschichte des Sehers Jedo	2. Chronik 9,29
Geschichte des Propheten Schemaja und des Sehers Jedo	2. Chronik 12,15
Geschichte des Propheten Iddo	2. Chronik 13,22
Buch der Könige von Juda und Israel	2. Chronik 16,11
Geschichten Jehus, des Sohnes Hananis	2. Chronik 20,34
Erläuterungen zum Buch der Könige	2. Chronik 24,27
Buch der Könige von Israel und Juda	2. Chronik 27,7
Geschichten der Seher	2. Chronik 33,19
Chronik bis zur Zeit Johanans	Nehemia 12,23

Päpste mit dem Beinamen der Grosse

Leo I.	(440–461), bewahrte Rom vor den Hunnen Attilas
Gregor I.	(590–604), bedeutenster Papst der Spätantike
Nikolaus I.	(858–867), erneuerte die Autorität des Papsttums
Johannes Paul II.	(1978–2005), Beinamen wird erwartet

Liturgischer Verlauf einer Messe

Eröffnung
Allgemeines Schuldbekenntnis
Kyrie
Gloria
Tagesgebet
1. Lesung
Antwortpsalm
2. Lesung
Evangelium
Predigt (Homilie)
Glaubensbekenntnis
Fürbitten
Gabenbereitung
Gabengebet
Eucharist. Hochgebet
Präfation
Sanctus
Wandlung
Vaterunser
Friedensgebet und Friedensgruß
Brotbrechung / Agnus Dei
Kommunion
Schlussgebet
Entlassung

Gloria

Deutsch

Ehre sei Gott in der Höhe
und Friede auf Erden den
Menschen seiner Gnade.

Englisch

Glory to God in the highest,
and peace to his
people on earth.

Spanisch

Gloria a Dios en el cielo,
y en la tierra paz a los
hombres que ama el Señor.

Latein

Glória in excélsis Deo.
Et in terra pax homínibus
bonæ voluntátis.

Pasteurs Vorbild

Louis Pasteur, Chemiker und Physiologe (†1895). Man erzählt sich von ihm, einer seiner Schüler habe einst gefragt, wie denn er nach so vielem Nachdenken und Studium gläubig sein könne. Und Pasteur antwortete: »Eben weil ich nachgedacht und studiert habe, bin ich gläubig geblieben wie ein bretonischer Bauer. Und wenn ich mehr nachgedacht und mehr studiert hätte, so würde ich gläubig geworden sein wie eine bretonische Bäuerin.«

Einige liturgische Einrichtungen

Altar: Kultisches Zentrum jedes Gotteshauses. Das Christentum löst den jüdischen Opferaltar ab durch den Tisch für das heilige Mahl, zu dem Christus einlädt. Altäre wurden ausgeschmückt zu prächtigen Hochbauten, um etwas von himmlischer Fülle in die Welt zu holen. Seit dem II. Vatikanischen Konzil zelebriert der Priester nicht mehr am *Hochaltar* (mit dem Rücken zur Gemeinde), sondern frontal am *Volksaltar*, was der Feier ein anderes Antlitz gibt.

Ambo: (griech. Anabeino, ich steige hinauf) Lesepult im Altarraum, vornehmlich für die Feier des ersten Teils der Messe, des Wortgottesdienstes.

Apostelleuchter: Kerzenleuchter mit den zwölf Weihekreuzen an der Kirchenwand, Sinnbild für die zwölf Apostel als Fundament der Kirche.

Apsis: Auch Chor genannt. Der halbkreisförmige Teil der Basilika, in dem der Altar steht; Raum für den Klerus.

Baptisterium: (griech. Baptisterion, Tauchwanne) Seitenkapelle der Kirche oder Taufkapelle mit dem Taufstein.

Beichtstuhl: Separierter Raum zur Begegnung mit dem Sakrament der Vergebung und Versöhnung.

Empore: Erhöhter Raum für Orgel und Chor, gelegentlich auch als Seitenempore mit Sitzplätzen.

Epitaph: (griech. Epitaphion, Grabschrift) Gedenktafel an Kirchenwänden für Verstorbene.

Ewiges Licht: Rote Ampel (oder Öllicht) in der Nähe des Tabernakels. Zeichen für die dauerhafte Anwesenheit Gottes.

Fünte: (lat. fons, Quelle) Taufbecken im Baptisterium, meist aus Stein.

Kanzel: Bühne für die Predigt (Homilie) an einem Pfeiler oder an der Längswand einer Kirche. Ein Schalldeckel sollte die Akustik verbessern.

Krypta: (griech. Kryptein, verborgen, begraben). Unterirdischer Sakralraum unter dem Chor der Kirche, ursprünglich als Grab- oder Reliquienraum.

Orgel: (griech. Organon, Werkzeug). Hauptinstrument der Kirchenmusik.

Pietá: Bild oder plastische Figur mit der Darstellung Marias als »Schmerzensmutter«. Nach der

Abnahme Jesu vom Kreuz hält sie ihren toten Sohn auf dem Schoß.

PRESBYTERIUM: (griech. Rat der Älteren) Altarraum mit dem Chorgestühl für das Priesterkollegium.

SALVATOR MUNDI: (lat. Retter, Erlöser der Welt) Spätmittelalterliche Christus-Darstellung, die Jesus als Weltherrscher zeigt. Seine rechte Hand ist zum Segen erhoben, die linke hält eine mit einem Kreuz bekrönte Kugel (Reichsapfel) als Zeichen seiner Herrschaftsgewalt.

SAKRISTEI: (lat. sacer, heilig) Nebenraum für die liturgischen Gegenstände und zur Ankleidung von Priester und Ministranten.

SESSION: Priestersitz und nebenstehende Sitze für Ministranten im Altarraum.

TABERNAKEL: (lat. tabernaculum, Hütte, Zelt) Heiliger Ort zur Aufbewahrung des eucharistischen Brotes (»Das ist mein Leib, der für euch hingegeben wird«). Ursprünglich abgeleitet von der israelitischen Bundeslade, die bei der Wanderung ins verheißene Land in einem Zelt mitgeführt wurde. Durch den festlichen Tabernakel mit seinen verzierten, himmlischen Türen war der frühere Hochaltar der Ort der Gegenwart Gottes. Inzwischen häufig als einfacher Wandtresor.

WEIHWASSERBECKEN: Behältnis am Eingang der Kirchentüre. Mit dem Schritt über die Schwelle (früher durch einen Pfosten gekennzeichnet) in das Haus Gottes betritt man ein anderes Zuhause, den anderen, außergewöhnlichen Raum des Irdischen. Die Geste des Weihwassernehmens und Kreuzzeichens am Anfang sind Symbolik für das Eintauchen in die Sphäre des Geistes mit Andacht, Beichte, Messfeier, dem Lobpreis und dem Trost Gottes.

SICH EINEN NAMEN MACHEN

Die Redensart meint nach biblischer Überlieferung ursprünglich jene, die mit dem Turmbau zu Babel sich selbst zum Maß der Dinge machten und Gott zu überhöhen dachten: »Und sie sprachen: Wohlauf, lasst uns eine Stadt und einen Turm bauen, dessen Spitze an den Himmel reiche, damit wir uns einen Namen machen.« *1. Buch Mose, Kapitel 11, Vers 4.*

Die vier letzten Dinge

Tod, Gericht, Himmel und Hölle heißen »die vier letzten Dinge«. Eine Darstellung nach einem katholischen Katechismus aus dem Bistum Würzburg aus dem Jahre 1926:

Was sagt Jesus von der Todesstunde?
Jesus sagt: »Seid bereit!« »Ihr kennt weder den Tag noch die Stunde.«
(Lk 12,40; Mt 25,13)

Sofort nach dem Tode kommt die Seele vor Gottes Gericht; dort muss sie Rechenschaft geben über alle Gedanken, Worte und Werke und über die Unterlassung des Guten.
Dieses Gericht ist das besondere Gericht. Nach dem besonderen Gerichte kommt die Seele entweder in den Himmel oder in das Fegfeuer oder in die Hölle.

Wann werden die Leiber der Verstorbenen auferstehen?
Die Leiber der Verstorbenen werden am Jüngsten Tage auferstehen. Der Jüngste Tag ist der letzte Tag der Welt.
Gott erweckt die Leiber der Verstorbenen zu neuem Leben, in dem er sie für immer mit ihren Seelen vereinigt.

Was folgt nach der Auferstehung der Toten?
Nach der Auferstehung der Toten folgt das Weltgericht.

Welche Freuden genießen die Seligen im Himmel?
Die Seligen im Himmel genießen mehr Freuden, als sich aussprechen lässt:
1. sie schauen Gott von Angesicht zu Angesicht und sind mit ihm in ewiger Liebe vereinigt;
2. sie sind frei von jedem Übel, leben in der Gesellschaft der Engel und sind ganz glücklich.

Welche Qualen leiden die Verdammten in der Hölle?
Die Verdammten in der Hölle leiden mehr, als ein Mensch sagen kann:
1. sie können Gott niemals schauen und sind auf ewig von ihm verstoßen;
2. sie leiden die Qualen des Feuers, werden immerfort von ihrem bösen Gewissen gepeinigt und wohnen in der Gesellschaft der Teufel.

Die Zeichen der Laster

Die so genannten »Untugenden« (im Gegensatz zu den Tugenden) werden in der religiösen Kunst häufig durch vorwiegend hässliche Menschengestalten symbolisiert und oft im Kampf mit den Tugenden dargestellt. Die wichtigsten dieser Personifikationen sind:

Hochmut	gekrönte Frau mit Fledermausflügeln
Neid	Reiterin auf einem Hund
Unmässigkeit	Reiterin auf einem Fuchs
Habsucht oder Geiz	auf einer Geldtruhe sitzender Mann
Trägheit	schlafender Mann auf einem Esel
Zorn	ein Mann, der seine Kleider zerreißt
Wollust	Reiterin auf einem Schwein oder Bock
Unglaube	Menschen vor einem Götzenbild (Idol)
Verzweiflung	sich erhängender Mann (Judas)
Torheit	auf Steine beißender Mann
Feigheit	vor einem Hasen flüchtender Mann

Schutzengel-Service

Papst Johannes XXIII. schrieb am 3. Oktober 1948 in einem Brief an seine Schwester Angela: »Ich rate Dir, mit Deinem Schutzengel vertraut zu werden und mit allen Schutzengeln der Menschen, die Du kennst und liebst. Welch ein Trost, diesen himmlischen Wächter, diesen Zeugen auch der geheimsten Taten ganz in unserer Nähe zu spüren. Ich bete den ›Engel des Herrn‹ täglich mindestens fünfmal, und häufig spreche ich im Geiste mit ihm. Wenn ich eine wichtige Person besuchen muss, um Verhandlungen zu führen, verpflichte ich ihn, sich mit dem Schutzengel dieser Persönlichkeit zu einigen, damit er ihr Verhalten gut beeinflusse.« Einmal erzählte der Papst von einer Engelsbegegnung: »Als ich zum Papst gewählt wurde konnte ich überhaupt nicht mehr schlafen. Einmal bin ich doch kurz eingenickt, da erschien mir ein Engel im Traum, der sagte: ›Giovanni, nimm dich nicht so wichtig‹. Seitdem kann ich wunderbar schlafen«.

Seraphischer Heiliger

Als Franz von Assisi 1224 seine Christusvision hatte, erschien ihm Jesus als Engel mit sechs Flügeln. Für gewöhnlich ist es das Kennzeichen der Seraphim, sie bilden den zweiten der neun Engelchöre. Franziskus wird von daher als »seraphischer Heiliger« beschrieben. In der Erscheinung drückte ihm Christus seine fünf Wundmale auf. Es ist dies die erste historisch bezeugte Stigmatisation der Heiligengeschichte.

Altes Bildnis eines Seraphim, eines Engels mit sechs Flügeln

Unter aller Kanone

Irrtum, wenn Sie dabei an Kanonen denken. »Unter aller Kanone« entspricht nämlich dem lateinischen »sub omni canone«. Das bedeutet so viel wie: unter jedem Kanon, also dem Maßstab. Das Wort »Kanon« geht dabei auf einen hebräischen Ausdruck zurück, der ursprünglich ein Schilfrohr bezeichnete, das als Maßstab, als Messlatte diente. Wenn etwas unter aller Kanone ist, dann ist es so schlecht damit beschaffen, dass es sich jeder Messbarkeit entzieht.

Rat an einen rastlosen Papst

Der heilige Bernhard gab Papst Eugen III. (Regierungszeit 1145–1153) in einem Brief Folgendes zu beachten: »Wenn du dein ganzes Leben und Erleben völlig ins Tätigsein verlegst und keinen Raum mehr für die Besinnung vorsiehst, soll ich dich da loben? Auch du bist ein Mensch. Damit deine Menschlichkeit allumfassend und vollkommen sein kann, musst du also nicht nur für alle anderen, sondern auch für dich selbst ein aufmerksames Herz haben. ... Denk also daran: Gönne dich dir selbst. Ich sage nicht: tu das immer, ich sage nicht: tu das oft, aber ich sage: tu es immer wieder einmal.«

Einige Dinge über die Seele

Aus einem alten Katechismus: »Der Mensch besteht aus Körper und Geist. In der Schöpfung Gottes gibt es zwei große Reiche. Das Reich der körperlichen Dinge und das Reich der Geister. Der Mensch steht in der Mitte. Er nimmt an beiden teil. Er ist zusammengesetzt aus Leib und Seele. Seine Seele ist ein geistiges Wesen.«

Aus dem Buch der Weisheit: »In eine Seele, die auf Böses sinnt, kehrt die Weisheit nicht ein, noch wohnt sie in einem Leib, der sich der Sünde hingibt« *(Weish 1,1–7)*.

Meister Eckhart: »Das mystische Streben wird geboren aus dem Verlangen der Seele nach Vereinigung mit Gott. Solange es Menschen gibt, wird es niemals enden.«

Wasser im Wein

Wasser ist ambivalent. Als eines der elementaren Symbole macht es einerseits belebt und fruchtbar, andererseits verweist es auf Versinken und Untergang. Wenn während der eucharistischen Feier der Priester Wein trinkt, wird er stets mit einigen Tropfen Wein vermengt, was auch auf die zwei Naturen (Gott und Mensch) in der Person Jesu hinweisen soll.

Gemeinschaft der Heiligen

Gemeinschaft der Heiligen ist ein Begriff für alle, die zur Heiligkeit berufen und durch die Taufe geheiligt sind: also alle Glieder der Kirche. Auch jene, die, wie es traditionell heißt, »bereits zur vollendeten Heiligkeit im Himmel gelangt sind«. Alle zusammen, die Lebenden und die Verstorbenen, bilden in Christus eine einzige Familie, die Kirche.

Wer dazugehört	Kirchenbegriff
1. Die Christgläubigen auf Erden	Die streitende Kirche
2. Die Heiligen im Himmel	Die triumphierende Kirche
3. Die Armen Seelen im Fegfeuer	Die leidende Kirche

Aus der Kleiderordnung der Orden

Orden	Habit	Promis / * Ordensgründer in *Kursiv*
Augustiner-Chorherren	Schwarze Kutte mit Sarrozium (schmales weißes Band)	*Augustinus**
Augustiner-Eremiten	Schwarzer Habit mit spitz zulaufender Kapuze, lederner Gürtel, Radmantel	*Thomas von Villa nova*, Rita von Cascia, Nikolaus von Tolentino
Benediktiner	Schwarzer Habit mit Skapulier, Stoffzingulum	*Benedikt von Nursia*, Gregor d. Große, Bonifatius
Dominikaner	Weißer Habit mit Skapulier, Kapuze, schwarzer offener Mantel	*Dominikus*, Albertus Magnus, Thomas von Aquin, Katharina von Siena, Rosa von Lima, Heinrich Seuse, Petrus Martyr
Franziskaner	Dunkelbrauner Habit mit Kapuze und weißem Strickgürtel mit Rosenkranz	*Franz von Assisi*, Klara, Antonius von Padua, Bonaventura, Bernhardin von Siena, Johannes von Capestrano
Jesuiten	Ursprünglich schwarze Tracht wie Weltgeistliche	*Ignatius von Loyola*, Franz Xaver, Petrus Canisius, Aloisius von Gonzaga, Petrus Claver
Kamaldulenser	Weißer Habit und Skapulier	*Romuald*
Kapuziner	Ordenstracht wie die Franziskaner (Zweigorden), jedoch hellerer Habit	*Laurentius von Brindisi*, Felix von Cantalice
Karmeliten	Brauner Habit, Skapulier und Kapuze, schwarzer Ledergürtel, bei feierlichen Anlässen weißer Mantel und weiße Kapuze	Einziger Orden ohne eigentlichen Gründer. Simon Stock, Theresia von Ávila, Johannes vom Kreuz
Kartäuser	Weißer Habit, Skapulier und Kapuze, weißer Ledergürtel	*Bruno von Köln*
Prämonstratenser	Weißer Habit, Skapulier und Zingulum	*Norbert von Xanten*, Hermann Joseph

Gottsuche

Franz von Sales: »Die Zeit, Gott zu suchen, ist dieses Leben; die Zeit, ihn zu finden, ist der Tod; die Zeit, ihn zu besitzen, ist die Ewigkeit.«

Meister Eckehart: »Wer Gott sucht, wer ihn denkt und ihn liebt, der ist bei Gott und ist in Gott, und Gott ist in ihm.«

Bernhard von Clairvaux: »Du musst nicht über die Meere reisen, musst keine Wolken durchstoßen und musst nicht die Alpen überqueren. Der Weg, der dir gezeigt wird, ist nicht weit. Du musst deinem Gott nur bis zu dir selbst entgegengehen. Denn das Wort ist dir nahe. Es ist in deinem Mund und in deinem Herzen.«

Theresia von Ávila: »Und dann darf man einem so lieben Gast gegenüber nicht fremd tun. In aller Demut kann man mit ihm reden wie mit einem Vater ...«

Madeleine del Brèl: »Wenn du an das Ende der Welt gehst, findest du die Spuren Gottes. Steigst du in den Grund deiner Seele, findest du ihn auch dort.«

Romano Guardini: »Heute habe ich zum ersten Mal verstanden, was es heißt, alle Dinge sprächen von Gott ... Er steht hinter jeder Faser Wirklichkeit. Alles ist immerfort durch ihn. Wer das erfährt, erfährt ihn in allem.«

Edith Stein: »Wer Gott nicht findet, der gelangt auch nicht zu sich selbst.«

Benedikt XVI.: »Je besser du Jesus kennst, umso mehr zieht dich sein Geheimnis an.«

Bonaventura: »Zum Beginn rufe ich den ewigen Vater an, den Uranfang, von dem alle Erleuchtungen hernieder steigen, den Vater des Lichtes, von dem alle gute Gabe und jedes vollkommene Geschenk kommt; ich rufe ihn an durch seinen Sohn, unsern Herrn Jesus Christus, er möge mir erleuchtete Augen des Geistes geben, um unsere Füße zu leiten auf dem Wege des Friedens.«

George Harrison: »Alles hat Zeit. Nur die Suche nach Gott nicht.«

Gläubige Juden

Dass Israel in seiner Mehrheit Jesus nicht als Messias anerkannt hätte, ist ein fragwürdiges Urteil. Bis zur Passion Christi war die neue Bewegung auf zigtausend Anhänger angewachsen. Nach Auferstehung und Pfingstfest versammelten sich erneut Tausende um die Apostel. Seit Jahrhunderten in der Zerstreuung, lebte zur Zeit Jesu der größte Teil der Juden ohnehin nicht mehr in Palästina. Und überall, wo die Lehre hinkam, wurde sie – mit wenigen Ausnahmen – von jüdischen Emigranten mit Begeisterung aufgenommen.
Mit dem Juden Paulus, »am achten Tag beschnitten, aus dem Volk Israel, vom Stamm Benjamin, ein Hebräer von Hebräern« (Phil 3,5), hat das Christentum den aktivsten Propagandisten, mit dem Juden Petrus seinen ersten Papst. Selbst die Kirche von Rom geht auf jene Tausende Juden zurück, die von Pompejus als Sklaven nach Rom verschleppt und später dort freigelassen wurden. Um das Jahr 250 schätzt der christliche Schriftsteller Origenes die Zahl der Judenchristen bereits auf über 150 000. Italo Zolli, Oberrabbiner der jüdischen Gemeinde in Rom, der 1945 katholisch wurde, hielt fest: »Das gesamte Alte Testament scheint mir ein chiffriertes göttliches Telegramm an die Menschen zu sein. Unverständlich für den, der es lesen möchte, aber den ›Schlüssel‹ nicht kennt. Nun, dieser ›Schlüssel‹ ist Jesus, in dessen Licht jener rote messianische Faden, der sich durch alle Bücher des Alten Bundes zieht, erst Bedeutung gewinnt.«

Feste feiern

Durch die immer weitere Ausformung des katholischen Kultes stieg im 16. Jahrhundert die Zahl der gebotenen Feiertage so an – einzelne Diözesen hatten mehr als hundert Sonn- und Feiertage –, dass sich Papst Urban VIII. (1185–1187) genötigt sah, die Zahl aller Feste auf vierunddreißig zu begrenzen. Heute ist die Gesamtzahl der Feiertage von Bundesland zu Bundesland unterschiedlich. Die meisten hat mit 13 freien Tagen das katholische Bayern, was dem wirtschaftlichen Erfolg des Landes anscheinend keinen Abbruch tut.

Einige kurze, schnell wirkende Stossgebete

Abba, Vater.
Dank sei Gott.
Mein Gott und mein alles.
Mein Herr und mein Gott.
Gott, sei mir Sünder gnädig.
Mein Jesus, Barmherzigkeit.
Gepriesen sei die Heilige Dreifaltigkeit.
Heiligstes Herz Jesu, erbarme dich unser.
Vater, nicht mein, sondern dein Wille geschehe.
Herr Jesus Christus, Sohn Gottes, erbarme dich meiner.

Die 12 Apostel

Apostel	Symbole	Festtag
Andreas	schräges Kreuz	30. 11.
Bartholomäus	Messer; auch mit seiner abgezogenen Haut	24. 8.
Jakobus d. Ä .	Pilgerhut mit Muschel	25. 7.
Jakobus d. J.	Keule	3. 5.
Johannes	Kelch, aus dem sich eine Schlange windet	27. 12.
Judas Thaddäus	Keule, auch Buch	28. 10.
Matthäus	Buch oder Schwert	21. 9.
Petrus	Schlüssel	29. 6.
Philippus	Kreuzstab	3. 5.
Simon	Säge	28. 10.
Thomas	Lanze und Winkelmaß	3. 7.
Matthias	Beil oder Schwert	24. 2.

Für den Verräter Judas Iskarioth wurde, um die Zwölfzahl zu erhalten, per Losentscheid Matthias als Apostel »nachnominiert«. Paulus, der die wichtigsten Schriften des Urchristentums schuf, aber nicht zu den Zwölfen gehörte, wird wegen seiner Missionstätigkeit als »Völkerapostel« und neben Petrus als »Apostelfürst« bezeichnet.

Ein Lustgarten von Granatäpfeln
Die erotischsten Stellen der Bibel

Aus dem Hohelied Salomos

Kapitel 2: Wie ein Apfelbaum unter den wilden Bäumen, so ist mein Freund unter den Jünglingen. Unter seinem Schatten zu sitzen begehre ich, und seine Frucht ist meinem Gaumen süß. – Er führt mich in den Weinkeller, und die Liebe ist sein Zeichen über mir. – Er erquickt mich mit Traubenkuchen und labt mich mit Äpfeln; denn ich bin krank vor Liebe. – Seine Linke liegt unter meinem Haupte, und seine Rechte herzt mich. – Ich beschwöre euch, ihr Töchter Jerusalems, bei den Gazellen oder bei den Hinden auf dem Felde, dass ihr die Liebe nicht aufweckt und nicht stört, bis es ihr selbst gefällt.

Kapitel 4: Meine Schwester, liebe Braut, du bist ein verschlossener Garten, eine verschlossene Quelle, ein versiegelter Born. – Du bist gewachsen wie ein Lustgarten von Granatäpfeln mit edlen Früchten, Zyperblumen mit Narden, – Narde und Safran, Kalmus und Zimt, mit allerlei Weihrauchsträuchern, Myrrhe und Aloe, mit allen feinen Gewürzen. – Ein Gartenbrunnen bist du, ein Born lebendigen Wassers, das vom Libanon fließt.

Seine Wangen sind wie Balsambeete, in denen Gewürzkräuter wachsen. Seine Lippen sind wie Lilien, die von fließender Myrrhe triefen. – Seine Finger sind wie goldene Stäbe, voller Türkise. Sein Leib ist wie reines Elfenbein, mit Saphiren geschmückt. – Seine Beine sind wie Marmorsäulen, gegründet auf goldenen Füßen. Seine Gestalt ist wie der Libanon, auserwählt wie Zedern. – Sein Mund ist süß, und alles an ihm ist lieblich. – So ist mein Freund; ja, mein Freund ist so, ihr Töchter Jerusalems!

Kapitel 7: Wende dich hin, wende dich her, o Sulamith! Wende dich hin, wende dich her, dass wir dich schauen! Was seht ihr an Sulamith beim Reigen im Lager? – Wie schön ist dein Gang in den Schuhen, du Fürstentochter! Die Rundung deiner Hüfte ist wie ein Halsgeschmeide, das des Meisters Hand gemacht hat. – Dein Schoß ist wie ein runder Becher, dem nimmer Getränk mangelt. Dein Leib ist wie ein Weizenhaufen, umsteckt mit Lilien. – Deine beiden Brüste sind wie junge Zwillinge von Gazellen. – Dein Hals ist wie ein Turm von Elfenbein. Deine Augen sind wie die Teiche von Heschbon am Tor Bat-Rabbim.

Wie schön und wie lieblich bist du, du Liebe voller Wonne! – Dein Wuchs ist hoch wie ein Palmbaum, deine Brüste gleichen den Weintrauben. – Ich sprach: Ich will auf den Palmbaum steigen und seine Zweige ergreifen. Lass deine Brüste sein wie Trauben am Weinstock und den Duft deines Atems wie Äpfel; – lass deinen Mund sein wie guten Wein, der meinem Gaumen glatt eingeht und Lippen und Zähne mir netzt. – Meinem Freund gehöre ich, und nach mir steht sein Verlangen. – Komm, mein Freund, lass uns aufs Feld hinausgehen und unter Zyperblumen die Nacht verbringen ... da will ich dir meine Liebe schenken. – Die Liebesäpfel geben den Duft, und an unsrer Tür sind lauter edle Früchte, heurige und auch vorjährige: mein Freund, für dich hab ich sie aufbewahrt.

Aus der Genesis – Jakobs Frauen

Jakob diente also um Rahel sieben Jahre. Weil er sie liebte, kamen sie ihm wie wenige Tage vor. – Dann aber sagte er zu Laban: Gib mir jetzt meine Frau; denn meine Zeit ist um und ich will nun zu ihr gehen. – Da ließ Laban alle Männer des Ortes zusammenkommen und veranstaltete ein Festmahl. – Am Abend nahm er aber seine Tochter Lea, führte sie zu ihm und Jakob wohnte ihr bei. – Am Morgen stellte sich heraus: Es war Lea. Da sagte Jakob zu Laban: Was hast du mir angetan? Habe ich dir denn nicht um Rahel gedient? Warum hast du mich hintergangen? – Laban erwiderte: Es ist hierzulande nicht üblich, die Jüngere vor der Älteren zur Ehe zu geben. Verbring mit dieser noch die Brautwoche, dann soll dir auch die andere gehören um weitere sieben Jahre Dienst. – Jakob ging darauf ein. Er verbrachte mit Lea die Brautwoche, dann gab ihm Laban seine Tochter Rahel zur Frau. – Jakob wohnte Rahel ebenfalls bei und er liebte Rahel mehr als Lea. Er blieb noch weitere sieben Jahre bei Laban im Dienst. – Als der Herr sah, dass Lea zurückgesetzt wurde, öffnete er ihren Mutterschoß, Rahel aber blieb unfruchtbar.

Basta

Theresia von Ávila ist eine der großen Frauen der katholischen Kirche. Sie wurde von Papst Paul VI. zur Kirchenlehrerin ernannt. Die große spanische Mystikerin kannte mehrere Formen von Gebeten, die zu unterschiedlichsten Bewusstseinszuständen führten. Die Nonne unterschied dabei zwischen »Verzückung«, »Entrückung« oder gar dem Zustand des »Geistesfluges«, in dem sich auf einer hohen Stufe mystischer Gottesvereinigung »tiefster Friede« einstelle. Theresia hat ihre Ekstasen nicht interpretiert. »Wie dies zu verstehen sei, weiß ich nicht«, schrieb sie, »und gerade dieses Nichtverstehen macht mir große Freude; denn wahrhaftig, meine Töchter, die Seele soll nicht so sehr das ins Auge fassen, was ihr blöder Verstand hienieden fassen kann, sondern vielmehr das, was sie in keiner Weise zu begreifen vermag.« Die Weisheit und Erfahrung ihres Lebens fasste sie folgendermaßen zusammen: »Todo es nada, dios solo basta«, alles ist eitel, Gott allein genügt. Denn »jeder, der Christus zu lieben beginnt, macht eine merkwürdige Erfahrung: Je mehr er geben will, umso mehr erfährt er sich als Beschenkter«.

Verschwunden an der Datumsgrenze

Theresia von Ávila, Gründerin von 17 Frauen- und 15 Männerklöstern, fiel am Ende ihres Lebens in ein zeitliches Nichts. In ihrer Jugend war die Ordensfrau berühmt für ihre Schönheit, aber der Waschzuber war ihr nicht weniger vertraut als der Kochherd. Als ein forscher Kavalier die Zierlichkeit ihrer Füße bewunderte, gab sie mit blitzenden Augen zurück: »Schauen Sie gut hin, Caballero, denn Sie werden sie jetzt das letzte Mal zu sehen bekommen.«

Die spanische Mystikerin starb am 4. Oktober 1582. Tags darauf trat durch die Kalenderreform Papst Gregors XVII. eine neue Weltzeit in Kraft. Da beim Übergang vom julianischen zum gregorianischen Kalender aber zehn Tage ausgelassen werden mussten, geriet der Tod der großen, ewigkeitsbezogenen Frau gewissermaßen datumslos in die ganze Unendlichkeit des Alls.

Andenkenkult

Kaum jemand in der langen Liste der Heiligen wurde so früh verehrt und so massenhaft bewundert wie Theresia von Lisieux († 30. September 1897). Theresias Lehre sagte, dass die Liebe eines Menschen zu Gott an seiner Nächstenliebe gemessen wird. Die Heiligsprechung 1925 erfolgte regelrecht unter dem Druck des Volkes. Um die hundertausendfache Nachfrage nach verehrungswürdigen Andenken zu befriedigen, wurden Kleider und Wäsche zerschnitten, dazu Bettzeug und Bettvorhänge, mit denen die Nonne angeblich in Berührung gekommen war. Die Ankündigung des Kanonisationsprozesses entfesselte eine noch nie dagewesene Nachfrage nach Devotionalien:

	Verteilung 1909 – 1910	Versand 1897 – 1925
Bilder	183 348	30,5 Millionen
Reliquien-Andenken	36 612	17,0 Millionen

Bibel-Übersetzungen

Die Bibel ist weltweit das am meisten übersetzte Buch:

Neues Testament	1115 Sprachen
Einzelne Bücher	862 Sprachen
Gesamte Bibel	426 Sprachen
NT, AT und einzelne Bücher der Bibel	2403 Sprachen
Jährlich neue Sprachen des NT	ca. 40 Sprachen
Jährlich neue Sprachen gesamte Bibel	ca. 4 Sprachen
Übersetzungen in Afrika	683 Sprachen
Asien	593 Sprachen
Australien, Neuseeland, Ozeanien	420 Sprachen
Lateinamerika und Karibik	417 Sprachen
Europa	211 Sprachen
Weltweit	ca. 6500 Sprachen
Jüngste Übersetzung für Afrika	Gulmancema
Jüngste Übersetzung für Ozeanien	Cheke Holo

Priester als Erfinder

Bis zum Jahre 1000

Bischof Ulfilas (†381) schuf das *gotische Alphabet* © In den Mönchsschriften wurden zuerst die *kleinen Buchstaben* gebraucht © Von den Mönchen stammt die *deutsche Druckschrift* © Der hl. Cyrillus erfand ein Alphabet für die *slawische Sprache* © der hl. Mesrop das *armenische Alphabet* © Boethius im 6. Jahrhundert und © Pacifikus im 9. Jahrhundert *künstliche Wasseruhren* © Papst Silvester II. führte in Italien die *arabischen Ziffern* statt der römischen in der Arithmetik ein © Die *Wassermühlen* erfand der hl. Ursus © Guido v. Arezzo (980–1050), Benediktinermönch in der Toskana, erfand das *vierlinige Notensystem*, die *Tonleiter*, den *Monochord*, die *Musikregeln* und stellte die *Grundlehren der Harmonie* auf © Der hl. Ambrosius, Bischof in Mailand († 397), legte den ersten Grund zu einem *geregelten Gesang* © Papst Gregor d. Gr. reformierte die Kirchenliturgie und ermöglichte den *gregorianischen Choral* © Der Benediktinermönch Hucbald aus Flandern (um 900) erfand den *mehrstimmigen Gesang* © Der Benediktinerabt Gosbert von Tegernsee (983–1001) erfand mit Graf Arnold v. Vohburg die *Glasmalerei*.

Von 1000 bis 1500

Im Kloster Tegernsee wurde eine *unzerstörbare Tinte* erfunden © Der Benediktiner Blasius Valentini wendete zuerst die *Chemie zu Krankenheilungen* an © Die Benediktinerklöster waren im Mittelalter *die Zufluchtsstätten aller Kranken* © Die Professoren in Salerno, dieser *einzigen Arzneischule* in ganz Europa, waren vom 8.–14. Jahrhundert Benediktinermönche © Der Freiburger Franziskaner Berthold Schwarz gilt als der Erfinder des *Schießpulvers* © Der Dominikanermönch Alexander von Spina verfertigte im 13. Jahrhundert die ersten *Brillen* © Der Diakon Flavio Gioja verbessert den *Magnet- und Seekompass* © Der Franziskanermönch Roger Bacon, der genialste Physiker und Chemiker des Mittelalters, erfand das *Vergrößerungs- und Fernglas* sowie den *Brennspiegel* © Ein Kanonikus von St. Stephan in Wien († 1442) gab den ersten deutschen *Kalender* heraus © Papst Gregor XIII. und der Jesuit Clavius von Bamberg verbesserten den Kalender © Der Abt

Dionysius Exiguus führte im 6. Jahrhundert die *christliche Zeitrechnung* ein. © Regimontanus, Bischof von Regensburg, erfand das *metrische System* und lehrte bereits zwei Jahrhunderte vor Galilei, dass die *Sonne stehe und die Erde sich bewege* © Kardinal Nikolaus von Cusa (†1464) lehrte die Bewegung der *Erde um die Sonne*

Ab 1600

Der Geistliche Luca di Borgo machte die *Algebra* bekannt © Der Geistliche Wimpheling, Deutschlands berühmtester Lehrer, schrieb die erste rationelle deutsche *Pädagogik* und *Methodik* © Der Benediktiner Petrus Pontius von Montserrat in Spanien erfand die erste Methode des *Taubstummenunterrichts* © Der französische Abbé de l'Epée vervollkommnete diesen Unterricht © Der Jesuit Christoph Scheiner († 1650), Lehrer der Mathematik, Physik und Astronomie, erfand das *Helioskop*, den *Pantograph* oder *Storchschnabel*, entdeckte die *Sonnenflecken* und bestimmte als Erster die *Rotationszeit der Sonne* und die Lage ihres Äquators © Der Jesuit Cysat aus Luzern entdeckte die *Nebelflecken im Gürtel des Orion* und die *Saturnmonde* © der Jesuit Franz Grimaldi († 1663) entdeckte die *Diffraktion des Lichtes* © der Hieronymit Bonaventura Cavallieri († 1647) ist der Erfinder der Methode des Unteilbaren zur *Messung von Körpern und Flächen* © P. Gianbattista Riccioli († 1671), Mathematiker und Astronom, entdeckte die *Mondflecken* © Der Geistliche Harvex († 1618) ist der *Entdecker des Blutkreislaufes* © Der Priester Bouilau besaß mehr als ein halbes Jahrhundert vor Fahrenheit ein *Quecksilberthermometer* (1659) © Die Benediktiner der Mauriner Kongregation riefen im 17. Jahrhundert die *Wissenschaft der Diplomatik* und *Chronologie* ins Leben © Der Jesuit Eusebius Franz Chino (Kino, † 1711) entdeckte *Neucalifornien* © Der Jesuit Athanasius Kircher (um das Jahr 1680) ist Entdecker des *Sprachrohres*, der *Skioptikons*, des *Springbrunnens*, der *Äolsharfe* und des *Pantometers* © Der Dominikaner Albertus Magnus, nach Aristoteles der erste wissenschaftliche Bearbeiter der Zoologie, Mineralogie und Botanik, erfand das *Zink* und *Arsenik* und errichtete das erste Treibhaus © Der Theologe Arnold v. Villanova aus Montpellier entdeckte die *drei chemischen Säuren* © der hl. Virgilius, Bischof von Salzburg († 1784), lehrte die *Kugelgestalt der Erde* © Die Zisterziensermönche erfanden die *Feuerspritze* © Die Pariser Mönchsorden organisierten den *Feuerwehrdienst* und wurden von Ludwig XV. die ersten Feuerwehrmänner von Paris genannt © Die Jesuiten sind die Erfinder des *Gaslichtes* © Der Jesuit Dunn gründete 1815 die *erste Gasgesellschaft* in Preston © Der Diakon Rollet in Frankreich lehrte zwei Jahre vor Franklin die *Elektrizität der Gewitter* © Der Theatinermönch-Astronom Guiseppe Piazzi in Palermo († 1826) entdeckte den *Planeten Ceres* © der Theatinermönch Ferdinand Sterzinger (†1786) war *Mitbegründer der Münchener königl. Akademie der Wissenschaften* © Der Geistliche Fontana schuf die berühmten *Wachspräparate* zu Florenz, Wien und Paris, wahre Wunder der Kunst © Abbé Migne gründete zu Montrouge bei Paris eine *typographische Anstalt*, wohl eine der größten der Erde, welche täglich 1000 Bände liefern konnte © Der Geistliche Schmid stellte die ersten *Steindruckbilder* her (1790) © Der Jesuit Marquette († 1675) ist der *Auffinder des Mississippi* © Der Prämonstratenser Prokop Diwisch, Pfarrer in Brenditz in Mähren, errichtete den *ersten Blitzableiter* © Kardinal Angelo Mai († 1849) machte die gebildete Welt auf die *Palimpseste* aufmerksam und entdeckte ein *Rekonstruktionsverfahren* © Der Priester Pianton erfand das *Zweirad* (1845) © Der Jesuit Angelo Secchi († 1879), einer der größten Astronomen unserer Zeit, konstruierte eine *Wetterschreibmaschine* (Meteorograph). Der Erfinder wurde auf der 2. Pariser Weltausstellung mit der großen goldenen Medaille prämiiert und erhielt aus der Hand des Kaisers Napoleon III. in Gegenwart der Kaiser von Russland und Österreich, der Könige von Preußen, Belgien und anderer Staaten die Insignien eines Offiziers der französischen Ehrenlegion; er erfand das *Heliospektroskop*, ist der Begründer der *Spektralanalyse* © Der dänische Bischof Nikolaus Steno († 1686) entdeckte den *Speichelkanal* und die *Tränendrüsen* © Der Missionar P. Eusebius Franz Chino (Kino, † 1711) entdeckte die *Mündung des Rio Grande* © P. Samuel Fritz befuhr (1689) auf einer Barke das erste Mal *den ganzen Amazonasstrom* © P. Martin Dobrizhofer lieferte die ersten genauen Nachrichten über *Südamerika* © P. Joseph Tiefenthaler machte als erster auf die kolossalste Gebirgsgruppe der Welt, auf die *Riesen des Dhawalagiri*, aufmerksam (im 18. Jahrhundert) © P. Adam Schall († 1666) und P. Jakob Roh, beide Jesuiten, reformierten den *chinesischen Kalender*. Ersterer, einer der berühmtesten Mathematiker und Astronomen seiner Zeit, richtete die *Sternwarte in Peking* neu ein, verfertigte die verschiedenartigsten optischen und astronomischen Instrumente, goss Kanonen, baute Schiffe usw., wurde vom Kaiser Tschung-Tschin zum Präsidenten des mathematischen Tribunals, zum Mandarin erster Klasse ernannt und in den Adelsstand erhoben © Der sel. Johann de la Salle, Ordensstifter der Schulbrüder, errichtete die *erste Gewerbeschule* und die *erste Lehrerbildungsanstalt* (1684) © Eligius Cosi, Bischof von Riea in China, erfand ein neues *chinesisches Alphabet* (1886) © Pfarrer Schleyer in Konstanz ist der Erfinder des »Volapül« © Pfarrer Sebastian Kneipp erwarb sich einen Weltruf durch seine rationelle *Wasserkurmethode* © Berühmt war der Pfarrer von Sucan in Ungarn, Franz Madva, als Naturarzt (um 1840) © Die *ersten Leprosenhäuser* errichteten die Mönche © Fürstbischof Friedrich Karl v. Schönborn errichtete zu Würzburg (1724) die *erste Anatomie* in Deutschland © Der spanische Mönch Juan Gilaberto Joffre gründete in Valencia 1409 das *erste Irrenhaus* © Der hl. Johann von Gott ist der *Reformator der Nervenheilmethode* und der Stifter des Ordens der Barmherzigen Brüder © P. Cölestin Opitz, Provinzial der Barmherzigen Brüder, machte in Österreich die *erste Narkose* (6. Februar 1847) © Der Provinzial desselben Ordens, P. Johannes de Deo Sobel, führte im Prager Spital die neue *antiseptische Methode* ein © Abbé Sarcey, zur Zeit der französischen Revolution, führte das *Feuilleton* ein © Der Jesuitenpater Joseph Hilarius Eckhel, Direktor des kaiserlichen Münz- und Antikenkabinetts in Wien, ist der Begründer der rein wissenschaftlichen *Numismatik* und schrieb die berühmte Doctrina nummorum (1792–1798) © Der Jesuit P. Karl Braun, Astronom und Physiker, lieferte die scharfsinnigsten Versuche der Neuzeit über die *Dichte der Erde* und über die *Gravitationskonstante* © Monsignore Angelo Fiorini, Bischof von Pontremoli, erfand einen sinnreichen *Signalapparat für Eisenbahnen* (1899) © Pfarrer Zucklin in Boreslau/Böhmen ersann 1899 *neue Bienenwohnungen* © Pfarrer Dr. Dzierzon, der berühmteste Imker der Jetztzeit, ist der Entdecker der Parthogenesis der Bienen und Erfinder neuer *Bienenstöcke* (Mobilbau) © Der Benediktiner Peter Singer in Salzburg († 1882) konstruierte das *Pansymphonikum*, ein großartiges Musikwerk © Der Jesuit P. Lana erfand um das Jahr 1687 ein Mittel, um *Blinde lesen* zu lehren, und gab schon um 1670 eine Beschreibung des *Luftballons* © Der Jesuit P. Fabri bestimmte zuerst die *Blutzirkulation* © Der Mönch Roger Bacon erfand den *Phonograph* © Der Abt Suger von St-Denis, Minister Ludwigs VII., konstruierte *eine mit Dampf betriebene Maschine* © Kardinal Salm, Fürstbischof von Gurk, bestieg 1799 als Erster den *Großglockner* © Der Priester Senn, ein tiroler Kurat, erschloss die *Eiskammern der Ostalpen* © Der Jesuit P. Liesganig bestimmte zur Zeit Maria Theresias die *Meridiane Österreichs* © Mönche erfanden die *feine Bierbrauerei* mit dem Gebrauche des Hopfens © Das fünfte Lateran-Konzil beschloss 1513 zur Steuerung des Wuchers die Errichtung von *Pfandhäusern* © Der Priester Flavio Biondo ist der Begründer der klassischen *Choro-Topographie* © Der Priester Bartolomeo Mercolli, Direktor des »Schweizer Kollegs« in Locarno, ist der Erfinder eines chemischen Präparats für *Freskorestaurierung* © Die Benediktinermönche der Kongregationen St-Maur, Mabillon und Montfaucon begründeten im 17. Jahrhundert die *Paläographie* © Der Chorherr Johann Franz Dusquesnoy war 1773 der Begründer der *landwirtschaftlichen Ausstellungen* © Monsignore Cerebotani in Italien erfand 1900 einen *Telegraphenapparat* »Quiquolibet« © Der hl. Vinzenz von Paul (1567–1622), Stifter des Ordens der Lazaristen, und der hl. Franz von Sales, Bischof von Genf (1576–1660), gelten als die *Begründer der Zeitungen* © Der Priester Hauy ist der Erfinder des *metrischen Systems* © Der Mönch Budos von Celle erbaute die *erste Orgel* © Der Priester Candid von Leces (Italien) die *elektrische Orgel* © Die Jesuiten L'Péa und Sikard entdeckten die fieberstillende Wirkung des *Chinins* © P. Lana entdeckte die *Gesetze der Elektrizität* © Der Priester Chappe erfand den *Telegraph* © Der Jesuit Scheiner erfand das *Teleskop* © P. Magnau das *Mikroskop* © P. Desforges stellte 1772 den *ersten Luftballon* her © Katholische Missionare führten die *Seidenwürmer* in Europa ein © Der Mönch Beral erfand das *Trinkglas* © Jesuiten entwarfen bereits im 17. Jahrhundert einen Plan für einen *Suezkanal* © Der Jesuit Papebroch ist der Begründer der *modernen Diplomatik* © Nach dem Zeugnis des großen Sprachforschers Max Müller hat der Jesuit Cocurdoux einige der wichtigsten Resultate der *vergleichenden Sprachwissenschaft* zu Tage gefördert © Der früher erwähnte Jesuit Athanasius Kircher entwarf 1665 ein *Kartenbild der Hauptströmung der Ozeane* © Der Jesuit Joseph Franz entwarf den *Plan der orientalischen Akademie* in Wien und wurde auch mit der Leitung derselben betraut.

BIBEL-DIÄT

Das Gesetz, mit dem Moses vom Berge stieg, beinhaltete nicht nur die großen Zehn Gebote. Im Kleingedruckten war nachzulesen, was, wie und wann das Volk Gottes essen sollte. »Rede mit den Israeliten und sprich: Ihr sollt kein Fett essen von Stieren, Schafen und Ziegen«, so heißt es im Buch Mose, »das Fett von gefallenen Tieren dürft ihr zwar zu allerlei benutzen; aber essen dürft ihr's nicht« *(3 Mose 7, 23–27)*. Die Vorschriften gingen bis in Details. So war etwa festgehalten, welches Besteck man zu welchen Speisen zu nehmen hatte und wie das Geschirr zu reinigen sei.
Moderne Ernährungswissenschaftler preisen inzwischen viele der Ernährungsvorschriften des Alten Testaments als geradezu weitsichtig. Neben den Dingen, deren Verzehr ausdrücklich verboten wird, etwa unreine Tiere, Blut, Fett und Aas, gibt die Bibel auch positive Speise-Empfehlungen. Die Heilige Schrift nennt dabei Nahrungsmittel, die auch nach heutigen Erkenntnissen nachgerade die Basis einer gesunden Ernährung bilden:

1. Reines, mageres Fleisch von Tieren mit gespaltenen Hufen und Wiederkäuern *(3 Mose 11,2–3)*
2. Fisch mit Schuppen *(3 Mose 11,9; 5 Mose 14,9)*
3. Gurken, Melonen, Lauch, Zwiebeln und Knoblauch *(4 Mose 11,5)*
4. Trauben und Wein *(5 Mose 8,7–9; Joh 15)*
5. Weizen, Gerste, Wein (-stöcke), Feigen, Granatäpfel, Olivenöl und Honig *(5 Mose 8,8)*
6. Rosinen und Äpfel *(Hoheslied 2,5)*
7. Brot *(2 Mose 12; Hesekiel 4,9)*
8. Bohnen *(Hesekiel 4,9)*
9. Honig, Pistazien, Mandeln und Nüsse *(1 Mose 43,11)*
10. Butter und Milch von Kühen, Schafen und Ziegen *(Jes 7,15–22)*

Gottes Nahrungsempfehlungen sind eine ideale Diät:

Fleisch, Süßigkeiten einige Mal im Monat;
Eier, Geflügel, Fisch, Käse, Joghurt, Milch ein paar Mal pro Woche;
Obst, Gemüse, Hülsenfrüchte, Nüsse, Salat, Olivenöl, Brot,
Getreideprodukte täglich.

Fette Tage in Cluny

Im 11. Jahrhundert war das französische Kloster Cluny das Zentrum eines regelrechten Klosterimperiums. Die kluniazensische Kongregation, geistiger Leuchtstern der Benediktiner, zählte eintausend Klöster in Europa mit zusammen etwa zehntausend Mönchen. Bis zum 12. Jahrhundert galt die strikte Befolgung der Benediktregel, danach erlebte Cluny wechselnde Phasen der Aufweichung. So wurde etwa jede religiöse Feierlichkeit – und davon gab es reichlich – von einer reich gedeckten Tafel begleitet. Die Küche kannte sogar einen eigenen Salzmeister. Bernhard von Clairvaux, der mit den von ihm gegründeten Zisterziensern zur Schlichtheit der strengen Ordensregel zurückkehrte, schrieb in seiner »Apologia ad Guillelmum« über die Sitten von Cluny: »Bei Tisch ist die Luft erfüllt von albernem Geschwätz, Gelächter und leerem Gerede, und so gierig die hungrigen Schlünde die Speisen verschlingen, so begierig berauscht sich das Ohr an den Belanglosigkeiten. Unaufhörlich folgt Schüssel auf Schüssel, und als Ersatz für das Fleisch, dessen man sich enthält, werden kurzerhand die üppigen Fischportionen verdoppelt ...« Am Ende wurde Cluny zum Symbol des Niederganges. Heute zeugen nur noch Ruinen von der einstigen Größe.

Kardinal Ratzinger erzählt seine Lieblingsgeschichte

Vielleicht kennen Sie diese mittelalterliche Geschichte von einem Juden, der an den päpstlichen Hof reiste und katholisch wurde. Als er zurückkommt, fragt ihn ein Kenner des päpstlichen Hofes: »Hast du überhaupt wahrgenommen, was da alles vor sich geht?« – »Ja«, sagt er, »freilich, alles, die ganzen skandalösen Dinge, ich habe alles gesehen.« – »Und du bist trotzdem katholisch geworden?«, meint der andere, »das ist doch der völlige Widersinn!« Da sagt der Jude: »Gerade deswegen bin ich katholisch geworden. Denn wenn die Kirche trotzdem weiter besteht, dann muss wirklich jemand anders sie halten.« Und in einer anderen Geschichte heißt es, Napoleon habe einmal gesagt, er werde die Kirche vernichten. Darauf hat ihm ein Kardinal geantwortet: »Das haben nicht einmal wir fertig gebracht.« *(Erzählt in dem Dialogbuch »Salz der Erde«)*

Einige Ländernamen mit biblbischem Hintergrund

Antigua	Kolumbus taufte die Insel nach seiner Heimatkirche in Sevilla (Santa Maria de la Antigua). Hauptstadt: Saint John's (heiliger Johannes).
Armenien	hergeleitet von »Aram«, dem Stammvater der Aramäer, Sohn des Sem, Enkel des Noah.
Dominica	Der karibische Inselstaat leitet sich vom lateinischen Dominica dies (»Tag des Herrn«) her; die Insel wurde von Kolumbus am Sonntag, dem 3. 11. 1493, entdeckt.
Dominikan. Rep.	wurde 1697 von Spaniern ebenfalls an einem Sonntag entdeckt.
El Salvador	spanisch »Der Erlöser« (Jesus Christus).
Guadeloupe	Kolumbus benannte die Insel nach dem spanischen Kloster »Santa Maria de Guadelupe«.
Israel	der Beiname Jakobs, Vater der 12 Stämme.
Palästina	zurückzuführen auf das alttestamentliche Volk der Philister, deren Namen wiederum auf der semitischen Wurzel P.L.Sh. beruht (»Eindringlinge«).
Salomonen	(Solomon Islands) Ihr Entdecker, ein spanischer Seefahrer, erwartete 1567 hier Gold zu finden und benannte die Inseln nach dem König Salomo, berühmt für seinen Reichtum.
São Tomé e Príncipe	»Heiliger Thomas«, weil die Insel am Fest des hl. Thomas entdeckt wurde (21. Dezember 1471)
Saint Vincent	Die karibische Insel wurde am 22. 1. 1498, dem Tag des heiligen Vincent, von Christoph Kolumbus entdeckt.
Saint Eustatius	(dt. St. Eustatius) eine der fünf Niederländischen Antillen, benannt nach dem hl. Eustatius.
Trinidad	Der Überlieferung nach hatte Kolumbus mit der Namensgebung den Feiertag der Dreifaltigkeit (Trinidad) verewigen wollen. Einer anderen Theorie zufolge beruht der Name auf drei Erhebungen an der südlichen Küste der Insel.

Gute Gedanken bei jeder Stunde des Tages

Positive Gedanken müssen nichts mit »think positive« zu tun haben. Sie sind auch keine esoterischen Erfindungen, sondern haben eine urchristliche Tradition. Aus einem alten Meditationsbuch für Ordensfrauen:

Ein Uhr: Ein Gott, ein Erlöser, ein Richter, eine Seele, ein Endurteil, eine Ewigkeit. Nur eins ist notwendig *(Lk 10,20)*: in Liebe Gott dienen und also selig werden.

Zwei Uhr: Zwei Gebote – sie enthalten das ganze Gesetz: Gott lieben über alles, den Nächsten lieben, ihm mit Rat und Tat beistehen. Habe ich in der verflossenen Stunde nicht wider diese Gebote gehandelt?

Drei Uhr: Dem dreieinigen Gott weihen wie die 3 Kräfte unserer Seele: Verstand, Gedächtnis, Willen. 3 Haupttugenden machen den wahren Christen aus: O mein Gott, vermehre in mir den Glauben, die Hoffnung, die Liebe!

Vier Uhr: Der Stundenschlag 4 erinnert uns an die 4 letzten Dinge: ein seliger Tod, ein gnädiges Gericht, Vermeidung der Sünde und Hölle, und dann die Freuden des Himmels.

Fünf Uhr: 5 Sinne, 5 Talente, mit den 5 klugen Jungfrauen hoffen wir einst vor demjenigen zu erscheinen, dessen 5 Wundmale unsere Hoffnung und unser Trost sind.

Sechs Uhr: 6 Schöpfungstage – danken wir Gott für alle seine Wohltaten, denken wir an unsere hohe Bestimmung!

Sieben Uhr: 7 heilige Sakramente, geheimnisvolle Gnaden-, Hilfs-, und Stärkungsmittel. 7 Bitten schicken wir täglich flehentlich zum Himmel, 7 Worte sprach Jesus am Kreuze, der 7 Schmerzen der lieben Mutter Gottes gedenken wir bei diesem Stundenschlag.

Acht Uhr: Am 8. Tag ist das göttliche Kind »Jesus« genannt worden. Nur 8 Menschen sind bei der allgemeinen Sündflut gerettet worden. Gehen wir den Weg der 8 Seligkeiten, dann sind auch wir auf ewig gerettet!

Neun Uhr: Um die 9. Stunde gab Jesus seinen Geist auf. O dass wir doch der Früchte der Erlösung teilhaftig würden!

Zehn Uhr: 10 Gebote. 10 Aussätzige. 10 Jungfrauen nennt der Heiland, die zum Hochzeitsmahl berufen waren. Unter welche Zahl gehöre ich? »Wachet und betet!«

Elf Uhr: Um die 11. Stunde ging der Herr aus, um Arbeiter für seinen Weinberg zu suchen. Wie habe ich seither gearbeitet?

Zwölf Uhr: 12 Glaubensartikel – halten wir fest daran – 12 Tore führen zum Himmel wo uns die liebe Mutter Gottes mit einer Strahlenkrone von 12 Sternen und die 12 Apostel erwarten. 12 Stunden hat der Tag, 12 die Nacht, 12 Millionen Sekunden hat das Jahr. Wann wird unsere letzte Stunde schlagen? O dass wir darauf immer gefasst, immer vorbereitet sein möchten!

Die zehn höchsten Kirchtürme der Welt

Höhe*	Kirche	Ort/Land
161,5	Ulmer Münster	Ulm, Deutschland
158,0	Bas. Notre-Dame-de-la Paix	Yamoussoukro, Elfenbeinküste
157,4	Sankt Peter u. Santa Maria	Köln, Deutschland
151,5	Marienkirche	Stralsund, Deutschland
151,0	Notre-Dame	Rouen, Frankreich
147,3	St. Nikolai	Hamburg, Deutschland
143,0	Münster	Straßburg, Frankreich
137,0	Stephansdom	Wien, Österreich
135,0	Neuer Dom	Linz, Österreich
133,0	Petersdom	Rom, Vatikan

*) in Metern

Kult pur

Als sich im 11. Jahrhundert die Zisterzienser mit dem Ziel nach größerer Weltabkehr, Armut und Regeltreue gründeten, die sie in vielen Ordensgemeinschaften vermissten, sollte bereits die Lage ihrer Häuser den neuen Stil kennzeichnen. Benediktinische Klöster wurden dem Himmel nahe weithin sichtbar hoch oben auf dem Berg gebaut, getreu dem Jesuswort »Ihr seid das Licht der Welt«. Die Zisterzienser hingegen bezogen sich auf eine andere Seite Jesu, das »Leben in Verborgenheit«. Gemeint ist damit das nach außen nicht sichtbare Wirken Gottes in den Menschen, der innerliche, demütige Weg des Glaubens. Entsprechend bauten sie ihre Klöster wie schon das Mutterhaus Citeaux in Frankreich an einem Fluss in einem Tal, abgeschieden von menschlichen Siedlungen. Nach Bernhards Ideal sollten karge Räume der Konzentration dienen. In den Bau- und Kunstbestimmungen des Generalkapitels von 1134 heißt es: »Wir verbieten, dass in unseren Kirchen oder in irgendwelchen Räumen des Klosters Bilder und Skulpturen sind, weil man gerade auf solche Dinge seine Aufmerksamkeit lenkt und dadurch häufig der Nutzen einer guten Meditation beeinträchtigt ... wird.« Für alle Klöster war der gleiche Grundriss und die gleiche Ausstattung vorgeschrieben. Der entsprechende Bau sah eine Kirche ohne Turm vor. Häuser jenseits der Klosterpforte wie auch farbige Fenster waren unter strenger Strafe verboten: »Gemalte Glafenster sollen binnen der Frist von zwei Jahren ersetzt werden«, heißt es in einer Schrift von 1134, »andernfalls fasten ab sofort Abt, Prior und Kellermeister jeden sechsten Tag bei Wasser und Brot, bis die Fenster ersetzt sind.«

Die vier Reiter der Apokalypse

Der Krieg – weißes Pferd
»Und ich sah, und siehe, ein weißes Pferd.
Und der darauf saß, hatte einen Bogen, und ihm wurde eine Krone gegeben, und er zog aus sieghaft und um zu siegen.«*

Das Gemetzel – feuerrotes Pferd
»Und es kam heraus ein zweites Pferd, das war feuerrot.
Und dem, der darauf saß, wurde Macht gegeben, den Frieden von der Erde zu nehmen, dass sie sich untereinander umbrächten, und ihm wurde ein großes Schwert gegeben.«*

Der Hunger – schwarzes Pferd
»Und ich sah, und siehe, ein schwarzes Pferd.
Und der darauf saß, hatte eine Waage in seiner Hand. Und ich hörte eine Stimme mitten unter den vier Gestalten sagen: Ein Maß Weizen für einen Silbergroschen und drei Maß Gerste für einen Silbergroschen; aber dem Öl und Wein tu keinen Schaden!«*

Der Tod – fahles Pferd
»Und ich sah, und siehe, ein fahles Pferd.
Und der darauf saß, dessen Name war: Der Tod, und die Hölle folgte ihm nach. Und ihnen wurde Macht gegeben über den vierten Teil der Erde, zu töten mit Schwert und Hunger und Pest und durch die wilden Tiere auf Erden.«*

*Die Offenbarung des Johannes, 6. Kapitel

Einige Zahlenwerke mit Gebeten, Geboten, Sakramenten

Die drei Feinde der Seele:
Die Welt, der Teufel, das Fleisch

Die drei göttlichen Tugenden:
Glaube, Hoffnung, Liebe

Die vier Kardinalstugenden:
Klugheit, Gerechtigkeit, Starkmut und Mäßigkeit

Die fünf Gebote der Kirche
1. Du sollst die gebotenen Feiertage halten.
2. Du sollst an Sonn- und Feiertagen dem heiligen Meßopfer beiwohnen
3. Du sollst die gebotenen Fast- und Abstinenztage halten.
4. Du sollst jährlich wenigstens einmal deine Sünden beichten und das heilige Sakrament des Altares empfangen, und zwar zur österlichen Zeit.
5. Du sollt zu verbotenen Zeiten keine feierliche Hochzeit halten und zum Unterhalt der Kirche beitragen.

Die sieben Hauptsünden:
Hochmut, Geiz, Unkeuschheit, Zorn, Völlerei, Neid, Faulheit

Die sieben heiligen Sakramente
1. Die Taufe
2. Die Firmung
3. Das Sakrament des Altares
4. Die Buße
5. Die Krankensalbung
6. Die Priesterweihe
7. Die Ehe

Die sieben Gaben des Heiligen Geistes
1. Die Gabe der Weisheit
2. Die Gabe des Verstandes
3. Die Gabe des Rates
4. Die Gabe der Stärke
5. Die Gabe der Wissenschaft
6. Die Gabe der Frömmigkeit
7. Die Gabe der Furcht Gottes

Die sieben leiblichen Werke der Barmherzigkeit

1. Die Hungrigen speisen
2. Die Durstigen tränken
3. Die Nackten bekleiden
4. Die Fremden beherbergen
5. Die Gefangenen erlösen
6. Die Kranken besuchen
7. Die Toten begraben

Die sieben geistlichen Werke der Barmherzigkeit

1. Die Zweifelnden beraten
2. Die Unwissenden belehren
3. Die Sünder zurechtweisen
4. Die Trauernden trösten
5. Erlittenes Unrecht verzeihen
6. Die Lästigen geduldig ertragen
7. Für die Lebenden und die Verstorbenen beten

Die sieben Bitten des Vaterunsers

Vorrede
Vater unser, der du bist im Himmel
1. Bitte: Geheiligt werde dein Name
2. Bitte: Zu uns komme dein Reich
3. Bitte: Dein Wille geschehe wie im Himmel also auch auf Erden
4. Bitte: Gib uns heute unser täglich Brot
5. Bitte: Und vergib uns unsere Schuld, wie auch wir vergeben unseren Schuldigern
6. Bitte: Und führe uns nicht in Versuchung
7. Bitte: Sondern erlöse uns von dem Übel.
Amen.

Eheformel

Bei einer kirchlichen Hochzeit fordert der Priester die Brautleute auf, ihren Ehewillen zu erklären. Die Musik verstummt, wenn vor Gott das Vermählungswort gesprochen wird und der Ring als »Zeichen unserer Liebe und Treue« angesteckt wird.

Priester: »So schließen Sie jetzt vor Gott und vor der Kirche den Bund der Ehe, indem Sie das Vermählungswort sprechen. Dann stecken Sie einander den Ring der Treue an.«

Die Brautleute wenden sich einander zu.
Der Bräutigam nimmt den Ring der Braut.

Bräutigam: »N. N., vor Gottes Angesicht nehme ich dich an als meine Frau. Ich verspreche dir die Treue in guten und bösen Tagen, in Gesundheit und Krankheit, bis der Tod uns scheidet. Ich will dich lieben, achten und ehren alle Tage meines Lebens.«

Der Bräutigam steckt der Braut nun den Ring an.

Bräutigam: »Trag diesen Ring als Zeichen unserer Liebe und Treue: Im Namen des Vaters und des Sohnes und des Heiligen Geistes.«

Nun nimmt die Braut den Ring des Bräutigams.

Braut: »N. N., vor Gottes Angesicht nehme ich dich an ...«

Fastenordnung der katholischen Kirche

Die Deutsche Bischofskonferenz hat 1986 in Anlehnung an das römische Kirchenrecht festgelegt: Verpflichtet zum Fasten sind alle Katholiken vom vollendeten 21. bis zum begonnenen 60. Lebensjahr. Entpflichtet sind alle, die das Fasten nicht ohne schweren Nachteil einhalten können a) wegen Körperschwäche, b) wegen Armut und c) wegen Anstrengung.

Dabei kennt die Kirche nur noch zwei verbindliche Fasttage: den *Aschermittwoch* und den *Karfreitag*. An ihnen soll allerdings nicht nur gefastet, sondern auch Abstinenz gehalten werden (Verzicht auf Fleischspeisen). Erlaubt ist eine einmalige Sättigung und gegebenenfalls zwei kleine Stärkungen. Abstinenz zu halten ist darüber hinaus an den *Bußtagen*, das sind alle *Freitage* eines Jahres (sofern sie nicht auf ein Hochfest fallen).

Die Konzilien der Kirche

Ort	Jahr	Hauptgegenstand
1. Nicäa I	325	Arianismus
2. Konstantinopel I	381	Nicänisch-Konstantinopolitanisches Glaubensbekenntnis: Gottheit des Hl. Geistes.
3. Ephesus	431	Nestorianismus
4. Chalzedon	451	Monophysitismus
5. Konstantinopel II	553	Verurteilung der »Drei Kapitel« der Nestorianer
6. Konstantinopel III	680–681	Monotheletismus
7. Nicäa II	787	Aufhebung des Bilderverbotes
8. Konstantinopel IV	869–870	Beseitigung des Schismas des Patriarchen Photius
9. Lateran I	1123	Investiturstreit
10. Lateran II	1139	Das Schisma Anaklets II.
11. Lateran III	1179	Papstwahl, Reformdekrete
12. Lateran IV	1215	Reform, Kreuzzug, Albigenser, Waldenser
13. Lyon I	1245	Bannung Friedrichs II.
14. Lyon II	1274	Kreuzzug, Union mit Griechen, Konklave
15. Vienne	1311–1312	Aufhebung des Templerordens
16. Konstanz	1414–1418	Beseitigung des großen Schismas, Verurteilung von Jan Hus, Reform
17. Basel-Ferrara-Florenz	1431–1445	Reform, Union mit den Griechen, Armeniern und Jakobiten
18. Lateran V	1512–1517	Kirchliche Reform
19. Trient	1545–1563	Katholischer Glaube gegen Protestantismus
20. Vatikan I	1869–1870	Primat und Unfehlbarkeit des Papstes
21. Vatikan II	1962–1965	Selbstdarstellung der Kirche und ihrer Sendung

Apophthegmata – Sprüche der Altväter

Christliche Einsiedler hatten sich im vierten Jahrhundert in die ägyptische Wüste zurückgezogen, um Gott und die Wahrheit zu finden. Die weisen Alten unter ihnen, die echten Meister und geistlichen Führer, nannte man »Abbas«, Altvater, von dem sich auch das deutsche Wort Abt für Klostervorsteher herleitet. Wenn dann so ein »Abbas« ein erleuchtetes oder ein erleuchtendes Wort fand, wurde diese Weisheit überliefert (genannt Apophthegmata, die »Aussprüche«). Sie galt als eine gleichsam aus dem Schweigen geborene Erkenntnis. Vor allem aus den Aufzeichnungen des Johannes Cassian, der sich über zehn Jahre bei den Mönchen in Ägypten aufgehalten hatte, kennen wir einiges aus der Weisheit der Wüstenväter. Hierzu zählt auch die folgende Geschichte: Zu einem einsamen Mönch kamen eines Tages Besucher. Sie fragten ihn: »Was für einen Sinn siehst du in deinem Leben der Stille?« Der Mönch war eben beschäftigt mit dem Schöpfen von Wasser aus einer tiefen Zisterne. Er sprach zu seinen Besuchern: »Schaut in die Zisterne! Was seht ihr?« Die Leute blickten in die tiefe Zisterne. »Wir sehen nichts.« Nach einer kurzen Weile forderte der Einsiedler die Leute wieder auf: »Schaut in die Zisterne! Was seht ihr?« Die Leute blickten wieder hinunter. »Ja, jetzt sehen wir uns selber!« Der Mönch sprach: »Schaut, als ich vorhin Wasser schöpfte, war das Wasser unruhig. Jetzt ist das Wasser ruhig. Das ist die Erfahrung der Stille: Man sieht sich selber!«

Evangelium-Extrakt

Johannes Cassian, Priester und Schriftsteller des 4. Jahrhunderts, berichtet von den Mönchen in der Wüste, diese hätten in einem einzigen Psalmvers den Inhalt des ganzen Evangeliums gefunden. Diesen würden sie nunmehr ständig wiederholen und zu leben versuchen. Seit über 1500 Jahren beginnen daher Benediktiner und andere christliche Mönche ihre Gebete an jedem Tag und zu jeder Stunde mit ebendiesem Vers:

O Gott, komm mir zu Hilfe.
Herr, eile mir zu helfen.

Die sieben Worte Jesu am Kreuz

Nach Joseph Haydns »Die Sieben Letzten Worte unseres Erlösers am Kreuz« – komponiert für ein Orchester (1786), ein Streichquartett (1787) und ein Oratorium (1796):

1. »Vater, vergib ihnen, denn sie wissen nicht, was sie tun« *(Lk 23,34).*
2. »Wahrlich, ich sage dir, noch heute wirst du mit mir im Paradiese sein« *(Lk 23,43).*
3. »Frau, siehe, dein Sohn; siehe, das ist deine Mutter« *(Joh 19,26–27).*
4. »Eli, eli, lema sabachtani« (»Mein Gott, mein Gott, warum hast du mich verlassen?«) *(Mk 15,34; Mt 27, 46).*
5. »Mich dürstet« *(Joh 19,28).*
6. »Es ist vollbracht« *(Joh 19,30).*
7. »Vater, in deine Hände befehle ich meinen Geist« *(Lk 23,46).*

Diese Worte sind als letzte Botschaft Jesu zu verstehen, mit der er seinen Kreuzestod deutet sowie seinen Jüngern letzte Weisungen gibt.

Richtige Haltung in einem Gotteshaus

Eine Empfehlung des großen Theologen Romano Guardini:

»Wir betreten nie eine Kirche, ohne einen Augenblick niederzuknien ... Vor dem Altar machen wir eine tiefe Verbeugung, und wenn wir durch die Kirche gehen, nehmen wir stets die zeremonielle Haltung ein. Die Haltung ist wichtig. Sie ist nicht nur ein Ausdruck von Würde. Um uns ganz einzubringen, um überhaupt in die Nähe des Mysteriums zu kommen, müssen wir stehen, uns beugen, knien. Im Knien passiert am allermeisten. Aber alles zu seiner Zeit. Und es soll niemand denken, er könne mit überkreuzten Armen in einer Kirche sitzen und dennoch aufnahmefähig sein. Seine Haltung verschließt ihn schon.«

Der heilige Augustinus sagte:

»Die äußerlichen und sichtbaren körperlichen Bewegungen verstärken die inneren und unsichtbaren Bewegungen der Seele, ohne die sie unmöglich sind.«

Gottes Acker

Bis ins 18. Jahrhundert gab es keine strikte Trennung von Nutzacker und dem Gottesacker der letzten Ruhe. In den Klostergärten fiel in der Regel der Friedhof mit dem Obstbaumgarten (Pomarium) zusammen. Die öffentlichen Friedhöfe wurden in der Regel von nacktem Erdreich dominiert. Gab es Gras oder Nutzpflanzen, stand der Ertrag dem Pfarrer, Mesner oder Totengräber zu. Erst 1784 entwickelte der Mediziner Johann Friedrich Gmelin die Grundlagen für eine Bepflanzung von Friedhöfen, aber nicht aus ästhetischen, sondern aus hygienischen Gründen: in der Überzeugung, die Ausdünstungen beim Verwesungsprozess (Miasmen) seien gesundheitsschädlich. Ab 1876 entstand in Hamburg-Ohlsdorf erstmals in Deutschland der ästhetische Parkfriedhof, gartenkünstlerisch angelegt nach amerikanischem Vorbild. Als »Klassiker« der Blumenbepflanzung galt früher das Alpenveilchen, genannt die »blutende Nonne«. Der rote Fleck in der Mitte der Blüte, die sich wie der Kopf eines Trauernden neigt, erinnerte an das Leid Marias. Für weitere Symbolik stand:

Apfelbaum .... Sündenfall
Nussbaum .... Leib und Seele
Kirsche .... Paradies
Eibe, Wacholder, Holunder .... Schutz vor bösen Mächten
Frauenmantel, Mohn .... Schlaf*
Efeu, Buchs, Immergrün .... Dauer, ewiges Leben
Nelke .... genannt: Sargnagel
Rose .... Märtyrertum

*) oft poetische Bezeichnung des Todes, z. B. bekannt von Johann Sebastian Bachs Choral »O du schönes Weltgebäude« mit der berühmten Zeile »Komm o Tod, du Schlafes Bruder«.

Papst und Pelikan

Der so genannte Fischer-Ring, der für jeden Papst gesondert angefertigt wird, stellt im Falle Benedikts XVI. die Gestalt eines Pelikans dar, seit dem Mittelalter ein eucharistisches Symbol. Antike Legenden beschreiben ihn als Vogel, der im Notfall seine Brut mit dem eigenen Fleisch nährt, das er sich aus der Brust reißt. »Dieser Vogel hat also, wenn es so wahr ist, eine große Ähnlichkeit mit dem Fleisch Christi, durch dessen Blut wir belebt sind.« Auch Thomas von Aquin ruft den eucharistischen Christus in seinem Hymnus »Adoro te devote« als »pie pellicane«, als »barmherzigen Pelikan« an. Der Papst-Ring trägt in seinem Innern das Wappen Benedikts XVI. Er ist aus Feingold 750 gefertigt und wiegt 17,5 Gramm.

Gottesbeweise, kosmologisch und physikoteleologisch

Im Jahr des Herrn 1904 veröffentlichte der Religionsprofessor Dr. phil Theodor Deimel ein »Christliches Vademecum für die gebildete Welt«. Der schöne Untertitel lautete: »Christliche Wahrheiten im Lichte der menschlichen Intelligenz«. In der zweiten »verbreiteten und vermehrten Auflage« der Herder'schen Verlagshandlung werden dabei die vier Arten der Gottesbeweise dargestellt: »Das logische, philosophische Denken schließt aus der Tatsache, dass die Welt weder zufällig noch ewig ist, auf einen Schöpfer der Welt, d. i. Gott *(kosmologischer Gottesbeweis)*. Dieser logische Schluss findet seine Bekräftigung durch die Betrachtungen der Naturphilosophie, welche aus der Ordnung, Zweckmäßigkeit und Harmonie in der Welt auf eine intelligente, persönliche Weltursache, d. i. Gott, schließt *(physikoteleologischer Gottesbeweis)*. Nicht minder findet ferner auch die Psychologie in der menschlichen Seele immanente, unaustilgbare, d. i. nicht selbst erschaffene oder anerzogene Gesetze, wie das Denk- und Sittengesetz, deren Vorhandensein auf einen geistigen Urheber, übermenschlichen Gesetzgeber, d. i. Gott, hinweist *(moralischer Gottesbeweis)*. Diese Beweise werden auch von der Geschichte erhärtet, welche das Vorhandensein eines Gottesglaubens bei allen Völkern aller Zeiten nachweist *(historischer Gottesbeweis)*.«

Huhn ist gleich Fisch

Weil der hl. Benedikt in seinen Essensvorschriften für seine Mitbrüder nur das Verbot des Verzehrs von Vierfüßlern erwähnte, blieb die Frage offen, wie nun das Fleisch von Vögeln zu bewerten sei. Der berühmte Abt des Klosters von Fulda, Hrabanus Maurus, setzte im 9. Jahrhundert alles Geflügel mit einem Argument ins rechte Licht: Geflügel sei wie Fisch zu werten, sagte er, da die Vögel am gleichen Tage geschaffen wurden wie die Fische und wie diese aus dem Wasser kamen. Damit hatten Mönche endgültig und offiziell die Erlaubnis, Hühner zu essen.

Labyrinth

Das Symbol des Labyrinths ist seit Urzeiten im kulturellen Gedächtnis der Menschheit eingeschrieben. Dabei ist weder seine Bedeutung noch die Herkunft des Wortes gesichert. Selbst vom berühmtesten Labyrinth, das sich der Sage nach auf Kreta befunden haben soll, gibt es keine Überreste. Nach der Überlieferung schloss hier König Minos ein Wesen aus Stier und Mensch, den Minotaurus, im Labyrinth in seinem Palast ein, um die Menschheit vor ihm zu schützen. Niemand gelangte wieder heraus, bis auf Theseus, der den Minotaurus tötete und dank des berühmten Ariadnefadens den Ausgang fand. Labyrinthe finden sich in Kirchen (berühmtes Beispiel: Chartres). Sie wurden aus Hecken, zurechtgeschnittenen Rasen oder Steinen in Klostergärten gebildet. Für die christliche Kultur gerann das Labyrinth zum Symbol des Lebens: Man ist dem Zentrum stets sehr nah und rückt dann doch wieder davon ab. Im Gegensatz zu Minotaurus' Labyrinth ist ein christliches Labyrinth übrigens kein Irrgarten. Es gibt immer einen Eingang und einen »Ausgang« beziehungsweise Mittelpunkt: in Christus.

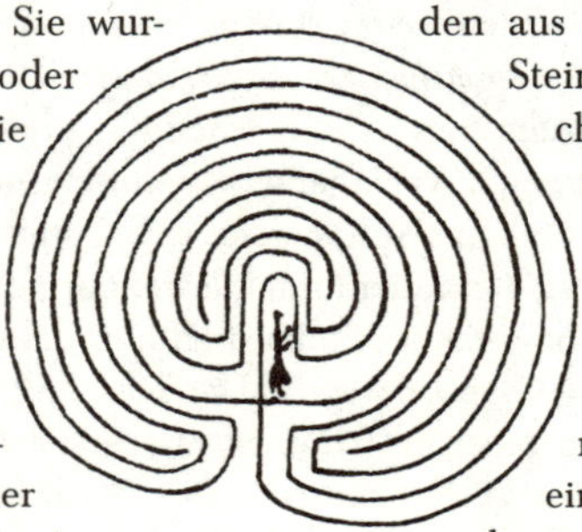

Patrone einzelner Länder

Brasilien	Petrus von Alcántara
Bulgarien	Boris, der Bulgare
Chile	Franz von Solano
Deutschland	Erzengel Michael, Bonifatius
Dänemark	Ansgar
England	Bonifatius (Winfried), Eduard der Bekenner
Finnland	Heinrich von Uppsala
Frankreich	Johanna v. Orléans, Martin von Tours, Theresia von Lisieux
Friesland	Jakobus, der Jüngere
Georgien	Georg, der Märtyrer
Griechenland	Andreas
Irland	Brigida von Kildare, Patrick
Island	Ansgar, Thorlak Thorhallson
Italien	Franziskus, Katharina von Siena
Kanada	Joseph von Nazareth
Kolumbien	Petrus Claver
Madeira	Karl I. Franz Joseph
Mallorca	Alfons Rodriguez, Raimundus Lullus von Palma
Mexiko	Joseph von Nazareth, Juan Diego
Norwegen	Olaf von Norwegen
Österreich	Joseph von Nazareth, Koloman, Leopold III.
Polen	Hedwig von Schlesien, Stanislaus von Krakau
Portugal	Thomas
Preussen	Adalbert von Prag, Hyazinthus von Polen
Provençe	Johannes, der Täufer
Russland	Nikolaus von Myra
Sardinien	Saturninus von Toulouse
Schweden	Birgitta (Brigitta) von Schweden
Schweiz	Nikolaus von der Flüe
Spanien	Jakobus, Laurentius, Theresia von Ávila
Thomas-Inseln	Thomas
Ungarn	Stephan I. von Ungarn
Vatikanstaat	Thomas

Gottesbeweis

»Ich will nur sagen, dass die Unmöglichkeit, sich vorzustellen, dass dieses großartige und wunderbare Weltall mit uns als bewussten Wesen durch bloßen Zufall entstanden sei, mir der Hauptbeweisgrund für die Annahme der Existenz Gottes zu sein scheint.« Charles Darwin

Schema des Lebens Jesu

Nach dem Kartäuser Ludolf von Sachsen (ca. 1300–1378)

1. Verkündung durch Erzengel Gabriel
2. Geburt Johannes d. Täufers
3. Geburt Jesu
4. Beschneidung des Herrn
5. Der Herr erscheint den drei Königen
6. Darstellung im Tempel
7. Flucht nach Ägypten und Kindermord
8. Rückkehr aus Ägypten
9. Der Knabe Jesus im Tempel
10. Was Jesus vom 12. bis 30. Lebensjahr tat
11. Taufe des Herrn
12. Fasten und Versuchungen
13. Zeugnis des Johannes und Berufung der Jünger
14. Verwandlung von Wasser in Wein
15. Vertreibung der Händler aus dem Tempel
16. Bergpredigt
17. Christus droht den Winden und dem See
18. Aussendung der Apostel
19. Über Geduld in Bedrängnissen
20. Buße der Maria Magdalena
21. Speisung der 5000
22. Der Herr wandelt auf dem See
23. Verklärung
24. Auferweckung des Lazarus
25. Das Salböl über das Haupt J.
26. Der Herr reitet auf dem Füllen einer Eselin
27. Glanzvoller Empfang am Palmsonntag
28. Jesus wäscht Jüngern die Füße
29. Bekanntgabe des Verrats
30. Einsetzung der Eucharistie
31. Die Passion des Herrn
32. Wie Maria Magdalena und die anderen zum Grab kamen
33. Wie der Herr Maria Magdalena erschien
34. Wie der Herr Petrus, Josef von Arimathäa und Jakobus d. J. erschien
35. Wie der Herr unterwegs zwei Jüngern erschien
36. Wie der Herr den Aposteln mit Ausnahme des Th. erschien
37. Wie der Herr den Jüngern erschien, die sich eingeschlossen hatten
38. Wie der Herr sieben Jüngern am See von Tiberias erschien
39. Wie der Herr den elf Jüngern in Galiläa erschien
40. Die Himmelfahrt unseres Herrn Jesus Christus

Quatembertage

Traditionell gibt es im liturgischen Kalender der Kirche in jedem Vierteljahr ganz besonders herausgehobene Wochentage, die als Buß- und Festtage der geistlichen und körperlichen Erneuerung dienen sollen. Der Name Quatember bezieht sich auf die vier Vierteljahre und leitet sich von dem lateinischen quartus (vier) ab. Die Quatembertage sind jeweils der Mittwoch, Freitag und Samstag in der ersten Woche einer neuen Jahreszeit.

Weitere Quatembertage sind:
in der ersten Adventswoche
in der Woche nach dem 1. Fastensonntag
in der Woche vor Pfingsten
in der ersten Oktoberwoche

JP I., der Urknall und die Affen

»Erzählt mir nicht, ihr wäret nicht sicher, ob Gott existiert, weil ihr ihn nie gesehen habt. Auch euren Urgroßvater habt ihr ja nie gesehen, und doch seid ihr sicher, dass es ihn gab. Sagt mir nicht, die Welt und ihr selbst wäret das Produkt einer ewigen Materie, die ganz von allein entstanden sei, die zuerst noch formlos und chaotisch war und dann nach und nach immer mehr Gestalt annahm und im Lauf der Jahrhunderte sich immer höher entwickelt hätte. Nicht einmal ein winziger weißer Punkt auf einer kleinen schwarzen Tafel entsteht von allein. Warum sollte eine so ungeheuer vielfältige Welt vor Milliarden Jahren plötzlich und ›spontan‹ aus dem Nichts entstanden sein? Kann denn einer, der gar nicht existiert, ›spontan‹ etwas hervorbringen. Die Bienen arbeiten schwer, und sie haben bis heute die Art des Bienenstocks, wie sie ihn schon zur Zeit der Pharaonen bauten, nicht um einen Millimeter verändert. Wie hätte denn der Affe aus sich heraus einen solchen qualitativen Sprung schaffen sollen, dass er vom Affen zum Menschen wurde?«

Papst Johannes Paul I., in dem Aufsatz:
»Töricht, wer beim Anblick der Werke den Meister nicht sieht.«

Die Geschichte der Gabel

Bis in das 17. Jahrhundert hinein galt es in Europa als religiöses Verbrechen, mit einer Gabel zu essen – trotz all der von den Mönchen gepflegten Tischsitten. Dies bringe zum Ausdruck, so die Lehre, dass »Gottes Geschöpfe es nicht wert seien, von des Menschen Hand berührt zu werden«. Außerdem galt es als weibisch. Die Gabel war byzantinischer Herkunft und kam damit aus dem Kulturkreis der Ostkirche. Allerdings zeigte bereits im 9. Jahrhundert eine Illustration in der 22-bändigen Enzyklopädie des Abtes Hrabanus Maurus zwei Benediktiner in Monto Cassino, die gemütlich am Tisch Fleisch essen. Deutlich erkennbar benutzen sie Messer und Gabel. Dann aber verschwand die Gabel von der Bildfläche, und sie taucht erst im 17. Jahrhundert wieder auf, als es zunächst in Italien, dann auch im restlichen Europa wieder hoffähig wurde, die Gabel und nicht die Finger zu benutzen.

Kardinaltugenden

Tugenden sind kein Privileg einer bestimmten Religion. Jede Hochkultur verzeichnet ein Maß an sittlichen Maximen. Konfuzius hatte folgende Tugenden als die wichtigsten eingeschätzt:

Treue – Pietät – Achtung der Vergangenheit –
Ritterlichkeit –
Brauchtum

Für das Christentum haben sich neben den drei göttlichen Tugenden *(Glaube – Hoffnung – Liebe)* die vier so genannten Kardinaltugenden als die übergeordneten Merkmale herausgebildet:

Klugheit – Gerechtigkeit – Tapferkeit – Mässigung

Sie entstammen einem einzigen Satz aus biblischem Erbe. »Wenn jemand Gerechtigkeit liebt«, fasst ein Spruch aus dem Buch der Weisheit das richtige Verhalten zusammen, » findet er in ihren Mühen die Tugenden. Denn sie lehrt Maß und Klugheit, Gerechtigkeit und Tapferkeit.«

Einige berühmte religiöse Bilder

Künstler	Motiv	Entstehung/Standort
Picasso, Pablo	Kreuzigung	1927/1928, Paris
Dürer, Albrecht	Betende Hände	1508, Wien
Dürer, Albrecht	Vier Apostel	1526, München
Raffael	Sixtinische Madonna	1512/1513, Dresden
Tizian	Haupt Christi	Florenz
Tizian	Maria Himmelfahrt	1516–1518, Venedig
Michelangelo	Fresken Sixt. Kapelle	1508–1512, Rom
Fra Filippo Lippi	Madonna mit Kind	1465, Florenz
Leonardo da Vinci	Das Abendmahl	1495–1497, Mailand
El Greco	Dreieinigkeit	1577, Madrid
Van Gogh	Kirche von Auvers	1890, Paris
Rembrandt van Rijn	Das Emmausmahl	ca. 1628, Paris
Grünewald	Isenheimer Altar	1512–1515, Colmar
Turner, William	Schatten und Dunkelheit	1843, London
Botticelli, Sandro	Madonna del Magnificat	1480–90, Florenz
Nolde, Emil	Pfingsten	1909, Berlin
Holbein d. J.	Sündenfall	1517, Basel
Dali, Salvador	Schwebender Christus	1951
Altdorfer, Albrecht	Susanne im Bade	1526, München
Giotto di Bondone	Der Traum des Joachim	1303–1305, Orsay
Chagall, Marc	Der Engelsturz	1923–1947, Basel
Bruegel Pieter, d. Ä.	Der Turm zu Babel	um 1560, Rotterdam
Van Eyck, Jan	Genter Altar	1432, Gent
Pierro d. Francesca	Resurrezione	um 1400, Sansepolcro
Bosch, Hieronymus	Versuchung des hl. Antonius	um 1500

Gottesbeweis

Newton: »Ein solches System (der Welt) mit all seinen Bewegungen zu machen, erforderte eine Ursache, ... die nicht blind und zufällig ist, sondern der Mechanik und Geometrie sehr gut kundig.«

Bilokationen

Von Bilokation spricht man, wenn ein Mensch zeitgleich an zwei unterschiedlichen Orten erscheint. Die Bilokation wird bei Heiligen häufig, bei einigen sogar sehr häufig festgestellt. Berühmt für Bilokation war nicht nur Benedikt von Nursia, sondern auch der heilige Don Bosco (1815–1888), Gründer des Salesianer-Ordens, in dessen Umfeld derartig viele Wunder passierten, dass Pius XI. den Satz prägte, bei Don Bosco sei das Übernatürliche fast natürlich und das Außergewöhnliche fast gewöhnlich geworden. Ähnlich bei Pater Pio (1887–1968), der fast 50 Jahre die so genannten Stigmata trug. Ein Fall berichtet über einen schwerkranken Italiener in Viareggio, dessen Frau ihm als letzten Ausweg ein Buch über Pater Pio in die Hand drückte und ihn bat, dessen Hilfe anzurufen. Am 17. März 1951 legt der Patient, der eine Abneigung gegen alles Religiöse im Allgemeinen und gegen Geistliche im Besonderen hatte, das Buch mit der beiläufigen Bemerkung beiseite, wenn er schon so viele Wunder gewirkt habe, dann möge der Pater auch ihm helfen. Im selben Augenblick sieht er, wie sich die Tür öffnete und ein Kapuziner in einer Kutte das Zimmer betritt. Er sei auf ihn zugekommen, so der Kranke später, und habe ihm erklärt, er solle aufstehen, es fehle ihm nichts mehr. – Die Überprüfung des Falles ergab, dass sich Pater Pio zu dieser Zeit nachweislich in seinem Kloster in San Giovanni Rotondo in Süditalien aufhielt.

Der Patron des Cappuccino

Nach der Zurückschlagung der Türken 1683 wollten die Bäcker von Wien ein Zeichen des Sieges setzen. Sie entwarfen ein Gebäck in Form eines zunehmenden Mondes: Croissant. Mit den unbekannten Mokkabohnen aber, die die Osmanen zurückließen, wurde experimentiert. Man mahlte, brühte auf, gab Milch dazu: Cappuccino. Seinen Namen erhielt das Kultgetränk nach dem Kapuziner Marco d'Aviano V. Der Padre war mit seinem Kreuz segnend durch den Kontinent gezogen, und niemand hatte mehr für die Befreiung Wiens gebetet wie er. Signore Cappuccino wurde am 27. April 2003 von Johannes Paul II. heiliggesprochen.

Leiden

Johannes Paul II.: Im Leiden liegt ein großes Geheimnis.

Johannes XXIII.: In Schmerz und Leid sind wir Gefährten des Herrn. Weinen wird Freude, Demütigung Triumph; Schmerz wandelt sich in Herrlichkeit.

Antoine de Saint-Exupéry: Bewahre mich vor dem naiven Glauben, es müsse im Leben alles glatt gehen, schenke mir die nüchterne Erkenntnis, dass Schwierigkeiten, Niederlagen, Rückschläge eine selbstverständliche Zugabe zum Leben sind, durch die wir wachsen.

Simone Weil: Man muss dahin gelangen, im Leiden, das Nichts und Leere ist, eine noch vollere Wirklichkeit zu finden.

Bischof Kurt Koch: Nirgendwo als im Leiden sind die Menschen so intensiv miteinander verbunden.

Johannes vom Kreuz: Im Leid erfährt der Mensch Gottes Kraft, im Handeln baut er zu sehr auf sich und wird schwach. Im Leiden wird er geläutert und daher weise und besonnen.

Paul Claudel: Gott ist nicht gekommen, das Leid zu beseitigen, er ist nicht gekommen, es zu erklären. Er ist gekommen, es mit seiner Gegenwart zu erfüllen.

Gertrud von Le Fort: Es gibt Erfahrungen der göttlichen Liebe, die uns nur in der äußersten Verlassenheit, ja am Rande der Verzweiflung, geschenkt werden.

Dreifaltigkeit

Die Dreifaltigkeit Gottes geht auf die Aussagen Jesu über den Vater, den Heiligen Geist und sich selbst zurück. Generationen von Gelehrten haben sich darüber den Kopf zerbrochen. Der heilige Patrick von Irland verglich die Dreifaltigkeit mit einem Kleeblatt (drei Blätter und doch eines). Mit dem Kleeblatt besitzt die Republik Irland ein Zeichen der Dreifaltigkeit als Nationalsymbol. Dreifaltigkeit sei kein Rätsel, wusste jemand, sondern ein Geheimnis.

LUTHERS THESEN

Martin Luther schrieb am 31. 10. 1517 Briefe an seine Vorgesetzten, in denen er die Praxis des Ablasshandels anprangerte. Den Briefen legte er 95 Thesen bei, die als Grundlage für eine Disputation über das Thema dienen sollten. Das Thesenpapier beginnt so:

1. Aus Liebe zur Wahrheit und in dem Bestreben, diese zu ergründen, soll in Wittenberg unter dem Vorsitz des ehrwürdigen Vaters Martin Luther, Magisters der freien Künste und der heiligen Theologie sowie deren ordentlicher Professor daselbst, über die folgenden Sätze disputiert werden. Deshalb bittet er die, die nicht anwesend sein und mündlich mit uns debattieren können, dieses in Abwesenheit schriftlich zu tun. Im Namen unseres Herrn Jesu Christi, Amen.
2. Da unser Herr und Meister Jesus Christus spricht: »Tut Buße« usw., hat er gewollt, dass das ganze Leben der Gläubigen Buße sein soll.
3. Dieses Wort kann nicht von der Buße als Sakrament – d. h. von der Beichte und Genugtuung –, die durch das priesterliche Amt verwaltet wird, verstanden werden.
4. Es bezieht sich nicht nur auf eine innere Buße, ja eine solche wäre gar keine, wenn sie nicht nach außen mancherlei Werke zur Abtötung des Fleisches bewirkte.
5. Daher bleibt die Strafe, solange der Hass gegen sich selbst – das ist die wahre Herzensbuße – bestehen bleibt, also bis zum Eingang ins Himmelreich.
6. Der Papst will und kann keine Strafen erlassen, außer solchen, die er auf Grund seiner eigenen Entscheidung oder der der kirchlichen Satzungen auferlegt hat.
7. Der Papst kann eine Schuld nur dadurch erlassen, dass er sie als von Gott erlassen erklärt und bezeugt, natürlich kann er sie in den ihm vorbehaltenen Fällen erlassen; wollte man das geringachten, bliebe die Schuld ganz und gar bestehen.
8. Gott erlässt überhaupt keinem die Schuld, ohne ihn zugleich demütig in allem dem Priester, seinem Stellvertreter, zu unterwerfen.

Doctor Ecclesiae

Als *doctor ecclesiae*, Kirchenlehrer gilt ein Heiliger, wenn er vier Anforderungen erfüllt: Rechtgläubigkeit, heiliges Leben, hervorragende theologische Leistungen und die ausdrückliche Anerkennung durch die Kirche. In theologischen Disputen haben die Texte der Kirchenlehrer besonderes Gewicht. Generell soll die Ernennung von Kirchenlehrern zum Ausdruck bringen, dass Glaube auch durch Personen wirkt und nicht nur durch Lehrdokumente vermittelt wird. Als bedeutendster Lehrer der Kirche gilt neben dem Kirchenvater Augustinus der heilige Thomas von Aquin. Alle drei zuletzt ernannten »Kirchenlehrer« sind Frauen. Nach Katharina von Siena und Theresia von Ávila stieg mit der Karmeliterin Theresia von Lisieux (1873–1897) die Zahl der Kirchenlehrer auf 33. Eine vierte Frau steht schon auf der Warteliste: Die Deutsche Bischofskonferenz hat in Rom Hildegard von Bingen vorgeschlagen.

Das Geheimnis der Europaflagge

Die Flagge Europas – zwölf goldene Sterne auf blauem Grund – war zunächst das Banner des Europarates, seit 1986 auch das der Europäischen Union. Der Vorschlag geht auf Paul Lévy zurück. Der Belgier jüdischer Abstammung habe im Krieg das Gelübde abgelegt, er wolle zum katholischen Glauben konvertieren, falls er den Nationalsozialismus überleben würde. 1949 wurde Lévi Leiter der Kulturabteilung des Europarates. Als 1955 die Frage der Flagge anstand, sei Lévi an einer Statue der Muttergottes mit dem Sternenkranz vorbeigekommen, ein Motiv aus der Geheimen Offenbarung des Johannes *(12,1)*. Lévy habe mit der Ablehnung seines Vorschlages gerechnet und von daher die zwölf Sterne als laizistisches Symbol der Vollkommenheit präsentiert. Damals wollte es der Zufall, dass die für diese Wahl maßgeblichen Personen – der Generalsekretär, der Chef der Informationsabteilung und der Referent für die Flaggenfrage – drei Katholiken waren. Sie hätten beschlossen, mit dem zwölfsternigen Diadem Europa stillschweigend unter den Schutz der Muttergottes zu stellen. Die Annahme des Motivs fiel auf den Feiertag Maria Empfängnis (8. Dez.).

Einige Abkürzungen für Orden

ADJC	Arme Dienstmägde Jesu Christi
CJ	Congregatio Jesu, Englische Fräulein
CM	Congregatio Missionis, Vinzentiner, Lazaristen
CMM	Congregatio Missionariorum de Mariannhill, Mariannhiller Missionare
CP	Congregatio Passionis Iesu Christi, Passionisten
CSJ	Congregatio Sancti Josephi, Sankt-Josef-Kongregation
CSR	Congregatio Sororum a Sancto Redemptore, Erlöserschwestern
CSsR	Congregatio Sanctissimi Redemptoris, Redemptoristen
FCr	Filiae Sanctae Crucis, Töchter vom Heiligen Kreuz
FMS	Institutum Fratrum Maristarum a Scholis, Maristenbrüder
FSP	Filiae Sanctae Pauli, Paulus-Schwestern
MC	Missionarinnen Christi
MMS	Medical Mission Sisters
OCarm	Ordo Fratrum Beatae Mariae Virginis de Monte Carmelo, Karmeliten, Ordo Carmelitarum, Karmeliterinnen
OCart	Ordo Cartusiensis, Kartäuser
OCD	Ordo Fratrum Discalceatorum Beatae Mariae Virginis de Monte Carmelo, Unbeschuhte Karmeliten
OCist	Ordo Cisterciensis, Zisterzienser, Zisterzienserinnen
OFM	Ordo Fratrum Minorum, Franziskaner,
OFMCap	Ordo Fratrum Minorum Cappucinorum, Kapuziner
OMI	Congregatio Missionariorum Oblatorum B.M.V., Oblaten der makellosen Jungfrau Maria
OPraem	Candidi et Canonici Ordo Praemonstratensis, Prämonstratenser-Chorherren
OSA	Ordo Sancti Augustini, Augustiner
OSB	Ordo Sancti Benedicti, Benediktiner
OSC	Ordo Sanctae Clarae, Klarissen
OSF	Ordo Sancti Francisci, Franziskanerinnen
OSFS	Institutum Oblatorum S. Francisci Salesii, Oblaten des hl. Franz von Sales

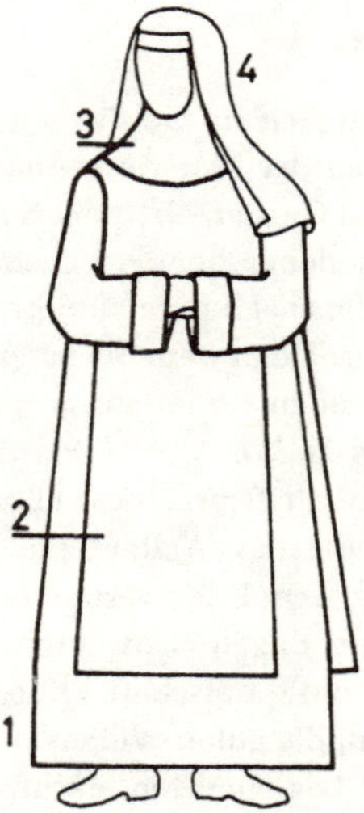

Ordenstracht (Nonne)
1 Kutte oder Habit
2 Skapulier
3 Wimpel
4 Weihe (Schleier)

Ordenstracht (Mönch)
1 Kutte oder Habit
2 Pileolus
3 Kapuze
4 Strick
5 Skapulier
6 Sandale

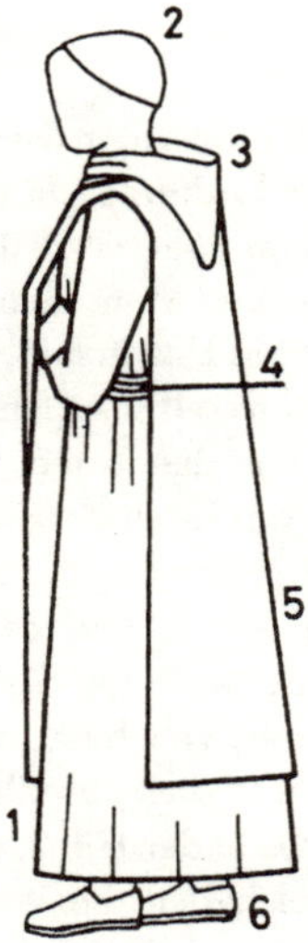

OSM	Ordo Servorum Mariae, Serviten
OSPPE	Ordo Sancti Pauli Primi Eremitae, Pauliner
OSsR	Ordo Sanctissimi Redemptoris, Redemptoristinnen
OSU	Ordo Sanctae Ursulae, Ursulinen
OT	Ordo Fratrum Domus Hospitalis Sanctae Mariae Teutonicorum in Jerusalem, Deutscher Orden
RSCJ	Religiosa Satissimi Cordis Jesu, Sacré-Cœur-Schwestern
SCI	Congregatio Sacerdotum a Sacro Corde Iesu, Herz-Jesu-Priester
SDB	Societas S. Francisci Salesii, Salesianer Don Boscos
SDS	Societas Divini Salvatoris, Salvatorianer
SJ	Societas Iesu, Jesuiten
SM	Societas Mariae, Maristen
SND	Sisters of Notre Dame, Schwestern Unserer Lieben Frau
SSSF	School Sisters of St. Francis, Franziskanerinnen
SVD	Societas Verbi Domini, Steyler Missionare
WV	Missionarii Africae, Weiße Väter

Aufgaben der Engel

Nach biblischem Verständnis ist der Mensch lediglich ein Geistwesen niederer Ordnung, da er noch an die Bedingungen der Materie gebunden ist. Von höherer Ordnung sind geschaffene reine Geister, eben die Engel. Engel und Menschen leben nicht in zwei verschiedenen, sondern in einem einzigen Universum, das Geist und Materie umfasst: »Himmel und Erde«. Christus selbst spricht mehrfach von den Engeln: »Denn wenn sie auferstehen von den Toten, werden sie weder heiraten noch verheiratet werden, sondern sie sind wie die Engel im Himmel« *(Mk 12,25)*.
Es war der Engel des Herrn, der Maria die Botschaft brachte, »Fürchte dich nicht«, und es waren wiederum Engel, die das Weltereignis der Menschwerdung Gottes zunächst den Hirten auf dem Felde vermeldeten. Scharen von bezaubernden und verzaubernden Engeln schwebten einher, und die »himmlischen Chöre« überbrachten die Botschaft: »Ehre sei Gottes in der Höhe, und Frieden den Menschen, die guten Willens sind.«
Engel haben die Weltgeschichte entscheidend begleitet. Sie erschienen Propheten im Traum, um Aufträge zu überbringen. Sie erschienen dem Stammvater Jakob, Moses und Joseph von Nazareth und wiesen ihnen den Weg. Petrus befreiten sie aus dem Gefängnis. Dem römischen Kaiser Konstantin zeigten sie nachts das Zeichen des Kreuzes, in dem er siegen werde – der Aufstieg des Christentums zur Weltreligion.

Engel kommt von »Angelos«, der Bote. Das sind nach kirchlicher Lehre rein geistige Geschöpfe mit Verstand und Willen, personale und unsterbliche Wesen, die am Throne Gottes wirken. Sie seien gesendet, um Botschaft und Auftrag zu bringen, am Gerichteten die Strafe zu vollziehen oder einen Auserwählten in Schutz zu nehmen. Nur drei von ihnen, die Erzengel, werden in der Bibel mit Namen genannt:

Erzengel	Bedeutung des Namens	Aufgabe
Michael	Wer ist wie Gott	Kämpfer gegen das Böse
Gabriel	Gott hat sie stark gemacht	Verkünder des Neuen
Raphael	Gott hat geheilt	Schutzengel der Pilger

Aufgaben der Engel

1. Engel loben Gott.
2. Engel strafen; sie sind Gottes ausführende Gewalt.
3. Engel sind Gottes Beobachter.
4. Engel verkünden die Entscheidungen Gottes.
5. Engel helfen in Not und Gefahr und begleiten.
6. Engel kämpfen gegen die Macht des Bösen.

Hierarchie der Engel

Neben den in der Bibel erwähnten Erzengeln Gabriel, Michael und Raphael kennen die apokryphen Schriften noch den Erzengel Uriel, der neben den drei Kollegen als einer der Seraphim ständig Gott umgibt. Er bestraft der Überlieferung nach die Ungerechtigkeit bei den Menschen und ist der Vorsteher der Hölle. Neben den Erzengeln gibt es einen ganzen Kosmos von Engeln mit unterschiedlichen Aufgaben, die bereits in der jüdischen Tradition überliefert wurden. Der Mönch Dionysius Areopagita hat ihre hierarchische Ordnung aufgeschrieben:

Griech./Latein/Deutsch	Wesen
1. Seraphim/Serafim/Seraphim	Engel der universellen Liebe
2. Cherubim/Cherubim/Cherubim	Engel der Harmonie, Herrscher der vier Elemente
3. Thronoi/Troni/Throne	Engel des Willens
4. Kyriotetes/Dominationes/ Herrschaften	Engel der Intelligenz und der Freude
5. Dynameis/Potestates/Kräfte	Engel der Bewegung und des Wachstums
6. Exousiai/Virtutes/Gewalten bzw. Mächte	Engel der äußeren Form und der Kunst
7. Archai/Principati/Fürsten	Engel der Zeit, des Verstandes und des Taktes

Griech./Lateinisch/Deutsch	Wesen
8. Archangeloi/Archangeli/Erzengel	Engel des Feuers und der Wärme
9. Angeloi/Angeli/einfache Engel	Träger des Lebens und der Vegetation

Die Engel ab Platz sieben gehören zur dritten Triade bzw. zur Triade der unteren Engelchöre. Zuständig für die Menschen sind die einfachen Engel auf dem Rang 9.

Engel-Statements: Sie sind »Feuer und Luft«, wusste Epharim von Amida. »Feuer und Geist«, sagte Gregor von Nazianz. »Licht und Äther«, meinte Augustinus. »Die Luft, die Erde, das Meer, alles ist erfüllt von Engeln«, erklärte Ambrosius von Mailand. Der theologische Meister des Abendlandes, Thomas von Aquin, dem man den Ehrentitel »Dr. Angelus« gab, meinte erkannt zu haben, dass die Körperwelt von der Geisterwelt bewegt und gelenkt werde. Kirchenlehrer Basilius proklamierte: »Einem jeden der Gläubigen steht ein Engel als Beschützer und Hirte zur Seite, um ihn zum Leben zu führen.«

90. Psalm: »Gott entbietet für dich Seine Engel, / dass sie dich schützen auf all deinen Wegen. Sie tragen dich auf ihren Händen, / damit sich dein Fuß an keinem Steine stoße.«

Katechismus: »Ihrem ganzen Sein nach sind die Engel Diener und Boten Gottes... Als rein geistige Geschöpfe haben sie Verstand und Willen; sie sind personale und unsterbliche Wesen. Sie überragen alle sichtbaren Geschöpfe an Vollkommenheit. Der Glanz ihrer Herrlichkeit zeugt davon.«

Stadt der Engel: Los Angeles, die Metropole zwischen Santa Monica Mountains und den San Gabriel Mountains.

Kreuzformen

In der christlichen Welt haben Kreuze unterschiedliche Traditionen:

Das *Griechische Kreuz* besitzt vier gleich lange Arme und tritt in unterschiedlichen Varianten in verschiedenen Ordensdekorationen auf.

Das *Lateinische Kreuz*, auch *Passionskreuz* genannt, ist das typische christliche Kreuz.

Das *Andreaskreuz*, mit schräg verlaufenden Kreuzbalken, wurde nach dem Apostel Andreas benannt, der an einem solchen Kreuz hingerichtet wurde.

Doppelkreuz, auch *Patriarchenkreuz* genannt, häufig auf Abbildungen von Bischöfen, Kardinälen und Kirchenfürsten anzutreffen. Der obere, kleine Querbalken steht für die Inschrift auf dem Kreuz.

Das *Russische* oder (russisch-)*orthodoxe Kreuz* gleicht dem Patriarchenkreuz. Der unterste, schräg dargestellte Querbalken stellt das Brett zum Abstützen der Füße dar.

Das *Petruskreuz* ist ein auf dem Kopf stehendes Lateinisches Kreuz, an dem der Apostel mit dem Kopf nach unten gekreuzigt wurde.

Papstkreuz, offizielles Symbol des päpstlichen Amtes.

Das *Kleeblattkreuz* hat seinen Namen von den in dreiblättrige Kleeblätter auslaufenden Enden der gleichlangen Kreuzbalken. Es ist ein Symbol für Christus und die Dreifaltigkeit.

Jerusalemkreuz, es verbindet fünf Kreuze. Nach einer Bedeutung soll Jesus mit den vier Evangelisten dargestellt sein, nach einer anderen andern werden durch die fünf griechischen Kreuze die fünf Wunden Jesu symbolisiert.

Die vier Sinndimensionen der Heiligen Schrift

Es heißt in der Heiligen Schrift: »Dies sei aufgeschrieben für das kommende Geschlecht, damit das Volk, das noch geschaffen wird, den Herrn lobpreise« *(Ps 102,19)*. Theresia von Lisieux meinte, mehr als die Heilige Schrift brauche ein Mensch nicht, um Gott zu finden. Der Katechismus der katholischen Kirche empfiehlt zur umfassenden Deutung der biblischen Schriften die Anwendung der Lehre vom »vierfachen Schriftsinn«, nach dem die Heilige Schrift vier Sinndimensionen hat. Jeder Bericht der Bibel mit seinen unterschiedlichen Schichten könne ganz nur entschlüsselt werden, wenn er unter folgenden vier Aspekten betrachtet wird:

Vier Sinndimensionen	Mittelalterlicher Merkvers
1. Das Faktum	Der Buchstabe lehrt die Ereignisse.
2. Der Sinn des Faktums	Was du zu glauben hast, die Allegorie.
3. Der moralische Anspruch	Der moralische Sinn, was du zu tun hast.
4. Die Verheißung	Wohin du streben sollst, die Anagogie.

Das Geheimnis von Firmung und Ohrfeige

Firmung ist eine Initiation. Sie bedeutet Stärkung durch die Kraft des Heiligen Geistes. Die Handlung erfolgt durch den Bischof oder seinen Stellvertreter. Zunächst streckt er die Hände über die Firmlinge aus und ruft den Heiligen Geist herab. Anschließend legt er jedem die Hand auf, nennt den Firmling beim Namen – der Name als Ausdruck seines individuellen Wesens – und spricht: »Sei besiegelt durch die Gabe Gottes, den Heiligen Geist.« Dabei salbt er die Stirn mit Chrisam. Der Gefirmte antwortet: »Amen.« Die segnende Handauflegung des Bischofs drückt Verbundenheit und In-Dienst-Nahme aus. Die Salbung mit Chrisam soll den Firmling für dieses Leben stärken, sie verbindet ihn mit Christus, dem Gesalbten. Früher bekam der Firmling bei dem Akt vom Bischof noch einen Backenstreich – Zeichen für den Auftrag, für das Evangelium auch gegen Widerstände einzustehen. Durch den Christen soll der Geist Christi den Menschen begegnen.

Statistische Übersicht der Marienerscheinungen und Botschaften

Jahrhundert / Land	1.	3.	4.	5.	6.	7.	8.	9.	10.	11.	12.	13.	14.	15.	16.	17.	18.	19.	20.	Summe
Belgien										2		5	1	1	2	4		4	32	51
CSFR												1	4	1	1	1	2	1	3	14
Deutschland						2		2	1	6	10	4	5	2	20	7	6	47		112
England							1		1	2	5	1							3	13
Frankreich	1		1	1		2	1	2	1	6	10	4	4	5	7	22	3	49	52	171
Griechenland								1					1				1	2		5
Herzegowina																		1		1
Irland																		1	9	10
Italien			1		1					2	2	17	5	15	25	9	3	19	100	199
Kroatien																		1	2	3
Luxemburg																1			1	2
Malta																2				2
Niederlande									1				1				1		5	8
Österreich													1	2	2	7	3	5	10	30
Polen													1	1	3	1		4	13	23
Portugal														1	2				4	7
Rumänien																1			2	3
Russland											1	1	2		1	1	3	1	9	19
Schweden													1							1
Schweiz									1					2	6	4	1	2	4	20
Spanien	1					1				1	2	2	8	4	11	3		1	18	52
Ungarn												1		2	1	7	6		7	24
Vatikan																		2	2	4
Summe Europa	2		2	1	1	5	2	5	5	19	30	36	34	36	86	70	29	140	276	774

Die Litanei vom heiligsten Herzen Jesu

Herr, erbarme Dich unser! Christus, erbarme Dich unser! Herr, erbarme Dich unser!

Christus, höre uns! Christus, erhöre uns! Gott Vater im Himmel erbarme Dich unser! Gott Sohn, Erlöser der Welt, Gott heiliger Geist, Heilige Dreifaltigkeit, ein einiger Gott,

Herz Jesu, des Sohnes des ewigen Vaters,

Herz Jesu, gebildet vom Heiligen Geiste im Schoße der jungfräulichen Mutter,

Herz Jesu, wesenhaft vereinigt mit dem Worte Gottes,

Herz Jesu, Bundeszelt des Allerhöchsten,

Herz Jesu, Haus Gottes und Pforte des Himmels,

Herz Jesu, brennender Herd der Liebe,

Herz Jesu, Arche der Liebe und Gerechtigkeit,

Herz Jesu, voll Güte und Liebe,

Herz Jesu, Abgrund aller Tugenden,

Herz Jesu, überaus würdig allen Lobes,

Herz Jesu, König und Mittelpunkt aller Herzen,

Herz Jesu, in dem alle Schätze der Weisheit beschlossen sind,

Herz Jesu, in dem die ganz Fülle der Gottheit wohnt,

Herz Jesu, an dem der Vater sein Wohlgefallen hat,

Herz Jesu, von dessen Fülle wir empfangen haben,

Herz Jesu, Verlangen der ewigen Hügel,

Herz Jesu, geduldig und reich an Erbarmen,

Herz Jesu, freigiebig gegen alle, die Dich anrufen,

Herz Jesu, Dorn des Lebens und der Heiligkeit

Herz Jesu, Sühne für unsere Sünden,

Herz Jesu, mit Schmach gesättiget,

Herz Jesu, um unserer Missetaten willen zerschlagen,

Herz Jesu, bis in den Tod gehorsam,

Herz Jesu, mit der Lanze durchstochen,

Herz Jesu, Quelle allen Trostes,

Herz Jesu, unser Leben und unsere Auferstehung,
Herz Jesu, unser Friede und unsere Versöhnung,
Herz Jesu, Schlachtopfer für uns Sünder,
Herz Jesu, Heil derer, die auf Dich vertrauen,
Herz Jesu, Hoffnung derer, die in Dir sterben,
Herz Jesu, Wonne aller Heiligen,
O Du Lamm Gottes, welches Du hinwegnimmst die Sünden der Welt – Verschone uns, o Herr!
O Du Lamm Gottes, welches Du hinwegnimmst die Sünden der Welt – Erhöre uns, o Herr!
O Du Lamm Gottes, welches Du hinwegnimmst die Sünden der Welt – Erbarme Dich unser, o Herr!
Jesus, sanftmütig und demütig von Herzen,
Bilde unser Herz nach Deinem Herzen.

Johannes Paul II. und die 13

Niemand hätte es gewundert, wenn sein Todestag auf einen der Marienfeiertage gefallen wäre. Denn Johannes Paul II. war der marianische Papst schlechthin. »Totus tuus«, ganz dein, war sein Bischofsmotto. Der 2. April 2005, sein Todestag war der so genannte Herz-Maria-Sühnesamstag, der auf die Erscheinung der Muttergottes in Fátima zurückgeht. Seitdem ist die 13 ihre Zahl. Am 13. Mai 1917 war der erste Erscheinungstag der Muttergottes in Fátima. Am 13. Mai 1981 wurde auf dem Petersplatz in Rom das Attentat auf den Papst verübt. Zur Todesstunde des Heiligen Vaters war bereits die Vorabendmesse für den Barmherzigkeitssonntag gefeiert worden, den er eingeführt hatte, um unserer Zeit die Barmherzigkeit Gottes neu zu verkünden. Der Papst starb am 2. 4. 2005 um 21.37 Uhr. Die Quersumme dieser beiden Daten ergibt jeweils 13. 13 + 13 = 26, die Dauer des Pontifikates des Heiligen Vaters. Er starb mit 85 – wieder eine in der Quersumme versteckte 13.

Die zwei Arten der Gnaden

Protestantischer wie katholischer Lehre ist eigen: Aus eigener Kraft kann der Mensch weder glauben noch Gebote halten, wie dies zur Seligkeit notwendig wäre, er bedarf dazu der göttlichen Gnade. Jesus sagt: »Ohne mich könnt ihr nichts tun« *(Joh 15,5.)*. Unter Gnadenmittel versteht man jene inneren Gaben, die Gott Menschen zu ihrem ewigen Heil verleiht. Es gibt hauptsächlich zweierlei Gnaden:

Helfende Gnade

Gott erleuchtet durch die helfende Gnade den Verstand und bewegt den Willen, damit Menschen das Böse meiden und das Gute tun. Der Sünder hat die helfende Gnade notwendig, um gerecht zu werden, der Gerechte aber, um gerecht zu bleiben und für den Himmel zu arbeiten. Jeder Mensch erhält so viel Gnade, dass er selig werden kann: »Gott will, dass alle Menschen selig werden« *(1 Tim 2,4)*.

Gnadenmittel sind die heiligen Sakramente und das Gebet. Gnade erfordert Mitarbeit. Paulus sagt: »Wir ermahnen euch, dass ihr nicht vergeblich die Gnade Gottes empfanget« *(2 Kor 6,1)*. Christus sagt: »Siehe, ich stehe vor der Türe und klopfe an. Wenn jemand meine Stimme hört und mir die Türe auftut, so werde ich bei ihm einkehren und Gastmahl mit ihm halten, und er mit mir« *(Offb 3,20)*.

Heiligmachende Gnade

Die heiligmachende Gnade ist das übernatürliche Leben der Seele. Sie ist so definiert, weil sie den Menschen heilig, Gott wohlgefällig macht. – Christus nennt sie das hochzeitliche Kleid, ohne das niemand zum himmlischen Gastmahl zugelassen wird *(Mt 22)* – sie heißt auch die Kindschaft Gottes.

Christen empfangen die heiligmachende Gnade zuerst durch die Taufe. Sie kann durch Todsünden wieder verlorengehen. Diese heißen gerade deshalb Todsünden, weil sie das übernatürliche Leben der Seele tötet. Die heiligmachende Gnade wird wiedererlangt: 1. durch das Sakrament der Buße und 2. und durch eine vollkommene Reue.

Oberhäupter einiger christlicher Konfessionen

Konfession	Oberhaupt	Erstes Oberhaupt	Akt. Oberhaupt	Anzahl	Apost. Sukzess.
Kath. Kirche	Papst	Simon Petrus	Benedikt XVI.	265	Ja
Orthodoxe Kirchen	Patriarch von Konstantinopel	Apostel Andreas (nur Ehrenvors.)	Bartholom. I.	273	Ja
Anglikan. Kirchengem.	Erzbischof von Canterbury	Thomas Cranmer	Rowan D. Williams	35	Umstritt.
Kopt. Kirche	Papst	Johannes Markus	Shenouda III.	116	Ja
Syrisch-Orth.	Patriarch	Simon Petrus	Ignatius Zakka I.	122	Ja
Armenische Apostol. Kir.	Patriarch	Judas Thaddäus	Karekin II.	152	Ja
Assyrische Kirche	Patriarch	Apostel Thomas	Dinkha IV. Khanania	115	Ja
Neuapostol. Kirche	Stammapostel	Friedrich Krebs	Wilhelm Leber	8	Nein
Kirche Jesu Christi d. hl. d. lzt. Tage	Präsident	Joseph Smith	Gordon	15	Nein

Brot oder Torte

»Ich persönlich unterstütze nicht die Theorie, dass mehr Leute kommen, wenn man den Gottesdienst zum Event macht. Sie können den Menschen nicht permanent mit Torte füttern, der Mensch braucht Brot. Wichtig ist, dass die Menschen wieder die Zeichensprache, die liturgische Symbolik schätzen lernen. Der Hunger nach heiligen Zeichen ist da.«

Bischof Gregor Hanke,
bis 2006 Abt des Benediktiner-Klosters Plankstetten

Psalmen

Die Psalmen des Alten Testamentes gehören nicht nur zum Kanon der Heiligen Schriften der Christen, sie sind bis heute wesentlicher Bestandteil des kirchlichen Stundengebetes. Die Kirche betet also mit den Liedern Israels, gedichtet von heiligen Verfassern im Alten Bund aufgrund spiritueller Inspiration. Es heißt, sie hätten vom Ursprung her nicht nur die Kraft, zu danken und im Unglück Trost zu spenden, sondern auch Geist und Herz des Menschen zu Gott zu erheben und in ihm fromme und heilige Gesinnung zu wecken. Nach wie vor senden mit den Psalmen überdies Christen wie Juden die gleichen Gebete zu ein und demselben Gott empor. »Das Psalmengebet«, so der frühere Erzbischof von Paris, Kardinal Jean-Marie Lustiger, »ist wie ein Licht, das Gott uns schenkt im Dunkel unseres Lebens. Wenn wir den Namen des Vaters, des Sohnes und des Hl. Geistes anrufen, werden wir hineingenommen in das Geheimnis Gottes.« Psalmen beten will freilich gelernt sein. Die ständige Wiederholung der einfachen melodischen Formeln schafft einen Zustand betrachtenden Betens. Im Psalm 131 heißt es:

Herr, mein Herz ist nicht stolz,
nicht hochmütig blicken meine Augen.
Ich ließ meine Seele ruhig werden und still;
wie ein kleines Kind bei der Mutter
ist meine Seele still in mir.

Kein anderer hat den Lobgesang auf die Schönheit der Schöpfung großartiger besungen als Beethoven in der Vertonung des 19. Psalms: »Die Himmel rühmen die Herrlichkeit Gottes, vom Werk seiner Hände kündet das Firmament!«

Immanuel Kant schrieb: »Ich habe in meinem Leben viele gute und kluge Bücher gelesen. Aber ich habe in ihnen allen nicht gefunden, was mein Herz so still und froh gemacht hätte, wie die vier Worte aus dem 23. Psalm: ›Du bist in mir‹«

Maria in der Endzeit

Der Priester Ludwig Maria Grignion de Montfort (1673–1716), Abkömmling einer bretonischen Advokatenfamilie, ist Mitbegründer der Kongregation der *Töchter der Weisheit* zur Pflege der Kranken. Bekannt wurde der »Apostolische Missionar« des Papstes durch seine Predigten bei etwa zweihundert Volksmissionen. Mehr noch durch sein »Traktat über die wahre Marienverehrung«, das als so genanntes *Goldenes Buch* europaweit für Aufsehen sorgte. Allerdings erst weit über einhundert Jahre nach dem Tod des Autors, als es beinahe zufällig entdeckt wurde.
Grignion de Montfort wurde am 20. Juli 1947 von Papst Pius XII. heiliggesprochen. In einem Vorwort schreibt der frühere Bischof von Regensburg Rudolf Graber: »Grignion war Priester, Prophet, Apostel und Reformator. ... Und wie der heilige Johannes auf Patmos die Gesichte der Endzeit hatte, so durfte auch Grignion einen Blick werfen in die Geschehnisse der letzten Tage.« In seinen Prophezeiungen im *Goldenen Buch* über die Rolle Mariens in der Endzeit beschwört Grignion ein Reich Mariens. Original-Auszug:

1. »Durch Maria wird das Reich Christi kommen. Gott will also Maria, das Meisterwerk seiner Hände, in der Endzeit offenbaren, und zwar aus folgenden Gründen:
2. Sie ist die Morgenröte, die der Sonne der Gerechtigkeit, Jesus Christus, vorangeht und sie offenbart. Wir müssen also unseren Blick auf sie richten, damit wir auch Jesus Christus besser erkennen.
3. Da sie der Weg ist, auf dem Jesus Christus das erste Mal zu uns kam, wird sie es auch bei seiner zweiten Ankunft sein, jedoch auf andere Weise.
4. Maria ist der sichere, gerade und makellose Weg, um zu Jesus Christus zu gehen und ihn ganz zu finden. Die Seelen, die zu großer Heiligkeit berufen sind, müssen darum Christus durch sie finden ...
5. Während der Endzeit wird Maria mehr als je hervortreten durch ihre Barmherzigkeit, Macht und Gnade. Durch ihre Barmherzigkeit wird sie liebevoll die armen Sünder und Verirrten heimholen und aufnehmen ...«

Katholische Terminologie

Ad-Limina-Besuch (lat. limen = »Türschwelle«) die im Kirchenrecht vorgesehene Verpflichtung der Diözesanbischöfe, alle fünf Jahre die Gräber der Apostel Petrus und Paulus zu besuchen und dem Papst einen Rechenschaftsbericht über ihr Bistum zu geben.

Advocatus Dei (lat. »Anwalt Gottes«) nichtamtl. Bezeichnung des Vertreters des Antragstellers bei einem Selig- bzw. Heiligsprechungsverfahren.

Advocatus Diaboli (lat. »Anwalt des Teufels«) nichtamtliche Bezeichnung des Anwalts der Kirche (»promotor iustitiae«), der in einem Selig- bzw. Heiligsprechungsverfahren die Gründe *gegen* eine Selig- bzw. Heiligsprechung sammelt und vorträgt.

Apostolische Sukzession (lat. successio = »Nachfolge«) die ununterbrochene Weitergabe des Bischofsamtes, ausgehend von den Aposteln.

Bulle (mhd., lat. bulla = »Kapsel«) Urkunde mit Metallsiegel, z. B. päpstliche Erlässe über wichtige kirchliche Angelegenheiten, in lat. Sprache verfasst und auf Pergament geschrieben.

Codex Iuris Canonici (Abk. CIC) das Gesetzbuch des kanonischen (kirchlichen) Rechts. Es enthält das Recht der katholischen Kirche des lateinischen Ritus.

Dikasterium Bezeichnung für eine Zentralbehörde der »Römischen Kurie«, der Verwaltung der katholischen Kirche. Zur Römischen Kurie gehören das Staatssekretariat, die neun Kongregationen und elf Päpstlichen Räte und die drei Gerichtshöfe. Außerdem die Apostolische Kammer, die Güterverwaltung des Apostolischen Stuhls und die Präfektur für wirtschaftliche Angelegenheiten des Apostolischen Stuhls.

Dogma (griech. dógma = »Meinung«, »Lehrsatz«) Bezeichnung für eine für alle verbindliche Glaubenslehre, die in der Bibel oder in der Tradition der Kirche enthalten ist und vom Lehramt der Kirche als von Gott geoffenbart zu glauben vorgelegt wird.

Enzyklika (griech. kyklos = »Kreis«) Kirchliches Rundschreiben, seit dem 18. Jahrhundert Bezeichnung für Lehrschreiben des Papstes an die gesamte katholische Kirche.

Episkopat Amt des Bischofs, auch Bezeichnung für Gesamtheit der Bischöfe.

Ferula Bezeichnung für den dem Papst vorbehaltenen Hirtenstab, der statt der Krümme des Bischofsstabes ein Kreuz zeigt.

Heiliger Stuhl Bischofssitz des Papstes als Nachfolger des Apostels Petrus in Rom. Der Apostolische Stuhl (und damit der Papst) ist zugleich Völkerrechtssubjekt und unterhält diplomatische Beziehungen zu anderen souveränen Ländern.

Inauguration (lat. inauguratio = »Anfang«) feierliche Amtseinführung.

Katechese (griech. katechio = »mündlich unterrichten«) Unterweisung in der christlichen Botschaft mit dem Ziel der Vermittlung des Glaubens.

Kollar (lat. collaris = »Halstuch«) steifer, schwarz-weißer Halskragen, Bestandteil der Alltagskleidung von Priestern.

Latein neben Italienisch die offizielle Amtssprache des Vatikan. Alle amtlichen Texte werden bis heute in lateinischer Sprache veröffentlicht.

Martyrologium Zusammenstellung der Todestage der Heiligen der Kirche.

Märtyrer (kirchenlat. martyr = »Glaubens-, Blutzeuge«) auch: Martyrer; jemand, der für seinen Glauben verfolgt wird, körperliches Leid ertragen und den Tod erleiden muss. Der erste Märtyrer der Christenheit war Stephanus (Apg 7,59). Er hat im Heiligenkalender einen bevorzugten Platz, den 26. Dezember, gleich nach dem Geburtsfest Jesu.

Missio canonica (lat. »kirchenamtliche Sendung«) die nach dem Kirchenrecht (Kanon) erforderliche offizielle Beauftragung und Erlaubnis, den Glauben zu verkünden und Religionsunterricht zu erteilen.

Nihil obstat (lat. »es steht nichts im Wege, dagegen ist nichts einzuwenden«) Bezeichnung für eine »Unbedenklichkeitsformel« im Hinblick auf eine Person, die zur Lehre der kath. Theologie berufen werden soll.

Offizialat (lat. officium = »Amt«) Das Bischöfliche Offizialat ist als kirchliches Gericht zuständig für alle kirchlichen Streit-, Straf- und Feststellungssachen (Eheverfahren). Es ist eine eigene, weisungsunabhängige Behörde.

Profanierung (lat. profanare = »entweihen«, »verweltlichen«) die »Entweihung« bzw. »Verweltlichung« eines sakralen Gebäudes (z. B. Kirche).

Recollectio (lat. recolligo = »wieder sammeln«, »wiedergewinnen«) geistliche Einkehr bzw. Besinnungstage.

Vaterunser

Die jüdische Religion war nicht arm an Gebetstexten, aber es gibt kein Vorbild für das »Gebet des Herrn«, das Vaterunser, den Paternoster. Große Beter wie der hl. Augustinus behaupten, es sei etwas in ihm, dass es nie abgegriffen werden kann. Man verglich es mit einem Musikstück, einer Komposition, die in ihrer Anordnung der einzelnen Töne sich pausenlos neu erschaffe. Ein Pater schrieb: In diesem Gebet bekommen wir alles und geben wenig. Wir geben ein leeres Herz, und Gott gibt es uns erfüllt zurück. Bereits im Beginn des Vaterunsers ist eine mächtige Formel verborgen:

1. Anrede .... Vater unser im Himmel
2. Lobpreis .... Geheiligt werde Dein Name
3. Öffnung und Hingabe .... Dein Wille geschehe
4. Herabrufung des Geistes .... Wie im Himmel so auf Erden.

Die Grundordnung der Zeit

Mit den Stundengebeten, deren Siebenzahl der heilige Benedikt unmittelbar der Bibel entnahm, schufen die Mönche in Europa ein neues Bewusstsein für Zeit. Bald erstreckten sich die Stundengebete auch auf den Klerus, später auf das gläubige Volk, das zum Gebet gerufen wurde. Die älteste Uhr überhaupt hängt nicht von ungefähr an einer Kirche, der Kathedrale St. Pierre im französischen Beauvais.

Die Einteilung der Woche in sieben Tage gemäß dem Schöpfungsbericht entspricht offenbar einem bestimmten Rhythmus, einer inneren Ordnung, die insgesamt der Schöpfung zugrunde liegt. Alle Anstrengungen, den Wochenrhythmus zu verändern, schlugen fehl. Die Jakobiner der Französischen Revolution versuchten, mit einem Zehn-Tage-Rhythmus die Bevölkerung vom Christentum abzubringen. Die Kommunisten in Russland wollten damit die Produktivität ihrer Wirtschaft erhöhen: zuerst wurden die Tiere krank, schließlich die Menschen. Der Sonntag ist im deutschen Grundgesetz festgeschrieben als »Tag der Arbeitsruhe und der seelischen

Erhebung«. Im ältesten bayerischen Gesetzbuch aus dem 8. Jahrhundert heißt es: »Wenn ein Freier am Tag des Herrn eine knechtliche Arbeit verrichtet, wenn er die Ochsen anspannt und mit dem Wagen fährt, so soll ihm zur Strafe der rechte Ochse abgenommen werden.« Sollte er trotz Mahnungen nicht aufhören, am Sonntag zu arbeiten, »so soll er die Freiheit verlieren und leibeigener Knecht werden, da er am heiligen Tag nicht hat frei sein wollen.«

Glutgebet

Der Kern des Eremitentums besteht in einem intensiven Gottesleben. Herausragende Bedeutung bei den Wüstenvätern hatte das so genannte »Glutgebet«, eine Möglichkeit, gewissermaßen im Sturm das Himmelreich an sich zu reißen. Dabei streckte der Mönch seine Hände aus und sprach dazu:

Herr, erbarme dich meiner,
wie DU willst und weißt

Nicht selten ging dieses mystische Gebetsleben in Verzückungen über. »Ich war im Geiste weit weg und im Schauen entrückt«, gesteht ein gewisser Isidor, und von einem andern Mönch berichtet Palladius in seinem »Leben heiliger Väter«, dass er infolge seiner fortwährenden Verzückung »mehr bei Gott als in der Welt war«.

The last Supper

Das Letzte Abendmahl, berühmt in Szene gesetzt von Leonardo da Vinci, feierte Jesus mit seinen Aposteln am Vorabend des jüdischen Pascha-Festes als eine festliche Mahlzeit – eben das Paschamahl. Der Ort im Obergemach eines Jesus-Anhängers in der Altstadt von Jerusalem ist heute noch zu besichtigen. Wie an diesem Festtag üblich, gab es traditionell Brotfladen, Rotwein, Lamm und bittere Kräuter. Die frühesten Darstellungen zeigen die Teilnehmer um einen Halbkreistisch, Jesus nicht in der Mitte, was unüblich gewesen wäre, sondern links außen auf dem damals gültigen Ehrenplatz. Bei Matthäus heißt es: »Als es Abend geworden war, legte er sich mit den zwölf Jüngern zu Tisch.« Zunächst wies er zum Entsetzen seiner Leute auf den bevorstehenden Verrat hin. Das Abendmahl begann. Jesus nahm das tellerförmige, weiche Fladenbrot, sprach das Segensgebet, brach es und gab es den Jüngern mit Worten, die zu den häufigst gesprochenen und heiligsten Worten der Geschichte wurden: »Nehmt, esst, das ist mein Leib.« Anschließend nahm er einen Becher mit rotem Wein, sprach das Dankgebet, reichte ihn im Kreis: »Trinkt alle daraus; denn das ist mein Blut des Bundes, das für viele vergossen wird zur Vergebung der Sünden.« Anschließend gab es wohl (laut *Lukas 22,7*) ein »Paschalamm«, das die Jünger vorbereitet hatten. Und auch einen lebhaften Streit unter den Aposteln, wer unter ihnen a) der Verräter und b) der Größte sei. Jesus schlichtete: »Die Könige herrschen über ihre Völker und die Gewalthaber lassen sich Wohltäter nennen. Bei euch aber soll es nicht so sein, sondern der Größte unter euch soll wie der Kleinste werden und der Führer wie der Diener. Welcher von beiden ist größer: wer bei Tisch sitzt oder wer bedient? Natürlich der, der bei Tisch sitzt. Ich aber bin unter euch wie der, der bedient.« *(Lk 22,24–27).*

Die Geschichte vom Verrat

Markus: Als Petrus unten im Hof war, kam eine von den Mägden des Hohepriesters.

Lukas: Mitten im Hof hatte man ein Feuer angezündet.

Markus: Sie sah, wie Petrus sich wärmte, blickte ihn an und sagte: »Auch du warst mit Jesus aus Nazareth zusammen.« Doch er leugnete es.

Johannes: Er antwortete: »Ich bin es nicht.«

Matthäus: Vor allen Leuten.

Markus: Und sagte: »Ich weiß nicht und verstehe nicht, wovon du redest.«

Lukas: »Frau, ich kenne dich nicht.« Kurz danach sah ihn ein anderer und bemerkte: »Du gehörst auch zu ihnen.« Petrus aber sagte: »Nein, Mensch, ich nicht!«

Markus: Dann ging er in den Vorhof hinaus.

Matthäus: Und als er zum Tor hinausgehen wollte, sah ihn eine andere Magd und sagte zu denen, die dort standen: »Der war mit Jesus aus Nazareth zusammen.«

Markus: Er aber leugnete es wieder ab ...

Matthäus: ... und schwor: »Ich kenne den Menschen nicht.«

Markus: Wenig später ...

Lukas: ... etwa eine Stunde später ...

Markus: ... sagten die Leute, die dort standen, von neuem zu Petrus: »Du gehörst wirklich zu ihnen; du bist doch auch ein Galiläer.«

Matthäus: »Deine Mundart verrät dich.«

Markus: Da fing er an zu fluchen und schwor: »Ich kenne diesen Menschen nicht, von dem ihr redet.« Gleich darauf krähte der Hahn zum zweiten Mal.

Lukas: Da wandte sich der Herr um und blickte Petrus an.

Markus: Und Petrus erinnerte sich, dass Jesus zu ihm gesagt hatte: »Ehe der Hahn zweimal kräht«

Matthäus: Ehe der Hahn kräht ...

Markus: »... wirst du mich dreimal verleugnen«.

Matthäus: Und er ging hinaus und weinte bitterlich.

(Mk 14,66–72; Mt 26,69–75; Lk 22,55–62; Joh 18,15–18.25–27)

Einige Fakten über Evolution und Kreation

Evolutionslehrer und Kreationisten streiten über die Frage, ob die Schöpfung Zufall ist, entstanden aus dem Urknall, oder eben Schöpfung, wobei die katholische Kirche keine strikte Trennung macht zwischen Prozessen der Evolution und dem kreatürlichen Schöpfungsakt.
Nach biblischem Verständnis hat Gott die ganze Welt aus nichts erschaffen. Er ist dabei nicht ein Teil dieser Welt und auch nicht irgendeine kosmische Kraft, sondern ein persönliches Wesen, das gleichsam die Vorstellungskraft des Menschen absolut übersteigt. Der lateinische Name »Universum«, auf Deutsch »Weltall«, drückt aus: Die Schöpfung umfasst alles, was es außer Gott gibt, die ganze geschaffene Welt. Die alten Griechen hatten hierfür noch einen weitaus erhabeneren und umfassenderen Ausdruck. Sie nannten das Weltall »Kosmos«, was so viel bedeutet wie »Schmuck« oder »Ordnung«, und sahen es entsprechend als ein wohlgeordnetes Ganzes an, als einen hierarchisch gegliederten Bau, eine Stufenleiter von niedrigeren zu immer höheren Wesen, von der reinen Materie bis zum reinen Geist. Dass es Gott gibt, das ewige Wort, den Logos, also die Vernunft, so der Apostel Paulus, sei schon mit bloßem Auge erkennbar: »Was nämlich unsichtbar ist an ihm, ist seit der Erschaffung der Welt an den geschaffenen Dingen mit der Vernunft zu sehen, nämlich seine ewige Kraft und Gottheit« *(Röm 1,20)*.

- Das Wunder »Mensch« besteht aus 80–100 000 Milliarden Zellen (100×10^{12}).
- Die gesamte Erbinformation lebender Organismen (das »Genom«) ist in der so genannten DNA (englisch: »Desoxyribo-Nucleic-Acid«) oder DNS (»Desoxyribo-Nuklein-Säure«) enthalten.
- Die DNA befindet sich in so genannten »Chromosomen« verpackt im Zellkern jeder Zelle und ist pro Zelle insgesamt etwa zwei Meter lang. Da der menschliche Körper aus ungefähr 100 000 Milliarden Zellen besteht, ist seine DNA insgesamt etwa 200 Milliarden Kilometer lang. Das entspricht etwa der 650-fachen Entfernung von der Erde bis zur Sonne.

- Innerhalb einer Stunde produziert das Knochenmark 15 Milliarden neuer Blutzellen, dazu müssen 30 Millionen km DNA kopiert werden.
- Nicht nur die Grundstruktur der DNA und der Proteine, sondern auch der »genetische Code« ist für alle Lebewesen, seien es Bakterien, Pflanzen oder Tiere, gleich.
- Das Gehirn – die komplizierteste und komplexeste Maschinerie, die die Wissenschaft im Universum entdeckt hat: rund 1,3 kg schwer, bestehend aus ca. 100 Milliarden Nervenzellen. Die gesamte Hard- und Software des Gehirns, einschließlich ihrer bis in kleinste Teilchen gehenden Komplexheit, ist vorprogrammiert. Das Computerprogramm des Gehirns entsteht bei der Befruchtung der Eizelle der Mutter, gespeichert im ersten DNS-Makromolekül des ungeborenen Menschen.
- Die gesamte Datenverarbeitung des Gehirns hängt »ganz entscheidend davon ab«, so der Nobelpreisträger Christian de Duve, »dass an Milliarden verschiedener Zellverbindungen rechtzeitig und wohl dosiert geeignete Neurotransmitter ausgeschüttet werden, dass sie sich korrekt an ihre Rezeptoren binden und dadurch ihre volle Wirkung entfalten können, und dass sie schließlich gerade so schnell wieder entfernt oder zerstört werden, dass ihre Wirkungen nicht zu lange anhalten«.

Weitere Fakten über Evolution und Kreation

Unser Planet zeigt sich als äußerst bewundernswerte, bis ins kleinste Detail durchdachte Konstruktion. Allerfeinst abgestimmt, bewältigt die Erde – um ihre eigene Achse rotierend – ihre jährliche Rundreise von 940 Millionen km um die Sonne äußerst gewissenhaft und pünktlich mit einer Stundengeschwindigkeit von 107 280 Kilometern. Alles deutet darauf hin, dass diese Welt eine bewusst gewollte und geplante Schöpfung ist. *»Wo warst du ... als ich die Erde gegründet, ihre Maße gesetzt, die Messschnur über ihr gespannt, ihre Pfeiler eingesetzt und ihren Eckstein gelegt habe?«* *(Ijob 38, 4–6)*

Für die Erde die Maße gesetzt:

a) Mittlerer Radius	6371 km
b) Umfang	40 045 km
c) Oberfläche	510 100 934 km^2
d) Volumen	1083 Milliarden km^3
e) Rotationsgeschwindigkeit	1666 km/Stunde

Für die Erde die Messschnur gespannt:

a) Abstand zur Sonne	149,6 Millionen km
b) Erdbahn	940 Millionen km
c) Umlaufgeschwindigkeit	107 280 km/Stunde
d) Nächster Fixstern	Alpha Centauri, 40 Billionen km entfernt.

Für die Erde die Pfeiler eingesetzt:

a) Erdkern	6370–2900 km
b) Erdmantel	2900–40 km
c) Erdkruste	40–0 km

Aufbau wichtig für Rotations- und Umlaufgeschwindigkeit der Erde.

Für die Erde den Eckstein gelegt:

a) Nordpol b) Südpol

Dazwischen die Erdachse, die wie ein großer Stabmagnet wirkt.

Die Erde ist einem Raumschiff ähnlich ständig in einem äußerst lebensfeindlichen Weltall unterwegs. Exakt in einem Jahr muss sie ihre Bahn um die Sonne vollendet haben. Abweichungen darf es dabei nicht geben, weder in der Zeit noch in der Bahn. Die Größe des Planeten, seine Form, seine Lage, seine Achse, seine eigene Rotation und die damit verbundenen Geschwindigkeiten sind bis ins kleinste Detail so aufeinander abgestimmt, um optimal jene Situationen zu schaffen, die erst »Leben« ermöglichen. Derzeit sind alle Theorien, die sich mit dem Alter und dem Ursprung des Universums beschäftigen, heftigst umstritten. Das gilt sowohl für Einsteins Relativitätstheorien als auch für alle Urknall-, Zufalls-, Evolutions- und Chaostheorien einschließlich der gesamten Palette der Altersbestimmungsverfahren.

Naturwissenschaft kann die Welt untersuchen, aber nicht erklären, wer dahinter steht, woher sie kommt und warum sie überhaupt existiert:

Charles Darwin, Begründer des Darwinismus: »Die Annahme, dass das Auge durch die Evolution entstanden sei, erscheint, wie ich offen bekenne, im höchsten Grad als absurd.«

Max Planck, Nobelpreisträger: »Wohin und wie weit wir also blicken mögen, zwischen Religion und Naturwissenschaft finden wir nirgends einen Widerspruch, wohl aber gerade in den entscheidenden Punkten volle Übereinstimmung. Religion und Naturwissenschaft schließen sich nicht aus, wie heutzutage manche glauben und fürchten, sondern sie ergänzen und bedingen einander. Gott steht für den Gläubigen am Anfang, für den Physiker am Ende allen Denkens.«

Albert Einstein »Jedem tiefen Naturforscher muss eine Art religiösen Gefühls nahe liegen, weil er sich nicht vorzustellen vermag, dass die ungemein feinen Zusammenhänge, die er erschaut, von ihm zum ersten Mal gedacht werden.«

Edwin Couklin, Biologe: »Die Entstehung des Lebens auf der Erde mit dem Zufall erklären heißt, von der Explosion einer Druckerei das Zustandekommen eines Lexikons zu erwarten.«

Christen und Muslime

Juden und Christen nannte Mohammed »Leute der Schrift«. Als historisch erwiesen gilt, dass der Koran vieles aus der Bibel entlehnt. So kennt er Abraham (Ibrahim) und Hiob, ausführlich schildert er Joseph und Moses, noch ausführlicher Jesus (Isa), der als Prophet gilt. Auch Maria und Johannes der Täufer werden im Koran gewürdigt.
Die neue Gemeinschaft von Juden, Christen und Muslimen, von der Mohammed hoffte, sie würden vereint den einen Gott ausrufen, kam nicht zustande. Die Enttäuschung darüber ist in den späteren Texten des Korans durchaus erkennbar. Die anfängliche religiöse Toleranz gegenüber Andersgläubigen wandte sich in offene Feindschaft (Suren 9,1 ff. und 48,16). Die Religionsfreiheit, die in Sure 2,257 gewährt wird, gehörte der Vergangenheit an. Die »Schriftbesitzer« nahmen jedoch weiterhin eine Sonderstellung ein. Sie wurden nicht gezwungen, den Islam anzunehmen, es wurde ihnen jedoch verboten, in besseren Häusern zu leben oder auf dem Pferd zu reiten, wie es die Moslems taten. Begegneten sie Muslimen, hatten sie ehrerbietig von ihren Eseln abzusteigen.

Gemeinsame Elemente	Gemeinsame Überzeugungen
Glaube an einen Gott	Allein Gott anbeten
Ein heiliges Buch	Die Gebote Gottes halten
Gott regiert ewig	Gutes tun und Sünden bekennen
Er hat die Welt erschaffen	Bei Gott Hilfe finden
Er hat den Menschen erschaffen	Bei Gott Vergebung erfahren.
Er ist der Richter des Menschen	Paradies oder Hölle

Sammel-Leidenschaft

Eine Reliquie ist ein Gegenstand religiöser Verehrung, besonders ein Körperteil eines Heiligen. Den Rekord im Sammeln von Heiligenskeletten hält Erzbischof Albrecht von Mainz (1490–1545): Am Ende seines Lebens hatte er 42 vollständige Totengebeine zusammengetragen. Hinzu kamen 21 441 weitere Reliquien, vom Knochenbein bis zum Kleidungsfetzen.

Panorama der Weltreligionen

Religion	Weltweit	Deutschland
Islam	1,31 Milliarden	3,3 Mil.
Katholische Kirche	1,119 Milliarden	25,99 Mil.
Protestant. Kirchen	376 Millionen	25,63 Mil.
Orthodoxe Kirchen	220 Millionen	1,10 Mil.
Anglikanische Christen	80 Millionen	
Unabh. christl. Kirchen	42 Millionen	
Judentum	15 Millionen	0,21 Mil.
Hinduismus	870 Millionen	0,09 Mil.
Buddhismus	37 Millionen	0,21 Mil.
Trad. Chinesische Rel.	405 Millionen	
Sikhismus	25 Millionen	
Ethnoreligionen	256 Millionen	
Afrikanische Religionen	100 Millionen	
Neue Religionen	108 Millionen	
Atheisten/Nichtreligiöse	921 Millionen	23,4 Mil.

Stand Mitte 2005, Weltbevölkerung: 6,454 Milliarden

Jahwe oder Jehova?

Die Ehrfurcht gebot es den Israeliten, Gott nicht mit Namen anzusprechen noch den Namen in den Mund zu nehmen. So schrieben sie zwar die vier Buchstaben JHWH, sprachen aber anstelle dessen ADONAI (Herr). Als Merkhilfe setzten die Masoreten (Schriftgelehrte um 500 n. Chr.) später den Buchstaben JHWH die Vokale von Adonai hinzu:

J H W H + A^e^ D^o^ N^A^ I

↓ ↓ ↓ ↓

= J^e^ H^o^ W^a^ H

Ausgesprochen wurde der Gottesname dennoch nicht. Die einzige Anredeform liegt im Lobpreis vor: Hallelu-JAH!

Ars Moriendi – Die alte Kunst des Sterbens

Der christliche Kult kennt für den Tod kein Tabu. Das Sein erfährt seine eigentliche Bedeutung erst im ewigen Leben in einer jenseitigen Wirklichkeit. »Wir erwarten die Auferstehung der Toten und das Leben der kommenden Welt«, heißt es im Credo. Im Mittelalter beschrieben die beliebten »Sterbebüchlein« die geistlichen Rituale der Todesvorbereitung. Die allgemein geübte *Ars Moriendi*, die Kunst des Sterbens, enthielt Zeremonien und Gebräuche, die als notwendig galten, um gut gewappnet ins Jenseits zu gelangen, versehen mit Letzter Ölung und der Vergebung der Sünden. Es sei eine logische Rückkehr zum Ursprung, meinte Thomas von Aquin: denn sollte »das Universum seine letzte Vollendung erreichen, dann müssen die Geschöpfe zu ihrem Ursprung zurückkehren«.

Bei den *Kartäusern* wird dem Toten die Kapuze über den Kopf gezogen, die Kutte auf einem Brett festgenagelt und hierauf der Leichnam ohne Sarg ins Grab versenkt. Umfangreiche Bestimmungen für ihren Totenkult haben die *Zisterzienser* entwickelt: »Wenn sich ein kranker Bruder dem Tod nähert«, heißt es darin, »versammelt sich die Gemeinschaft im Geist brüderlicher Nächstenliebe, um ihm durch ihre Gebete beizustehen ... Gott schickt uns das Leiden nicht nur zu unserer Heilung. Das ist nicht grausam, sondern eine Lehre und eine Herausforderung. ... Wenn die Glocke ertönt, begeben sich alle in das Krankenzimmer und rezitieren dabei mit vernehmbarer Stimme das Credo ... Der Abt bestimmt einige Brüder, die am Bett des Leidenden beten müssen, und einen Priester, der tröstende Worte zu ihm spricht.« Dass die Seele unsterblich ist, wird in den Vorschriften vorausgesetzt: »Der Abt muss unbedingt dafür sorgen, dass der Leichnam nie allein ist und immer eine Kerze bei ihm brennt.« Den Toten legen die Mönche anschließend mit den Füßen nach Osten ins Grab (bei einem Priester mit den Füßen nach Westen). Dreißig Tage lang, im so genannten Tricenarium, wird des Verstorbenen gedacht. An seinem verwaisten Platz im Refektorium wird nicht nur ein Kruzifix aufgestellt, sondern auch Mittag- und Abendessen aufgetragen.

Einige Rekordleistungen von Johannes Paul II.

Karol Wojtyla war zum Zeitpunkt seiner Wahl am 16. Oktober 1978 als 264. Papst der erste Pole auf dem Papstthron – sowie der erste Nichtitaliener seit 455 Jahren.

Auslandsreisen	104	Enzykliken	14
Besuchte Länder	129	Apostolische Mahnbriefe	15
Besuchte Städte	697	Apostolische Briefe	42
Gehaltene Reden	2415	Dokumente zur Kirchenleitung	28
Zurückgelegte km	1 162 615	Seiten der Schriften	80 000
Erdumrundungen	29	Audienzbesucher	16,8 Mill.
Seligsprechungen	1338	Befreite Länder	Ostblock
Heiligsprechungen	482	Einrichtung	Weltjugendtag
Ernannte Kardinäle	232	Beerdigungsteilnehmer	5 Mill.

Neues Latein

Mit der Pflege und Weiterentwicklung der lateinischen Sprache beschäftigt sich in Rom eigens die durch Paul VI. 1976 ins Leben gerufene Stiftung *Latinitas*. In das von den päpstlichen Experten publizierten Lexikon des Neulateins (*Lexicon recentis latinitatis*) wurden unter anderem folgende Neuschöpfungen aufgenommen:

Begriff	Neu-Latein	Wörtlich in Deutsch
Bestseller	liber maxime divenditus	Buch-Verkaufsschlager
Flirt	amor levis	leichte Liebe
Gangster	gregalis latro	Gruppenräuber
Kondom	tegumentum	Überzug, Bedeckung
Nightclub	taberna nocturna	nächtliche Gaststätte
Playboy	iuvenis voluptarius	junger Lüstling
Smog	fumus et nebula	Rauch und Nebel
Wodka	valida potio Slavica	starkes slawisches Getränk
Würstel	botellus germanicus	kleine deutsche Wurst

Hierarchie der Dämonen

Im 16. Jahrhundert stellte der Jesuit und Dämonologe Peter Binsfield eine Siebenzahl von Dämonen auf, die angeblich die Macht besaßen, zu einer bestimmten der sieben Todsünden anzustiften. Alphonsus de Spina (ca. 1480) schlug eine Hierarchie von zehn Teufeln vor, die auch »reine« Teufel mit einschloss (Teufel, die nur Heilige quälten). Der Exorzist Sebastien Michaëlis behauptete hingegen in einer Schrift aus dem Jahre 1612, eine besessene Nonne habe ihm eine Teufelshierarchie beschrieben, die mit der Engelshierarchie konkurriere. Der Katechismus der katholischen Kirche weiß nichts von dieser Hierarchie, führt die Dämonen aber unter dem Begriff »Engel«. Sie seien mit dem »Sündenfall« durch freie Entscheidung böse geworden. Es gäbe den Teufel als »gefallenen Engel«. Und weiter: »Dass es geistige, körperlose Wesen gibt, die von der Heiligen Schrift für gewöhnlich ›Engel‹ genannt werden, ist eine Glaubenswahrheit.«
Die erste Ordnung der Dämonen:

Versuchung	Dämon	Gegenspieler
Stolz	Beelzebub	Franziskus
Sünden gegen den Glauben	Leviathan	Petrus
Völlerei, Liederlichkeit	Asmodeus	Johannes d. Täufer
Gotteslästerung, Mord	Balberith	Barnabas
Faulheit, Eitelkeit	Astaroth	Bartholomäus
Ungeduld	Verriene	Dominikus
Unreinheit	Gresil	Bernhard
Hass	Sonneillon	Stefanus

Kleinste katholische Kirchenprovinzen der Welt

Provinz	Gründung	Pfarreien	Priester/Ordensl.	Gläubige
Mongolei	1922/2002	1	9/17	114
Sahara	1954	2	3/0	100
Färöer	999/1931	1	1/0	130
Aserbaidschan	2000	1	2/1	200

KIRCHEN IN ROM

Nicht einmal der Heilige Geist weiß, wieviele Kirchen es in Rom gibt. Eine aktuelle Liste allein jener Gotteshäuser, deren Namen mit »A« beginnen, zählt nahezu vierzig. Das wohl vollständigste Kompendium – *Armellinis Werke* – umfasst an die tausend römische Kirchen. Für Rompilger obligatorisch war lange Zeit der Besuch der sieben Pilgerkirchen, die zu Fuß in etwa einem Tag erreicht werden konnten. Im 16. Jh. wurde die Tradition vom hl. Philipp Neri wiederbelebt. Heute übernimmt die Organisation der Pilgerreisen das deutschsprachige Pilgerzentrum. Wer Unterkunft sucht oder an einer der Papstaudienzen mittwochs teilnehmen will, wendet sich an das Pilgerzentrum (Via della Conciliazione, 51, E-Mail: pilgerzentrum@libero.it) Alle fünf Jahre müssen Bischöfe »ad limina apostolorum« (an den Schwellen der Apostelgräber) erscheinen. Neben dem Petrusgrab hat man 2006 auch das Paulusgrab identifiziert; es liegt in St.-Paul-vor-den-Mauern.

DIE VIER PATRIARCHALBASILIKEN

PETERSDOM · ST.-PAUL-VOR-DEN-MAUERN · LATERANBASILIKA · SANTA MARIA MAGGIORE

DIE SIEBEN PILGERKIRCHEN

Das sind neben den vier oben genannten Basiliken:

SAN SEBASTIANO ALLE CATACOMBE
(über dem Grab des hl. Sebastian)

SAN LORENZO FUORI LE MURA
(mit dem Grab des hl. Laurentius)

SANTA CROCE IN GERUSALEMME
(mit Reliquien vom Kreuz Christi)

Im Übrigen: In der Basilika San Pietro in Vincoli, nicht weit vom Kolosseum, befindet sich Michelangelos Statue des Moses (Moses hat Hörner, das liegt an einem Übersetzungsfehler aus hebräischen Bibeltexten). Unter dem Altar werden die Ketten (vincoli) aufbewahrt, mit denen Petrus gefesselt gewesen sein soll.

Crashkurs Papst-Latein

Audienz .... Empfang beim Papst, gewöhnlich auf dem Petersplatz
Babylonische Gefangenschaft .... Exil der Päpste in Avignon 1309–76
Breve .... kurzer päpstlicher Erlass
Bulle .... feierlicher Erlass der Kaiser und Päpste
Camauro .... pelzbesetzte Mütze des Papstes im Winter
Dekretalen .... päpstliche Rechtsentscheidungen
Dogma .... Glaubeninhalt, als unfehlbare Lehrentscheidung
Enzyklika .... Rundschreiben des Papstes
Ex cathedra .... wenn eine Lehrentscheidung als »unfehlbar« verkündet wird
Exkommunikation .... Kirchenstrafe
Häresie .... schwerwiegende Abweichung vom christlichen Glauben
Heterodoxie .... Irrlehre
Inquisition .... Verfolgung der Ketzerei durch Glaubenstribunale
Interdikt .... Untersagung aller kirchlichen Tätigkeiten
Kardinal .... höchster Würdenträger nach dem Papst
Patrimonium Petri .... Kirchenstaat, früh. Gebiet der Päpste in Italien
Konklave .... Versammlung zur Wahl eines neuen Papstes
Konkordat .... Staatsverträge mit der Kirche
Konzil .... bedeutende Kirchenversammlung
Kurie .... Leitung und Verwaltung der katholischen Kirche
Lateran .... ehemaliger röm. Palast, Hauptkirche des Papstes
Legat .... päpstlicher Gesandter
Liber pontificalis .... Sammlung von Papstbiographien
Metropolit ..... Vorsteher einer Kirchenprovinz mit besonderen Rechten
Pallium .... Wollband, Insignie des Papstes und der Erzbischöfe
Pontifikat .... Amtszeit eines Papstes
Pontifex maximus .... Oberster Brückenbauer, seit 455 Papsttitel
Primat des Papstes .... Vorrangstellung des Bischofs von Rom
Sedisvakanz .... Zeit zwischen altem und neuem Papst
Synode .... Versammlung von Bischöfen
Tiara .... frühere Kopfbedeckung des Papstes mit drei goldenen Kronen

Kennzeichen Nr. 1: Die Lilie

Kein Attribut wird in der Darstellung von Heiligen so häufig verwendet wie die Lilie. Sie ist nicht nur das Symbol der Jungfräulichkeit. In erster Linie zeigt sie die für Gläubige erstrebenswerteste – »heilige« – Eigenschaft an: Herzensreinheit. Die Lilie wird in der christlichen Bilderschrift u. a. zugeeignet: *Angela Merici, Angelus der Karmelite, Antonius von Padua, Balbina, Dominikus, Edmund von Canterbury, Emmerich, Eulalia, Hermann Joseph, Hyazinth von Polen, Johannes vom Kreuz, Joseph Nährvater, Kasimir, Katharina von Schweden, Katharina von Siena, Klara von Assisi, Ludwig IX., Ludwig von Toulouse, Maria Magdalena de'Pazzi, Nikolaus von Tolentino, Philipp Neri, Raimund von Penafort, Robert von Molesme, Rosa von Lima, Rosalia, Salome, Stanislaus Kostka, Vinzenz Ferrér.* Die Lilie als Botenstäbe tragen Erzengel Gabriel und Michael.

Bedeutung der Pflanzensymbole

Aloe (Agave), antike Heilpflanze .... Jungfrau Maria
Apfel .... Sündenfall
Baum .... Leben, Wort Gottes
Distel .... Schmerzen
Dornen .... Sünde und Erlösung
Efeu .... Unvergänglichkeit, Liebe und Treue
Eiche .... Unsterblichkeit
Feigenbaum .... Vermehrung, Gnade und Erfolg
Granatapfel, Reichsapfel .... im Judentum Wort Gottes, Gesetz
Lilie .... Unschuld, unbefleckte Empfängnis
Lorbeer .... Unvergänglichkeit
Margarite (übersetzt: Perle) .... Tränen, Blutstropfen
Palme .... Sieg, Frieden, Keuschheit
Rose, Königin der Blumen .... Mutter Gottes
Schwertlilie, Iris (Regenbogen) .... Bund Gottes mit den Menschen
Weinblatt .... das Leben an sich
Weinstock .... Volk Israel, »Wurzel Jesse«, Christus-Symbol
Zeder .... Demut, Heiligkeit, Unsterblichkeit, immerwährendes Heil

Biblische Zeitalter

Das erste Zeitalter (Äon)

Adam	930 Jahre	Jared	962 Jahre
Seth	912 Jahre	Henoch	365 Jahre
Enosch	905 Jahre	Methusalem	969 Jahre
Kenan	910 Jahre	Lamech	777 Jahre
Mahalaleel	895 Jahre	Noah	950 Jahre

Nach der Sindflut endete das erste Zeitalter. Im zweiten Äon von 2000 Jahren, der mit Abraham begann und bis Jesus dauerte, schrumpfte die Lebenszeit der Sterblichen auf 120 Jahre zusammen *(1 Gen 6,3)*. Es war die Zeit des Alten Bundes.

Das zweite Zeitalter

Sem	600 Jahre	Serug	230 Jahre
Arpachschad	933 Jahre	Nahor	148 Jahre
Schelach	433 Jahre	Terach	205 Jahre
Eber	464 Jahre	Abraham	175 Jahre
Peleg	239 Jahre	Isaac	180 Jahre
Regu	239 Jahre	Mose	120 Jahre

Das dritte Zeitalter, der Neue Bund, begann mit Jesus Christus.

Allerheiligen

In der Zeit der Christenverfolgung feierten Gläubige an den Gräbern von Märtyrern heimlich Eucharistie, in der Regel am Jahrestag ihres Todes. Nach der Legalisierung der Kirche dehnte sich die Verehrung auf vorbildliche, eben ganz heilig gewordene Christen aus. Der Erste in der Reihe: Martin von Tours. Der erste Heilige, der durch einen Papst kanonisiert wurde, war im Jahre 993 Bischof Ulrich von Augsburg durch Papst Johannes XV. An Allerheiligen (1. November) gedenken Gläubige ihrer Angehörigen, die mit ihrem Tod das »ewige Heil« erlangt haben.

Der kleine Bruder von Jesus

Er war Offizier in Afrika. Ein Lebemann, der wegen anstößigen Lebenswandels aus der Armee entlassen wurde. »Ich begann, in die Kirche zu gehen, ohne zu glauben«, beschreibt Charles de Foucauld seinen Sinneswandel. Bei einer Beichte wird ihm ein grundlegendes Glaubenserlebnis zuteil: »Durch diese Beichte, o mein Gott, hast du mir alles geschenkt. Welch ein gesegneter Tag.« 1890 wird Foucauld unter dem Namen Bruder Mair-Albéric bei den Trappisten aufgenommen. Er verbringt drei Jahre des Schweigens als Klosterknecht in Nazareth und Jerusalem. Foucauld träumt von einer Ordensgemeinschaft, die den Völkern der Sahara das Wort Gottes näher bringt. Aber als er nach Nordafrika zurückkehrt, bleibt er allein. 1916 wird Foucauld von aufständischen Senussi erschossen. Zwanzig Jahre später gründeten junge Priester gemäß den Idealen von Charles de Foucauld die »Kleinen Brüder Jesu«, einen Orden, der bald weltweite Verbreitung fand.

Alle Marienfeste und Gedenktage

Hochfest Gottesmutter Maria .. 1. 1.
Unsere Lb. Frau in Lourdes .. 11. 2.
Unsere Lb. Frau von Fátima . 13. 5.
Unbefl. Herz Mariä .... Sa. nach Herz-Jesu-Fest
Mariä Heimsuchung .... 2. 7.
Sieben Freuden Mariens .... 5. 7.
Unsere Liebe Frau a. d. Berge Karmel .... 16. 7.
Maria Schnee .... 5. 8.
Mariä Himmelfahrt .... 15. 8.
Maria Königin .... 22. 8.
Mariä Geburt .... 8. 9.
Mariä Namen .... 12. 9.
Gedächtnis der 7 Schmerzen Mariens .... 15. 9.
Unsere Liebe Frau v. Rosenkranz .... 7. 10.
Mariä Opferung 21. 11
Unbefleckte Empfängnis 8. 12

Kleines Lexikon kultischer Handlungen

Agape (griech. Liebe) Das geschwisterliche Liebesmahl der ersten Christen.

Agnus Dei (lat. Lamm Gottes) Dreimal wiederholter Ruf zur Brotbrechung vor der Kommunion.

Bitt-Tage Besonderes Bitten um Gottes Segen (für Arbeit, Gesundheit, Frieden) an den drei Tagen vor Christi Himmelfahrt.

Confiteor (lat. ich bekenne) Text des Schuldbekenntnisses zu Beginn der Messe.

Doxologie (griech. Doxologia, Rühmen) Lobpreis Gottes am Ende eines Gebetes; wird von der Gemeinde mit »Amen« bekräftigt.

Eucharistie (griech. Eucharistia, Danksagung) Hl. Messe; zentraler Bestandteil des Gottesdienstes als Feier zum Gedächtnis an das letzte Abendmahl Christi, seines Todes und seiner Auferstehung. Zudem Bezeichnung für eucharistische Speise (Kommunion).

Epiklese Bitte um den Heiligen Geist im zweiten Hochgebet: »Sende deinen Geist auf diese Gaben herab und heilige sie ...«

Epistel (griech. Epistole, Brief) Die beiden ersten Lesungen im Gottesdienst (jeweils aus AT und NT).

Ewige Anbetung Besondere Verehrungsform des Allerheiligsten. Dabei wird das in den Leib Christi verwandelte Brot (das Allerheiligste) in einer Monstranz zur Anbetung ausgesetzt und verehrt. In einer Diözese hält das ganze Jahr über täglich jeweils eine andere Pfarrgemeinde oder Ordensgemeinschaft Anbetung.

Exsultet (lat. frohlocket) Ausruf beim Beginn der Osternachtsfeier vor der Osterkerze (»Frohlocket, ihr Chöre der Engel«).

Gabenbereitung Teil der Messe nach den Fürbitten, bei dem Ministranten Brot und Wein zum Altar bringen.

Geschlossene Zeit Vom 1. Advent bis zum Weihnachtsfest sowie von Aschermittwoch bis Ostersonntag, in der angesichts der Vorbereitung auf Weihnacht bzw. Ostern Eheschließungen und großer Festaufwand unterbleiben.

Gloria Lobgesang an allen Sonntagen (außer in Advents- und Fastenzeit), erinnert an die Verkündigung der Engel bei der Geburt Jesu: »Gloria in excelsis Deo – Ehre sei Gott in der Höhe.«

Halleluja (hebr. lobt Jahwe) Österlicher Jubelruf vor dem Evangelium (auch: Alleluja). Entfällt in der Fastenzeit.

HERRENFESTE Alle Christusfeste im Kirchenjahr: Verkündigung des Herrn, Fronleichnam, Herz Jesu, Darstellung, Verklärung des Herrn.

HERRENTAG Sonntag.

HERZ-JESU-FEST Hochfest am dritten Freitag nach Pfingsten. Mit besonderem Blick auf das erlösende Leiden Christi, seine Liebe und Barmherzigkeit.

HERZ-JESU-FREITAG Gottesdienst an jedem ersten Freitag im Monat in der Betrachtung der ewigen Barmherzigkeit Jesu.

HOCHFEST Höchste Feste der katholischen Kirche im Kirchenjahr. Es gibt: Hochfeste Christi, der Gottesmutter Maria und der Heiligen.

HOCHGEBET Feierliches Lob- und Dankgebet in der hl. Messe zur Wandlung. Mit der Präfation zu Beginn und dem Lobpreis am Ende (»Durch ihn und mit ihm und in ihm ...«) und der Bestätigung durch das »Amen« der Gemeinde.

HOMILIE (griech. homilein, vertraulich reden) Predigt zur Auslegung der Schriftlesung.

HOSANNA (aram. hilf doch) Alttestamentlicher Gebets- und Freudenruf (auch: Hosianna); in der Eucharistiefeier mit dem Sanctus verbunden (»Hosanna in der Höhe ...«).

INTROITUS (lat. introitus, Eingang, Einzug) Eröffnungsgesang in der heiligen Messe.

KANON Bezeichnung für den unveränderlichen Teil der heiligen Messe, das Eucharistische Hochgebet (vom Sanctus bis zum Vaterunser).

KARWOCHE (althd. kara, Sorge, Kummer) Heilige Woche vor Ostern (Palmsonntag bis Karsamstag).

KOLLEKTE (lat. Sammlung) Geldopfer beim Gottesdienst (in den »Klingelbeutel«) zur Hilfe für die Aufgaben der Gemeinde.

KOMPLET Liturgisches Nachtgebet der Kirche als Teil des Stundengebetes.

KONSEKRATION (lat. consecratio, Weihe, Heiligung) Die Verwandlung von Brot und Wein in den Leib und das Blut Christi im Hochgebet der Eucharistiefeier während des Berichtes vom Abendmahlsgeschehen (Einsetzungsbericht), auch als Wandlung oder Transsubstantiation bezeichnet.

KONZELEBRATION (lat. für Mitfeier) Gemeinsame Eucharistiefeier mehrerer Priester.

KYRIE ELEISON (griech. Kyrios, Herr, u. elein, erbarmen) Gebetsruf der Gemeinde (»Herr, erbarme Dich«).

Kyrios (griech. Herr) Hoheitstitel Gottes aus dem Alten Testament, als Anrede des auferstandenen und zu Gott erhöhten Christus.

Lamm Gottes (lat. Agnus Dei) Gebet vor der hl. Kommunion: »Lamm Gottes, du nimmst hinweg die Sünden der Welt ...« (Ausruf Johannes des Täufers, *Joh 1,29*).

Litanei (griech. litai, bitten, Gebet) Wechselgebet zwischen Vorbeter und Gemeinde, bei dem mit einer gleich bleibenden Bittformel geantwortet wird.

Liturgie (griech. leiton ergon, Dienst am Volk) Form und Inhalt der gottesdienstlichen Feier, also die Hauptfunktion der Kirche.

Messe (lat. missio, Entlassung) Bezeichnung für die Messfeier, abgeleitet von der lateinischen Entlassungsformel »ite, missa est« (geht, die Versammlung ist entlassen). Die Hauptteile der Messe sind: Eröffnung, Wortgottesdienst, Eucharistiefeier und Entlassung.

Mette Nächtlicher Gottesdienst.

Missa Chrismatis (auch Chrisam-Messe) Feierlicher Gottesdienst am Morgen des Gründonnerstages zur Weihe der heiligen Öle.

Pontifikalamt Vom Bischof (lat. pontifex, Brückenbauer) gefeierte hl. Messe.

Präfation Lobgebet zu Beginn des Hochgebetes.

Primiz (lat. primus, der Erste) Erste Eucharistiefeier eines Priesters nach seiner Weihe; in der Regel in seiner Heimatgemeinde.

Psalmen (griech. Psalmos, von einem Saiteninstrument begleitete Lieder) Insgesamt 150 Lieder und Gedichte aus dem alttestamentlichen Buch der Psalmen.

Requiem (lat. requies, Ruhe) Eucharistiefeier für Verstorbene, beginnend mit den Worten »Requiem aeternam«, »Ewige Ruhe schenke ihnen, o Herr«.

Ritus (lat. ritus, heiliger Brauch) Bezeichnung für den festgefügten Ablauf liturgischer Feiern und der dabei gebrauchten Texte, Gesten und Handlungen.

Rorate Votivmesse (Messe für ein besonderes Anliegen) zu Ehren der Gottesmutter Maria, benannt nach dem Eröffnungsvers »Rorate, caeli, de super« (»Tauet, ihr Himmel, von oben«); meist nur bei Kerzenlicht. Kann an den Werktagen des Advents bis einschließlich 16. Dezember gefeiert werden.

Rosenkranz Mittelalterliches meditatives Gebet mit der Betrachtung der Stationen im Leben Jesu. Oktober ist der Rosenkranzmonat.

Sakrament (lat. sacramentum, Fahneneid, meist als Übersetzung des griechischen Mysteriums, »Geheimnis«, verwendet) Sakramente sind von Christus eingesetzte sichtbare Zeichen einer unsichtbaren Wirklichkeit, in denen Christen die Sorge Gottes für die Menschen erfahren.

Sakramentalien Den Sakramenten ähnliche Segenshandlungen, die nicht von Christus, sondern von der Kirche eingeführt wurden, z. B. Segnung des Wassers, der Kerzen, von Gebäuden etc.

Sanctus (lat. heilig) Einleitung für das Hochgebet der hl. Messe (»Heilig, heilig, heilig, Gott, Herr aller Mächte und Gewalten«); angelehnt an den Lobgesang der Engel vor dem Thron Gottes in der Geheimen Offenbarung (Offb 4,8).

Segen (lat. signum, Zeichen) Der Segen (Kreuzzeichen, Handauflegung) ruft Gottes Wohlwollen auf Menschen und Dinge herab. Segnen können auch Laien.

Tagesgebet auch Oration (von lat. orare, beten) Das Gebet der hl. Messe, welches auf das Kyrie oder Gloria folgt und vom Priester mit der Aufforderung »Lasset uns beten« (»Oremus«) eingeleitet wird.

Te Deum Prominentes Lob- und Danklied, beginnend mit »Te Deum, laudamus« (»Dich, Gott, loben wir«). Zumeist wird die deutsche Nachdichtung »Großer Gott, wir loben dich« gesungen.

Transsubstantiation (lat. Wesensverwandlung) Bezeichnung für die Wandlung von Brot und Wein in Fleisch und Blut Christi während der Feier der heiligen Messe.

Triduum Paschale Die heiligen drei österlichen Tage ab Gründonnerstagabend (Abendmahlsliturgie) bis zum Ostermorgen.

Vesper Abendgebet der Kirche als Teil des Stundengebetes.

Vigil Nächtlicher Gottesdienst als Vorbereitung auf ein Fest (die Ostervigil, Osternacht).

Weihe (althochdeutsch wih, heilig) Handlung, durch die eine Person oder Sache in den Dienst Gottes gestellt und mit besonderen Aufgaben und Vollmachten zu ihrer Erfüllung betraut wird.

Weihrauch Der aufsteigende Weihrauch ist Sinnbild für das zu Gott aufsteigende Gebet. Er unterstreicht die feierliche Ehrung. Bei der hl. Messe wird zu Beginn der Altar beräuchert.

Zelebrant (lat. celebrare, feiern) Bischof oder Priester, der die hl. Messe »zelebriert«.

Zwei offizielle Wunderbeweise

Edith Stein war ihr bürgerlicher Name, als Nonne hieß sie Teresia Benedicta a Cruce. Die gebürtige Jüdin, Wissenschaftlerin von hohem Rang, wurde von den Nazis in Auschwitz ermordet. Johannes Paul II. ernannte sie zu einer Patronin Europas und zu einer Heiligen. Voraussetzung hierfür ist der Nachweis eines Wunders. Im Falle Steins war es die Heilung der zweijährigen US-Amerikanerin Benedicta McCarthy von einer Vergiftung mit akutem Leber- und Nierenversagen. Das Kind wartete 1987 vergeblich auf eine Lebertransplantation. Schließlich baten die Eltern im Gebet Edith Stein um ihre Fürsprache, worauf Benedicta spontan gesund wurde.

Rafael Guízar Valencia Anlass für die Eröffnung des Seligsprechungsprozesses 1951 war die Entdeckung seines unverwesten Körpers. Als »fama sognorum« galt im Fall des mexikanischen Bischofs die Heilung einer aus genetischen Gründen für unfruchtbar erklärten Frau, die auf die Fürsprache Valencias ein Kind empfangen und gesund zur Welt gebracht hatte.

Wie man ins Kloster aufgenommen wird

Nach dem »Postulat«, einer Art Schnupperkurs, beginnt ein Interessent im Kloster ein so genanntes Noviziat. Die Aufnahme des Novizen durch den Abt hat folgenden Ritus: »Lieber Bruder, in Gegenwart aller Mönche frage ich Sie: Sind Sie bereit, in unserer Gemeinschaft Gott zu suchen und Ihre Berufung zum Mönchsleben zu erproben? ... So nehme ich Sie jetzt als Novizen in unsere Gemeinschaft auf ... Auch wir werden prüfen, ob Sie für das Leben in unserer Gemeinschaft geeignet sind ... Ich übergebe Ihnen das Kleid unserer Gemeinschaft. Lernen Sie das Joch Christi zu tragen und erinnern Sie sich der Mahnung des Apostels Paulus: ›Zieht den neuen Menschen an, der nach Gottes Bild geschaffen ist.‹« Bei der Feier der ewigen Profess spricht der Abt: »Sie sind von nun an beauftragt, täglich mit uns zum Heil der Welt das Gotteslob der Kirche zu feiern. Was Sie mit dem Munde singen, sollen Sie im Herzen glauben, und was Sie im Herzen glauben, im Leben erfüllen.«

Historische Dokumente im Vergleich

Kaum ein historischer Text ist so gut belegt wie die Schriften des Neuen Testamentes. Sie entstanden zudem sehr früh. Die ersten Aufzeichnungen gab es bereits wenige Jahrzehnte nach dem Tod Christi. Ein Vergleich der vorhandenen Kopien von historischen Urschriften:

Autor	Text	Entsteh.	Kopien
Tacitus	Annalen (1–6)	116 n. Chr.	1, 850 n. Chr.
Tacitus	Annalen (11–16)	116 n. Chr.	1, 11. Jh.
Flavius	Der Jüd. Krieg	70 n. Chr.	1 (lat.), 4. Jh.; 6 (griech.), 10. Jh.
Homer	Ilias	800 v. Chr.	650, 2.–3. Jh. n. Chr.
Markus	Evangelien	50 n. Chr.	5664, 1.–3. Jh., griech. Fragm.
Matthäus, Lukas, Johannes			Gesamt: 24 000

Die Top Ten der Weltuntergänge

Immer schon haben »Propheten« den baldigen Weltuntergang vorhergesagt. An folgenden Terminen rechneten viele mit dem Schlimmsten: + 992 n. Chr.: Mariä Verkündigung und Karfreitag fielen auf einen Tag: Geburt und Tod. + 1000: Bibelgläubige nahmen die Apokalypse wörtlich, »denn tausend Jahre gehen zu Ende ...«. + 1169: Eine äußerst seltene Sternenkonstellation – alle Planeten versammelt im Sternbild Waage – erschreckte. + 1524: Die Planeten Jupiter, Saturn und Mars standen im Sternbild Fische, was für viele Sintflut bedeutete. + 1666: Eine beängstigende Zahlenmystik: die Summe der unheiligen Zahlen 1000 und 666 (die aus der Apokalypse bekannte Zahl des Tieres) + 21. März 1843, Mitternacht: Bibelgläubige »errechneten« aus dem Kapitel 8 und 9 des Buches David im Alten Testament die genaue Lebenserwartung der Erde. Vor allem in den USA wurde an diese Prophezeiung geglaubt. + 1881: laut der Prophezeiung einer gewissen »Mother Shipton« aus dem England des 16. Jh. + 4. Feb. 1962: nach der Prophezeiung der »Sybille von Prag« aus dem 17. Jh. + 1998: Jesus wurde in der 1998. Woche seines Erdendaseins ans Kreuz geschlagen. + 2000: Typische Endzeitstimmung wie nach dem ersten Millenium. +

Alle Papstbesuche in Deutschland

Bisher können in Deutschlang achtzehn Besuche von zwölf Päpsten verzeichnet werden. Hinzu kommen die Besuche der Gegenpäpste Gregor VI. 1012 und Johannes XXIII. im Jahr 1414. Anwesenheiten in den Jahren 1054 und 1417 wurden nicht mitgezählt, da die beiden Päpste Viktor II. und Martin V. schließlich vor Ort gewählt wurden; der eine in Mainz, der andere in Konstanz.

Jahr	Papst	Orte /Anlass
799	Leo II.	Paderborn, Besuch der Königspfalz
804	Leo III.	Reims, Empfang durch Karl den Großen
805	Leo III.	Aachen, Feier des Dreikönigsfestes
833	Gregor IV.	Rothfeld bei Colmar im Elsass
1012	Gregor VI.*)	Kaiserpfalz zu Pöhlde
1020	Benedikt VIII.	Bamberg und Fulda
1049	Leo IX.	Köln, Aachen und Mainz
1051	Leo IX.	Trier und Augsburg
1052	Leo IX.	Mainz, Worms und Augsburg
1056/57	Victor II.	Goslar, Speyer, Aachen, Regensburg
1147/48	Eugen III.	Trier
1414	Johannes XXIII.**)	Konstanz, Eröffnung des Konzils
1782	Pius VI.	München, Altötting und Augsburg
1980	Johannes Paul II.	Köln, Brühl, Bonn, Mainz, Münster, Osnabrück, Fulda, München, Altötting
1987	Johannes Paul II.	Köln, Bonn, Münster, Ruhrgebiet, München, Speyer und Augsburg
1996	Johannes Paul II.	Paderborn und Berlin
2005	Benedikt XVI.	Köln, Weltjugendtag
2006	Benedikt XVI.	München, Altötting, Regensburg, Freising

*) Gegenpapst von Benedikt VIII.

**) Gegenpapst von Gregor XII.

Die perfekteste Zahl der Welt

Die 7 ist der *numerus perfectus et sacratus*, die vollkommenste und heiligste Zahl überhaupt, Sinnbild von Rhythmus, Fülle und Vollendung. Wie die Eins ist sie der göttlichen Sphäre zugeordnet und umfasst die vollkommenen Werke. Ob sie nun im Makrokosmos die Schöpfung der Welt symbolisiert (7 Tage der Schöpfungsgeschichte), im Mikrokosmos einen geschlossenen Lebens-Rhythmus (7 Wochentage mit dem 7. als Höhepunkt) oder mit den 7 Sakramenten die Heiligung des Lebens insgesamt. 7 bedeutet immer die unbegrenzte Menge, das Ewige, die von Gott gewollte Totalität. Und fast immer ist sie ein Ausdruck dafür, dass es hier um das Handeln Gottes mit den Menschen geht. Insbesondere werden mit 7er-Reihen Prozesse gekennzeichnet, die für den Lauf von Schöpfung und Geschöpf unerlässlich sind. Wer sie einhält, bleibt in der Harmonie des Alls, wer sie stört, schafft Ungleichgewicht und Desaster.

Schon in der babylonischen Astronomie waren die Gesetzmäßigkeiten der 7 erkannt worden (etwa vier mal 7, der Ablauf der vier Mondphasen), die sich auch im Tempelbau mit 7 Stufen und 7 Portalen manifestierten. In Altchina stellte die 7 die Lebensjahr-Ordnung der Frau dar; nach zweimal 7 Jahren beginnt die »Yin-Straße« (erste Menstruation), nach 7 mal 7 Jahren endet sie (Klimakterium). 7 mal 7 Tage spielten auch eine Rolle im Totenkult: An jedem 7ten Tag nach dem Todesfall (bis zum 49. Tag) werden Totengedenk-Opferfeiern begangen.

Bei den Juden wird die orientalische 7er-Reihe im 7-armigen Leuchter (Menorah) manifestiert. Den 7 mal 7 Jahren folgt nach dem 49. Jahr das so genannte Jobeljahr *(Dtn 15,12)*, an dem Schulden erlassen werden und ein Neubeginn sein soll. 7 Tage lang dauern die Feste (Ex 12,15; Lev 23,6.33); 7 Tage lang währt das Fasten (1 Sam 31,13); 7 Tage lang ist die Trauer (noch heute heißt die Trauerzeit im Judentum »Schiwa-Sitzen«, wörtlich »7-Sitzen«). Und nicht zuletzt galt Moses als an einem 7. Adar geboren und an einem 7. Adar gestorben.

Die 7 kommt in der Bibel an mehr als 200 Stellen vor. Ein Rhythmus ist erfüllt, wenn er 7 umfasst. Hierfür stehen die 7 fetten und die 7 mageren Jahre in der Josefsgeschichte. Zweimal 7 Jahre muss Jakob bei Laban um

dessen Töchter dienen. Es gibt die 7-fache Rache, die 7-fache Verzeihung und die 7-fache kultische Reinigung. In einer der berühmtesten Szenen des Alten Testamentes umkreisen 7 Priester mit 7 Widderhörnern an 7 Tagen die Mauern von Jericho. Am 7ten Tag »zogen sie 7 Mal um die Stadt« – bis endlich Jericho sich öffnen musste.
In der Apokalypse spielt die 7 als Aspekt der Vollständigkeit die überragende Rolle: 7 Gemeinden (bedeutet: die gesamte Christenheit), 7 Posaunen (das vollständige Gericht Gottes), 7 Schalen des Zornes (die Fülle des Zornes). Es gibt daneben die 7 Lampen, 7 Geister, das Lamm mit den 7 Hörnern und den 7 Augen und schließlich das »Buch mit 7 Siegeln«.

Biblische 7

7 Tage der Schöpfung
7 te Tag = Sabbat
7 Säulen am Haus der Weisheit
7 -fache Preisung Gottes
7 Vertreter aller reinen Tiere in der Arche Noah
7 Tage bis zum Beginn der Sintflut
7 ter Monat der Reise bei der Ankunft
7 fette und die 7 magere Jahre
7 Tage der ungesäuerten Brote
7 -armige Leuchter
7 Gemeinden der Apokalypse
7 Siegel des Buches
7 Augen und Hörner des Lamms
7 Engel mit den 7 Posaunen
7 Dämonen der Maria Magdalena
7 Bitten im Vaterunser
7 Seligpreisungen
7 Gleichnisse vom Himmelreich
7 »Ich bin«-Worte Christi
7 Worte Christi am Kreuz

Kirchliche 7

7 Schmerzen Mariens
7 Sakramente
7 Diakone, von den Aposteln auserwählt
7 Tugenden (3 göttliche + 4 Kardinaltugenden)
7 Tod- und Hauptsünden
7 Gaben des Heiligen Geistes
7 leibl. Werke der Barmherzigkeit
7 geist. Werke der Barmherzigkeit

Weltliche 7

7 Planeten
7 Metalle der Alchimie
7 Farben des Regenbogens
7 Lebensalter des Menschen
7 Künste und Wissenschaften
7 ter Himmel
7 Zwerge
7 Berge
7 Meilenstiefel
7 Weltwunder

Das Hostienwunder von Lanciano

Die Überlieferung berichtet von einem Basilianermönch, der im 8. Jahrhundert in der italienischen Gemeinde Eucharistie feierte, dabei aber insgeheim den Glauben an die Realpräsenz Gottes und die Wandlung in Fleisch und Blut Christi zutiefst ablehnte. Als er eines Tages die Hostie emporhob und die Wandlungsworte sprach, habe sich diese, so die Überlieferung, plötzlich in echtes Fleisch und der Wein des Kelches in Blut verwandelt. Weit über tausend Jahre später wurde die unverweste Reliquie auf Anordnung des Erzbischofs Pacifico Perontoni durch die Universität Siena und verschiedene Fachprofessoren untersucht. Johannes Paul II. ließ später eine weitere Prüfung durchführen. Die Wissenschaftler kamen zu folgendem Befund:

1. Es handelt sich um wirkliches Fleisch und Blut
2. Beides stammt von einem Menschen
3. Beides hat die gleiche Blutgruppe
4. Das Fleisch weist eindeutig die Struktur des Herzgewebes auf
5. Das Diagramm des Blutes ist übertragungsfähig auf menschliches Blut
6. Fleisch und Blut gleichen dem einer lebenden Person

Bis zum heutigen Tag ist dieses Fleisch unversehrt. Auch das Blut ist erhalten; es ist in fünf ungleiche Teile geteilt, die alle zusammen ebensoviel wiegen wie der einzelne Teil davon.

Das Kreuzzeichen der Fussballspieler

Das Kreuzzeichen, der Kuss des Eherings, das Recken der rechten Faust, und vielleicht noch ein Salto – so feierte Miroslav Klose seine Tore. In früheren Jahren kannte man das Zeichen des Kreuzes vornehmlich bei südländischen Fußballspielern, inzwischen ist die Geste weltweit stadionfähig geworden. Klassische Zeitpunkte, so die Hilfe Gottes zu erbeten, sind Einwechslungen, Freistöße und Elfmeter. Der Kuss auf Daumen oder Ringfinger nach dem Kreuzzeichen steht in Südeuropa in der Regel für die Verehrung der Muttergottes.

Einige Patronate

Tiere

Bienen .... Ambrosius, Bernhard
Esel .... Antonius
Federvieh .... Vinzenz
Gänse .... Martin
Geflügel .... Brigida von Kildare
Hähne .... Gallus
Hunde .... Rupert von Salzburg
Kühe .... Brigida von Kildare
Lämmer ....Johannes der Täufer
Pferde .... Antonius
Rinder .... Cornelius
Schafe ....Johannes der Täufer

Berufe

Ammen .... Agatha
Artisten .... Georg der Märtyrer
Ausrufer .... Martin von Tours
Bandagisten . Lambert v. Maastricht
Boten .... Gabriel
Büglerinnen .... Laurentius
Butler .... Adelelmus
Eicher .... Michael
Eisengiesser .... Sebastian
Essigbrauer .... Maria am Festtag »Lichtmess«
Falkner .... Tryphon
Feilenmacher .... Bonifatius (Winfried), Theodosius
Flickschuster . Theobald Roggeri
Geldwechsler .... Matthäus
Gepäckträger .... Aquilinus
Gittermacher .... Fiacrius
Gürtelmacher . Martin von Tours, Theobald von Provins
Hafner .... Florian
Heuarbeiter . Gervasius, Protasius
Humoristen .... Filippo Neri
Kinoinhaber ...Johannes d. Täufer
Kistenmacher .... Fiacrius
Knopfmacher .... Gregor I.
Küfer .... Barnabas
Latrinenreiniger ....Julius I.
Leichenträger .... Sebastian
Lichterzieher ... Maria (Lichtmess)
Lohnkutscher . Peregrinus Laziosi
Luftschiffer .... Christophorus
Mattenflechter .... Paulus von Theben
Nachtwächter .... Petrus von Alcántara
Nadelmacher ...... Apollinaris von Ravenna
Navigatoren .. Johann vom Kreuz Joseph Calosirto
Netzweber .... Petrus
Papierfabrikanten ....Johannes
Päpste .... Petrus
Puderhersteller, Salbenmischer .... Maria Magdalena
Seifensieder .... Florian
Senner .... Uguzo von Cavargna
Sittenlehrer ...... Alonso Maria di Liguori

Spielkartenhersteller . Balthasar
Torhüter .... Lucia
Waagenhersteller .... Michael
Wasserträger .... Andreas
Weissnäherinnen .... Veronika
Weltraumfahrer .... Joseph v. Copertino

Krankheiten

Angina .... Suitbert
Alkoholismus .. Johannes d. Täufer
Bauchschmerzen .... Anna
Beinleiden, Gliederschmerzen .... Ermelindis v. Meldert
Blindheit ...... Albinus von Angers
Blutungen ..... Bernhardin v. Siena
Brustschmerzen .... Anna
Durchfall .. Germanus v. Auxerre
Fallsucht .... Petrus
Fieber .... Adalhard, Agatha von Catania
Gallensteine ... Benedikt v. Nursia
Gehörkrankheiten ... Ludwig IX.
Gelbsucht .... Odilo von Cluny
Geschlechtskrankheiten .... Regina
Gliederbrüche, Knochenbrüche .... Stanislaus Kostka
Harnfluss .... Gervasius, Protasius
Herzleiden ..... Theresia von Ávila
Hexenschuss .... Laurentius
Hüftleiden ...... Renatus v. Sorrent
Husten .... Quintinius, Walburga
Hysterie .... Vitus (Veit)
Ischias .... Laurentius
Knieleiden .... Gangolf
Koliken ...... Agapitus v. Praeneste
Kopfschmerzen .... Achatius
Krebs .... Aldegundis v. Maubeuge, Beatus
Lungenleiden .... Bernhardin v. Siena
Magenleiden .... Emerentia
Migräne .... Katharina v. Alexandria
Nervenkrankheiten ..... Bartholomäus, Cornelius
Nierensteine .... Apollinaris v. Ravenna
Ohrenleiden ...... Cornelius, Felix, Nabor
Rheumatismus .... Burkhard v. Würzburg
Rückenschmerzen .... Sixtus II., Thomas
Schlaganfälle .... Wolfgang
Schnupfen .... Maurus v. Subiaco, Quintinius
Schulterschmerzen ... Amalberga v. Tamise
Seitenstechen .... Stephanus
Taubheit .... Eugenia v. Rom
Tobsucht .... Ulrich v. Augsburg
Unterleibsbeschwerden .... Brictius v. Tours
Wahnsinn ...... Ebrulf v. St. Évroult
Zahnschmerzen .... Apollonia, Christophorus

Mantras einer Nonne

Beim Erwachen: »O Gott, mein Gott, früh erwache ich zu dir« *(Ps 62).* »Heute fange ich an«. *(Ps 76,10).*

Beim Verlassen des Hauses: »Deine Wege, o Herr, zeige mir und führe mich auf den Pfad deiner Gebote« *(Ps 24,4).*

Beim vorübergehen an einer Kirche: »Wahrhaftig, der Herr ist an diesem Ort!« *(Gen 28,10).*

Bei der Arbeit: »Ich vermag alles in dem, der mich stärkt« *(Phil 4,13).* »Was der Mensch aussät, das wird er auch ernten. Lasset uns also Gutes tun und nicht ermüden« *(Gal 6,8–9).*

Beim Beginn eines wichtigen Geschäftes: »Gib mir die Weisheit, die bei deinem Throne steht!« *(Weish 7,22)* »Komm, Heiliger Geist, erleuchte mich.«

Bevor man mit anderen zusammenkommt: »Setze, o Herr, eine Wache an meinen Mund und eine Türe an meine Lippen, neige mein Herz nicht auf boshafte Worte« *(Ps 140).*

In zweifelhaften Fällen: »Rede, o Herr, denn dein Diener hört« *(1 Kön 3)* »Herr, was willst Du, dass ich tun soll?« *(Apg 9, 6).*

Bei einer Demütigung: »Gut ist es mir, dass ich gedemütigt ward, damit ich lerne deine Satzungen« *(Ps 112,71).*

In Leiden: »Der Herr hat's gegeben, der Herr hat's genommen, wie es dem Herrn gefallen hat, so ist's geschehen. Der Name des Herrn sei gebenedeit« *(Ijob 1).*

In Versuchungen: »Mein Herr und Gott, stärke mich in dieser Stunde« *(Jdt 13).*

In Kummer und Betrübnis: »Er ist der Herr: Er tue, was gut ist in seinen Augen« *(1 Kön 3).*

Auf der Reise: »Ein Pilgrim bin ich, und ein Fremdling, wie alle meine Väter« *(Ps 118).*

Beim Entkleiden: »Nichts habe ich mit auf die Erde gebracht, und nichts werde ich mitnehmen« *(1 Tim 6,7).*

Beim Einschlafen: »Vater, in deine Hände empfehle ich meinen Geist« *(Ps 30,6; Lk 23,46)*

Das Geheimnis des T-Kreuzes

Das Tau-Kreuz (in Form eines T) war für Franziskus das Symbol für seine Art der Nachfolge Christi: in Armut zu leben, Buße zu tun und sich stets an Jesus zu orientieren. Alle seine Briefe unterzeichnete er mit einem T. Nicht zuletzt malte er das Zeichen auf Häuser, Wände und Bäume. Im Grunde steckte dahinter zunächst ein kleines Missverständnis, nämlich die Verwechslung des griechischen Buchstaben Tau (der wie ein T aussieht) mit dem althebräischen Buchstaben Taw, der wie ein X aussah. Taw stand für Gehorsam gegenüber Gott und Rettung aus Todesgefahr. Die Israeliten brachten dieses Zeichen auf ganz alltäglichen Gegenständen wie Öllampen oder Münzen an, um sich stets an diesen Gehorsam zu erinnern. Auf römischen Soldatenlisten bedeutete ein T hinter einem Namen, dass der Betreffende die Schlacht überlebt hatte. Als Zeichen des Lebens wurde es vom Wüstenvater Antonius um das Jahr 300 verwendet. 1215 empfahl Papst Innozenz III. das Tau-Kreuz den Gläubigen offiziell als Zeichen der Buße.

Das Geheimnis der Hagia Sophia

Die Hagia Sophia, einst größte Kirche der Welt, später eine Moschee, ist heute ein Museum in Istanbul, dem früheren Konstantinopel oder Byzanz. Sie wurde im 6. Jh. n. Chr. erbaut und war die Hauptkirche des byzantinischen Reiches und religiöser Mittelpunkt der orthodoxen Kirche. In ihr wurden die byzantinischen Kaiser gekrönt. Die Hagia Sophia ist das letzte bedeutende Bauwerk der Spätantike und zugleich das erste Beispiel einer spezifisch byzantinischen Architektur, in der die Kuppel zum prägenden Element des Kirchenbaus wurde. Im Mai 1453 wurde die Hagia Sophia (altgriechisch »heilige Weisheit«, türkisch »Aya Sofya«) von den Türken erobert. Noch am Tag der Eroberung erklang nach neun Jahrhunderten der orthodoxen Liturgie zum ersten Mal der Ruf des Muezzins. Eine griechische Legende erzählt, dass der Priester, der beim Eindringen der Türken gerade die heilige Messe feierte, mit allen liturgischen Geräten in einer Wand verschwand. Von dort werde er kommen, heißt es, wenn die Hagia Sophia wieder eine Kirche wird, um die heilige Messe endlich zu Ende zu lesen.

Das Geheimnis des Rosenkranzes

Der Rosenkranz ist eine Perlenschnur, die als Zählkette für das vielgliedrige Rosenkranzgebet dient und das Rosenkranzgebet selbst. »Der Rosenkranz ist kein Weg, sondern ein Raum«, schreibt Romano Guardini, »und er hat kein Ziel, sondern eine Tiefe.« Das mittelalterliche Gebet ist ein eigenes Buch in der langen Geschichte christlicher Mystik. Die Mythen darum sind ungezählt, die wissenschaftliche Untersuchung dauert an. Es hat ganze Völker missioniert und halbe Kontinente gerettet. In Zeiten der Glaubensferne für die Getreuen ein ewiger Anker, erlebt die geheimnisvolle Meditation inzwischen eine ungeahnte Renaissance.

Seinen Namen hat das Gebet von einer Perlenkette mit fünf großen und 50 kleineren Perlen, die die Betenden als taktile Hilfe durch die Finger gleiten lassen. Die Perlen waren dabei häufig aus Rosenholz, und mit Rosen wollte man der Jungfrau Maria einen Kranz binden. So wird bei den einzelnen »Gesätzen« mit den Augen Marias auf ihren Sohn geschaut und in einer extrem konzentrierten Form das ganze Evangelium meditiert. Den drei traditionellen Zyklen (siehe unten) hat Johannes Paul II. im Oktober 2002 einen vierten *Lichtreichen Rosenkranz* hinzugefügt.

Im Mittelalter entstand die Legende, der hl. Dominikus habe den Rosenkranz von Maria persönlich als Waffe gegen die Albingenser offenbart bekommen. Tatsächlich ist wohl Dominikus von Preußen, einem Mönch der Kartause St. Alban in Trier, die heutige Form der jeweils fünfmal zehn Ave-Maria zuzuschreiben. Offiziell festgelegt wurde die Gebetsweise des Rosenkranzes durch das *Breve Consueverunt* Papst Pius' V. vom 17. September 1569. Als Meditationsmethode ermöglicht der Rosenkranz mit dem rhythmischen Sprechen der Gebete, der permanenten Wiederholung der Worte in der Verbindung mit dem gleichmäßigen Weitergleiten der Perlen eine tiefe seelische Ruhe. Jeder Rosenkranz ist anders, noch beim tausendsten Mal, und je mehr Perlen von der Gebetsschnur dem Beter durch die Finger gleiten, desto größer wird zumeist auch der Friede in seinem Herzen. Der Komponist Joseph Haydn meinte: »Wenn ich in meiner Wohnung auf und ab gehe und dabei den Rosenkranz bete, kommen mir die schönsten Melodien.«

Die freudenreichen Geheimnisse

Jesus, den Du, o Jungfrau, vom Heiligen Geist empfangen hast.

Jesus, den Du, o Jungfrau, zu Elisabeth getragen hast.

Jesus, den Du, o Jungfrau, in Bethlehem geboren hast.

Jesus, den Du, o Jungfrau, im Tempel aufgeopfert hast.

Jesus, den Du, o Jungfrau, im Tempel wiedergefunden hast.

Die schmerzhaften Geheimnisse

Jesus, der für uns Blut geschwitzt hat.

Jesus, der für uns gegeißelt worden ist.

Jesus, der für uns mit Dornen gekrönt worden ist.

Jesus, der für uns das schwere Kreuz getragen hat.

Jesus, der für uns gekreuzigt worden ist.

Die lichtreichen Geheimnisse

Jesus, der von Johannes getauft worden ist.

Jesus, der sich bei der Hochzeit in Kana offenbart hat.

Jesus, der uns das Reich Gottes verkündet hat.

Jesus, der auf dem Berg verklärt worden ist.

Jesus, der uns die Eucharistie geschenkt hat.

Die glorreichen Geheimnisse

Jesus, der von den Toten auferstanden ist.

Jesus, der in den Himmel aufgefahren ist.

Jesus, der uns den Heiligen Geist gesandt hat.

Jesus, der Dich, o Jungfrau, in den Himmel aufgenommen hat.

Jesus, der Dich, o Jungfrau, im Himmel gekrönt hat.

So betet man den Rosenkranz

1. Beginn. Am Kreuz: Kreuzzeichen, »Im Namen des Vaters ...«
2. Erste große Perle: Credo: »Ich glaube an Gott ...« Dann: »Ehre sei dem Vater und dem Sohn und dem Heiligen Geist, wie im Anfang so auch jetzt und alle Zeit und in Ewigkeit. Amen.« Anschließend: Das Vaterunser.
3. An den drei folgenden Perlen: Die drei göttlichen Tugenden. Beginnend je mit dem Ave-Maria: »Gegrüßet seist du Maria, voll der Gnade, der Herr ist mit dir, du bist gebenedeit unter den Frauen und gebenedeit ist die Frucht deines Leibes, Jesus, der ...

1. Perle: »... in uns den Glauben vermehre ...«
2. Perle: »... in uns die Hoffnung stärke ...«
3. Perle: »... in uns die Liebe entzünde ...«

Im Anschluss an jede Tugend betet man: »Heilige Maria, Mutter Gottes, bitte für uns Sünder jetzt und in der Stunde unseres Todes.«

4. Zweite große Perle: »Ehre sei dem Vater ...«. Anschließend: »Vaterunser ...«.
5. Bei allen zehn Perlen nun gleichmäßig je ein »Gegrüßet seist du Maria ...« mit dem Anfügen des jeweiligen »Rosenkranzgeheimnisses«, also der so genannten »Gesätze« (z. B. zehn mal: »... und gebenedeit ist die Frucht deines Leibes Jesus, der auf dem Berg verklärt worden ist.«), anschließend jeweils weiter mit: »Heilige Maria, Mutter Gottes ...«
6. An der großen einzelnen Perle jeweils wiederum: ein »Ehre sei dem Vater« und ein »Vaterunser«.

Einige Schöpfungen geistlicher Musik

Renaissance

Palestrina Motetten und Messen, Missa Papae Marcelli, Missa Brevis

Orl. di Lasso Passionen, Messen, Madrigale, Magnifikat

Barock

Monteverdi Marienvesper

Schütz Geistliche Chormusik, Weihnachtsoratorium

Buxtehude Membra Jesu nostri

Händel Messiah, Israel in Egypt, Jephtha

Vivaldi Magnifikat, Gloria

Bach Ave Maria, Johannespassion, Matthäuspassion, Magnifikat, H-Moll-Messe, Weihnachtsoratorium

Klassik

Haydn Die Schöpfung, Missa in angustiis, C-Moll-Messe

Mozart Ave Verum, Krönungsmesse, Requiem

Beethoven Christus am Ölberg, Missa Solemnis

Romantik

Liszt Christus

Mendelssohn Elias, Paulus

Verdi Messa da Requiem

Brahms Ein deutsches Requiem

Bruckner Te Deum, Messen

Reger geistliche Vokalmusik

Schubert Ave Maria, Deutsche Messe, As-Dur-Messe

EINIGE KULTKRÄUTER

Klostermedizin war Naturmedizin. Das Wissen über die Wirkung der einzelnen Pflanzen gewannen die Ordensleute aus den Studien antiker Schriften und durch erweiterte präzise Beobachtungen.

ARNIKA (Arnica montana) ❧ Die Blume der Gottesmutter Maria ist die Heilpflanze Nr. 1 in der Volksmedizin. Ihre entzündungshemmenden Bitterstoffe wirken heilend.

ENGELWURZ oder ANGELIKA (Angelica archangelica) ❧ Der Legende nach brachte der Erzengel Raphael im 14. Jahrhundert den Menschen die Pflanze gegen die Pest. Engelwurz-Tee hilft als Magen-Darm-Mittel. Bis heute versetzen Benediktiner und Kartäuser ihre Liköre mit dem würzigen Öl der Engelwurz.

JOHANNISKRAUT (Hypericum perforatum) ❧ Namensgeber Johannes der Täufer. Der dunkelrote Saft, der beim Zerreiben der Blüten austritt, soll der Legende nach das Blut des geköpften Heiligen sein. Bei Behandlung von Wunden, Rheuma, Nervosität.

KAPUZINERKRESSE (Tropaeolum majus) ❧ Mit ihrem hohen Vitamin-C-Gehalt ein natürliches Antibiotikum, stärkt es die Widerstandskraft.

SALBEI (Salvia officinalis) ❧ Sein Name leitet sich von latein. salvare, retten ab (Christus = Salvator). Gilt seit der Antike als Symbol des ewigen Lebens. Zieht laut Hildegard von Bingen die schlechten Säfte aus dem Körper.

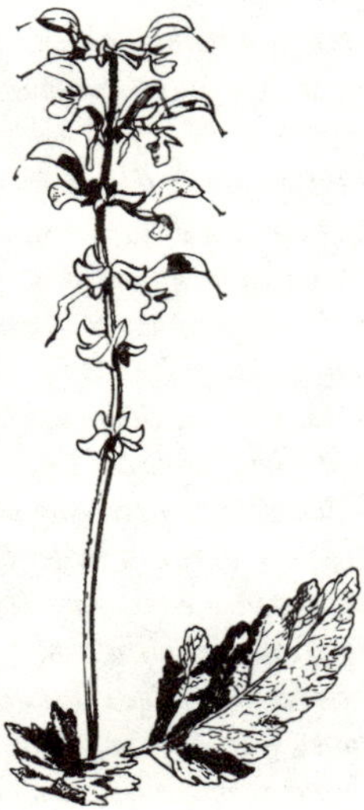

Salbei

Muster einer Volkspredigt

Zwischen 1210 und 1221 schrieb Franz von Assisi nachfolgendes »Muster einer Volkspredigt«. In den einleitenden Worten wies er an: »Die folgende oder ähnliche Mahnrede und Seligpreisung können alle meine Brüder, sooft sie es angebracht finden, unter beliebigen Menschen verkünden, mit Gottes Segen.«

Fürchtet und ehret Gott, lobet und preiset
Ihn, danket Ihm und betet Ihn an,
den Herrn, den Allmächtigen,
den Dreifaltigen und Einen, den Vater,
den Sohn und den Heiligen Geist,
den Schöpfer des Alls!
Besinnet euch, bringet würdige Früchte
der Buße! (Mt 3,2,8)
Denn ihr sollt wissen,
dass ihr bald sterben werdet.
Gebet, so wird euch gegeben werden!
(Lk 6,38)
Vergebet, so wird euch vergeben werden!
Wolltet ihr aber den Mitmenschen ihre
Verfehlungen nicht vergeben,
so wird auch der Herr euch eure Sünden
nicht vergeben. (Mt 6,14f.)
Bekennet alle eure Sünden! (Jak 5,16)
Selig, die im Stande der Buße sterben;
denn sie werden im Himmelreich sein.
Wehe denen, die nicht in der Buße sterben;
denn sie werden Kinder des Teufels sein,
dessen Werke sie vollführen,
und werden ins ewige Feuer gehen. (Joh 8,44; Mt 25,41)
Nehmt euch in Acht und hütet euch vor allem Bösen
und beharret im Guten bis an das Ende!

Wie der heilige Franz die Wundmale Christi empfing

»In jener selbigen Zeit der vierzig Tage erschien dem heiligen Franz auf jenem Berge – es war um das Fest Kreuzerhöhung – Christus in Gestalt eines gekreuzigten Seraphs mit Flügeln und prägte ihm die Male der Nägel in Hände und Füße und die Seitenwunde ein, so wie es die Legende erzählt. Die Erscheinung war in der Nacht von solcher Helle, dass ringsum die Berge und Täler erleuchtet wurden und so deutlich hervortraten, wie wenn es heller Tag gewesen wäre. Das bezeugen die Hirten, die in jener Gegend bei ihrer Herde wachten.«

(Aus der früh entstandenen Drei-Gefährten Legende, den späteren Fioretti)

Bibelkuchen

Die Bibel erzählt vom Propheten Ezechiel, Gott habe ihm eine Buchrolle zu essen gegeben: und sie wurde in seinem Mund süß wie Honig. Zumindest ein Kuchen entsteht bei der Lösung des folgenden Bibelrätsels, das Hausfrauen aus dem Bistum Mainz zusammengereimt haben. Die Zutaten sind dabei in den einzelnen Versen versteckt. Als Beispiel: 250 g Sprichwörter 30,33 = Zutat im 33. Vers des 30. Kapitels im Buch der Sprichwörter: »Denn stößt man Milch, so gibt es Butter« – mit anderen Worten: man nehme 250 g Butter.

Zutaten:

250 g *Sprichwörter 30,33*
2 Tassen *Richter 14,18* (Versanfang)
4 1/2 Tassen *1 Könige 5,2*
2 Tassen *1 Samuel 30,12* (zweite Möglichkeit)
3/4 Tasse *1 Korinther 3,2*
2 Tassen *Nahum 3,12*
1 Tasse *Numeri 17,23*
6 Stück *Jeremia 17,11* (nicht das Rebhuhn selbst!)
1 Prise *Matthäus 5,13*
4–5 Teelöffel *Jeremia 6,20* (zweite Möglichkeit; nach Belieben)
3 Teelöffel Backpulver (leider in der Bibel noch unbekannt)

Zubereitung des Teigs: *Sprichwörter 23,14* (erster Teil). Backzeit bei Mittelhitze in Minuten: *Richter 10,4* (2–3 Zahlen zusammenzählen). Serviervorschlag: *Lukas 14,12–14*.

Christlicher Heiltrank: Bier

Bier im heutigen Sinne ist eine Erfindung der Benediktiner. Ursprünglich kannten schon die Römer das Getränk, das vornehmlich aus vergorenem Hafer, Roggen, Dinkel oder Gerste bestand und mit Beeren und allerlei Gewürzen wie Ingwer aromatisiert wurde. Sie nannten es »Cervisia« – Gabe der Ceres, der heidnischen Muttergöttin und Schutzherrin der Feldfrüchte. Aber erst im achten Jahrhundert kamen Mönche auf der Suche nach längerer Haltbarkeit und mehr Würze auf den Hopfen. Mit den Zutaten aus den Laboratorien und Kräutergärten der Klöster braute man Bier für jeden Anlass, für spezielle Leiden und Gebrechen, zur Schönheitspflege und Verjüngung, für Feste und Fasten, Freude und Trauer.
Die Abteibrauereien schossen wie Pilze aus dem Boden: Im Herrschaftsgebiet Karls des Großen gab es im Jahr 800 mehr als fünfhundert Klöster, die Bier brauten; dreihundert davon lagen in Bayern (mit den bis heute erhaltenen Biermarken Franziskaner, Paulaner oder Augustiner).
Auf dem Klosterreform-Konzil in Aachen (817) wurde das Bier sogar zum christlichen Heiltrank erhoben – und an Fastentagen erlaubt. Denn: »Flüssiges bricht das Fasten nicht.« Älteste Brauerei Deutschlands ist das bayerische Benediktinerkloster Weihenstephan (Braurecht im Jahr 1040). Die Paulaner brauten ab 1630 Starkbier mit 7,5 Prozent Alkoholanteil, »flüssiges Brot«, für die Mönche Hauptnahrungsmittel in der Fastenzeit. Klosterärzte verschrieben das Bier, mit Honig gemischt, gegen Schlafstörungen, Erkältungen und Husten; mit Kümmel, Anis und anderen Heilpflanzen versetzt gegen Verdauungsbeschwerden. Sie betrachteten Bier allgemein als nervenstärkend, entwässernd, anregend für die Harnausscheidung und die Nierentätigkeit. Außerdem war es ein Mittel gegen den allzu starken männlichen Trieb. Schließlich entfalten Hopfenblüten bei Männern die Libido dämpfende Effekte. Am 23. April 1516 verfügte Herzog Wilhelm das Reinheitsgebot (Gerste, Hopfen, Wasser und Hefe), das noch heute Gültigkeit hat.

Kleines Lexikon der liturgischen Farben

Seit dem 12. Jahrhundert gibt es liturgische Farben für Messgewand, Stola des Priesters, Ministrantengewänder, Tücher von Altar, Kanzel und Kelch. Seit dem II. Vatikanischen Konzil sind dies die Farben Weiß, Rot, Violett, Grün, Schwarz.

Weiss: Farbe der Klarheit, des Lichts. Weiß spiegelt alle Lichtstrahlen und schildert deshalb die Einheit. Der Papst trägt weiß, denn er stellt die Einheit Gottes im Himmel und die Einheit der Kirche auf Erden dar. Weiß kleidet den Priester zu Hochfesten wie Weihnachten und Ostern, Herrenfesten wie Ephiphanie und Fronleichnam, zum Fest der Engel sowie an Marienfesten und Gedenktagen von Heiligen.

Rot: Sinnbild des Feuers, des Heiligen Geistes, des Blutes, aber vor allem der Liebe. Verwendet an Palmsonntag, Karfreitag, zu Pfingsten und Firmungen. Wird zu Märtyrerfesten als Farbe des Opfer- bzw. Märtyrertodes getragen.

Violett: Als Farbe des leidenden Gottessohnes kommt sie auch den Märtyrern zu. Als Farbe der Umkehr und Buße, für Übergang und Verwandlung wird Violett in den Bußzeiten vor Ostern (Fastenzeit) und vor Weihnachten (Advent) getragen, sowie meistens bei Begräbnissen und am Fest Allerseelen. Seit der Liturgiereform kann Violett die Farbe Schwarz ersetzen.

Grün: Farbe der Ruhe, des organischen Wachstums und der Hoffnung – die auf neues Leben und neue Erkenntnis hindeutet. Grün ist die liturgische »Alltagsfarbe« und wird zu allen gewöhnlichen Sonn- und Werktagen des Kirchenjahres getragen.

Schwarz: Farbe des Leides, des Schmerzes, des Todes, der Trauer – aber auch der Festlichkeit; wird wahlweise zu Violett zu Begräbnissen oder Trauergottesdiensten getragen.

Einige Grundgebete

»Das Gebet ist die höchste Leistung, derer der Menschengeist fähig ist, Aber es ist nicht allein menschliche Leistung. Das Gebet ist eine Jakobsleiter, auf der des Menschen Geist zu Gott empor und Gottes Gnade zum Menschen hernieder steigt.« *Edith Stein*

Am Morgen

O Gott, du hast in dieser Nacht
so väterlich für mich gewacht;
ich lob und preise dich dafür
und dank für alles Gute dir.
Bewahre mich auch diesen Tag
vor Sünde, Tod und jeder Plag;
und was ich denke, red und tu,
das segne, liebster Vater, du!

Gebet vor der Arbeit

Herr, unser Gott, komm unserem Beten und Arbeiten mit deiner Gnade zuvor und begleite es, damit alles, was wir beginnen, bei dir seinen Anfang nehme und durch dich vollendet werde. Darum bitten wir durch Jesus Christus, unseren Herrn. Amen.

Zu Beginn einer Reise

Den Weg des Friedens führe uns der allmächtige und barmherzige Herr. Sein Engel geleite uns auf dem Weg, dass wir wohlbehalten heimkehren in Frieden und Freude.

Altes Reisegebet

Alles, Herr, bist du:
Stern, auf den ich schaue;
Fels, auf dem ich steh;
Führer, dem ich traue;
Stab, an dem ich geh;
Brot, von dem ich lebe;
Quell, an dem ich ruh;
Ziel, das ich erstrebe;
alles, Herr, bist du.

Tischgebete

Komm, Herr Jesus, sei unser Gast,
und segne, was du uns bescheret hast.

O Gott, von dem wir alles haben,
wir danken dir für diese Gaben.
Du speisest uns, weil du uns liebst.
O segne auch, was du uns gibst.
Amen.

Aller Augen warten auf dich, o Herr; du gibst ihnen Speise zur rechten Zeit. Du öffnest deine Hand und erfüllst alles, was da lebt, mit Segen. – Lasset uns beten: Herr, segne uns und diese deine

Gaben, die wir von deiner Güte nun empfangen, durch Christus, unsern Herrn. Amen.

Abendgebete

Bleibe bei uns, Herr, denn es will Abend werden, und der Tag hat sich geneiget. Bleibe bei uns und bei deiner ganzen Kirche. Bleibe bei uns am Abend des Tages, am Abend des Lebens, am Abend der Welt. Bleibe bei uns mit deiner Gnade und Güte, mit deinem Wort und mit deinem Sakrament, mit deinem Trost und mit deinem Segen. Bleibe bei uns, wenn über uns kommt die Nacht der Trübsal und Angst, die Nacht des Zweifels und der Anfechtung, die Nacht des bitteren Todes. Bleibe bei uns und allen deinen Gläubigen in Zeit und Ewigkeit. Amen.

Wilhelm Löhe († 1872), Gründer der Diakonissenanstalt Neuendettelsau

Müde bin ich, geh zur Ruh,
schließe beide Augen zu.
Vater, lass die Augen dein
über meinem Bette sein!
Hab ich Unrecht heut getan,
sieh es lieber Gott nicht an!
Deine Gnad und Jesu Blut
macht ja allen Schaden gut.

Luise Hensel (1798–1876)

Gegrüsset seist du, Maria

Gegrüßet seist du, Maria,
voll der Gnade, der Herr ist mit dir.
Du bist gebenedeit unter den
Frauen, und gebenedeit ist die
Frucht deines Leibes, Jesus.
Heilige Maria, Mutter Gottes,
bitte für uns Sünder
jetzt und in der Stunde unseres
Todes.
Amen.

Ave Maria

Ave Maria,
gratia plena,
Dominus tecum,
benedicta tu in mulieribus,
et benedictus fructus ventris tui,
Jesus.
Sancta Maria, Mater Dei,
ora pro nobis peccatoribus,
nunc et in hora mortis nostrae.
Amen.

Der Engel des Herrn

Der Engel des Herrn brachte Maria die Botschaft,
und sie empfing vom Heiligen Geist.
Maria sprach: Siehe, ich bin die Magd des Herrn;
mir geschehe nach deinem Wort.
Und das Wort ist Fleisch geworden
und hat unter uns gewohnt.
Gegrüßet seist du, Maria ...
Bitte für uns, heilige Gottesmutter,
dass wir würdig werden der Verheißungen Christi.
Lasset uns beten: Allmächtiger Gott,
gieße deine Gnade in unsere Herzen ein.
Durch die Botschaft des Engels haben wir
die Menschwerdung Christi, deines Sohnes, erkannt.
Lass uns durch sein Leiden und Kreuz
zur Herrlichkeit der Auferstehung gelangen.
Darum bitten wir durch Christus, unsern Herrn.
Amen.

Ehre sei

Ehre sei dem Vater
und dem Sohn
und dem Heiligen Geist,
wie im Anfang
so auch jetzt und allezeit
und in Ewigkeit.
Amen.

Danksagung nach der heiligen Kommunion

Seele Christi, heilige mich!
Leib Christi, rette mich!
Blut Christi, tränke mich!
Wasser der Seite Christi, wasche
mich! Leiden Christi, stärke mich!
O gütiger Jesus, erhöre mich!

Angelus Silesius († 1677)

Gebet in Schwachheit

Herr Jesus Christus, Du weißt, wie schwach wir sind; wie wenig Dunkel wir zu ertragen vermögen; wie ängstlich wir festhalten an uns selbst. Mache uns frei! Führe uns hinüber über die Schwelle unserer Furcht, und was wir nicht vermögen, schenke uns aus dem nie versiegenden Reichtum deines geöffneten Herzens! *Joseph Ratzinger*

Einige starke Frauen

Unzählige Frauen haben Kirchengeschichte geschrieben. Sie reformierten Orden – wie Theresia von Ávila –, berieten Päpste – wie Katharina von Siena –, schrieben große mystische Werke und wurden Patroninnen Europas – wie Edith Stein.

Maria Krescentia Höss (1682–1744) Oberin der »Franziskaner-Terziarinnen«, pflegte besonders die Verehrung des leidenden, eucharistischen Heilands (Gedenktag 5. 4.).

Birgitta von Schweden (um 1303–1373) ging 1349 nach Rom und bemühte sich um die Rückkehr der Päpste aus Avignon. Seit 1999 Mitpatronin Europas (23. 7.).

Mechthild von Magdeburg (1208/10–1282/94) Dominikanerin, verfasste das erste Werk deutscher Mystik (15. 8.).

Katharina von Genua (1447–1510) erfuhr Erleuchtungen, die sie in berühmten Büchern niederschrieb. Betreute Kranke in der Zeit der Pest (15. 9).

Maria Faustyna Kowalska (1905–1938) Nonne in Warschau. Bedeutende Christus-Visionen, auf deren Grundlage der Barmherzigkeitssonntag eingeführt wurde (5. 10.).

Margareta Maria Alacoque (1647–1690) Salesianerin, begründete durch geistliche Visionen die Einführung des Herz-Jesu-Festes (16. 10.).

Gertrud von Helfta (1256–1302) Zisterzienserin, hochbegnadete Mystikerin, wird deshalb auch »die Große« genannt (17. 11.).

Elisabeth von Thüringen (1207–1231) Ungarische Königstochter, Landgräfin von Thüringen, nach dem Tod ihres Mannes als Franziskanerin Einsatz für Notleidende (19. 11.).

Johanna Franziska von Chantal (1572–1641) gründete 1610 den »Orden von der Heimsuchung Mariens«; Salesianerinnen (12. 12.).

Edith Stein (1891–1942), Philosophin; die Jüdin konvertierte, ohne die Verbindung zu ihrem Volk aufzugeben, wurde im KZ umgebracht (9. 8.).

Wann eine Ehe ungültig ist

Während protestantische und orthodoxe Kirchen in Fragen der Ehescheidung liberal verfahren, betrachtet die katholische Kirche die Ehe als grundsätzlich unauflöslich. Christus selbst habe so entschieden: »Was nun Gott zusammengefügt hat, das soll der Mensch nicht scheiden« *(Mt 19,6; Mk 10,9)*. Annuliert werden kann eine Eheschließung dann, wenn sie nicht gültig zustande kam. Dies ist nach dem kirchlichen Gesetzbuch (CIC) der Fall:

- wenn ein oder beide Partner vor der Heirat bewusst die Unauflöslichkeit ihrer Ehe ablehnen,
- wenn ein Partner keine Kinder aus seiner Ehe will,
- wenn er die Verpflichtung zur ehelichen Treue ablehnt,
- wenn eine Ehe nur zum Schein eingegangen wird.

Die Fragen werden in einem kirchlichen Ehenichtigkeitsverfahren geprüft, das sich ausschließlich nicht gegen den Ehepartner, sondern gegen das Eheband richtet. In Deutschland werden pro Jahr etwa 1000 Verfahren eröffnet. Neben einer kirchlichen Annullierung der Ehe gibt es auch die Möglichkeit, dass eine Ehe durch päpstliche Dispens aufgelöst wird. Die Kosten dieser Verfahren bewegen sich zwischen 300 und 600 Euro.

Risus paschalis – das Osterlachen

Noch 1906 soll im Landkreis Altötting ein Pfarrer mit Witzen und Anekdoten bei der Osterpredigt das ganze Kirchenschiff zum Lachen gebracht haben. Er war vermutlich der Letzte, der die mittelalterliche Tradition des *Risus paschalis*, des Osterlachens, praktizierte. Die Prediger trieben es beim Ostergottesdienst manchmal recht bunt. Grimassen schneidend, Haare raufend, Zunge zeigend, mit Händen und Füßen gestikulierend gaben sie den Sieg Christi über Hölle, Tod und Teufel zum Besten. Das Kirchenvolk rief nach Zugabe, und mancher Priester ließ sich dazu hinreißen, plötzlich wie eine Henne zu gackern, um schließlich aus der Kutte ein Ei hervorzuzaubern: Christus ist auferstanden, der Teufel hat nichts mehr zu lachen und die Erlösten können endlich befreit auflachen.

Valentinstag

Als Wirkstätte des heiligen Bischofs Valentin feiert die italienische Stadt Terni am Valentinstag mit Hunderten von Verlobten jährlich am 14. Februar ein großes Blumenfest. Bei einem Auftritt sprach Roberto Benigni, Oskarpreisträger, Regisseur und Hauptdarsteller in dem Film »Das Leben ist schön«, über die Liebe. Dabei gab er den Jugendlichen den Rat, sich stets an Jesus zu orientieren: »Geht in seinem Schrittmaß, richtet euren Blick in die Richtung, in die er schaut!« Zum Abschluss betete er mit den Worten des italienischen Nationaldichters Dante Alighieri: »O Jungfrau, Mutter, Tochter deines Sohns, demütiger und erhabener als jedes andere Geschöpf, festes Ziel des ewigen Ratschlags.«

Bibel-TV

Zwischen 1993 und 2002 entstand das bislang größte Unternehmen der Verfilmung biblischer Überlieferungen. Mit dreizehn internationalen TV-Produktionen, ausgestrahlt in insgesamt 67 Ländern. Das Projekt der Kirch-Gruppe wurde 2002 mit der »Apokalypse« abgeschlossen. Im selben Jahr wurde der Medienkonzern zerschlagen. Die Filme: Schöpfung, 1994 + Abraham, 1994 + Jakob, 1994 + Josef, 1995 + Moses, 1996 + Samson und Delilah, 1996 + David, 1997 + Salomon, 1997 + Jeremia, 1998 + Esther, 1999 + Jesus, 1999 + Paulus, 2000 + Apokalypse, 2002.

Volk des Kreuzes

In Äthiopien war es für Christen zeitweise gesetzlich vorgeschrieben, ein Kreuz an einer Halskette zu tragen. Die Vorschrift ging auf Kaiser Zara Yakob zurück (1434–1468), der mit seinem Gesetz den christlichen Glauben stärken wollte. Die Bezeichnung »Volk des Kreuzes« bezog sich aber auch auf die allgemeine Präsenz des christlichen Zeichens. Nirgendwo auf der Welt gibt es so viele Variationen. Jede Provinz entwickelte ihre eigene Form. Nicht zuletzt ist die berühmte Kirche im äthiopischen Lalibela, heute ein Weltkulturerbe, in Kreuzform aus dem Felsen geschlagen.

Das Geheimnis der Levitation

Es ist eine Parallele zu der Aufhebung der Schwerkraft beim Wandeln Jesu und Petri auf dem Galiläischen Meer: Bei einer Levitation hebt sich ein Mensch ohne Hilfe Dritter in die Luft, um über dem Boden zu stehen oder durch die Luft zu schweben. Nach einer Untersuchung des Jesuiten Wilhelm Schamoni wird Levitation bei über 200 Heiligen und heiligmäßigen Personen berichtet. Grundlage der Untersuchung ist ein 1977 von Erzbischof Degenhardt in Paderborn eingerichtetes hagiographisches Studienzentrum mit über 2000 Bänden Unterlagen aus Heiligsprechungsprozessen. Mit Hunderten von Levitationen war das Schweben dabei bei keinem Heiligen so häufig zu beobachten wie bei dem italienischen Priester und Franziskanerpater Josef von Copertino (1603–1663), der als »fliegender Frater« und Wunderheiler riesige Popularität erlangte. Der bischöfliche Informativprozess begann bereits zwei Jahre nach seinem Tod. Der im Anschluss zuständige Glaubensanwalt Prosper Lambertini, der spätere Papst Benedikt XIV., dem sämtliche Unterlagen zur Verfügung standen,

hat hierzu erklärt: »Augenzeugen von unanfechtbarer Qualität haben über das berühmte Schweben über dem Boden und die erstaunlichen ekstatischen Flüge des Dieners Gottes ausgesagt.«
In den Akten wird eine 50-jährige Zeugin namens Dorothea Zeccha zitiert: »Ich war zugegen in der Kirche von Grottella, als die Vesper begann und P. Josef kam. Er flog von der Mitte der Kirche bis zum Altar der seligen Jungfrau, kniete sich auf den Betschemel und fiel in Ekstase.« Das Protokoll mit Frau Zeccha über einen weiteren Vorfall: »Das erste Kreuz, groß und schwer, weil aus Olivenholz, würden zehn Männer nicht haben aufrichten können (ihr Mann:

fünf Männer). P. Josef flog etwa sechs Doppelschritt, ergriff das Kreuz und setzte es ganz allein in die Grube. – Als die letzten großen Kreuze auf dem Kalvaria bei Grottella aufgestellt werden sollten und es etwa zehn Personen nicht gelang, sah dies P. Josef von der Kirchentür aus. Er machte drei Doppelschritte, ließ den Mantel fallen und flog etwa fünfzehn Doppelschritte wie ein Vogel, und er fasste das Kreuz und stellte es ohne jede Hilfe in die Vertiefung. Das Kreuz war 54 Spannen (ca. 12 m) lang.«

Der Zeuge Franz Allegretti, 70, berichtete im Apostolischen Prozess über einen der am besten beglaubigten Flüge des Heiligen, der in Gegenwart des Vizekönigs von Neapel und zahlreicher anderer Kirchenbesucher stattfand: »Er trat durch die kleine Tür ein beim Altar der Unbefleckten Empfängnis, vor dem der Herr Botschafter, seine Gemahlin und Umgebung und eine Menge Leute aus Assisi standen. Nachdem er die Kniebeuge zum heiligsten Sakrament gemacht hatte, wandte er sich zur Statue der Unbefleckten Empfängnis, stieß seinen gewöhnlichen Schrei ›oh‹ aus und flog mit ausgebreiteten Armen etwa zehn Doppelschritte zu der Statue hin, die auf dem Altar stand, um sie zu umarmen ... Die Statue stand mehr als eine Menschenlänge über dem Boden, er war über die Köpfe einiger Damen hinweg geflogen.«

Aus dem statistischen Jahrbuch der Kirche

Kontinente	Afrika	Amerika	Asien	Europa	Ozeanien.
Krankenhäuser	975	1837	1073	1199	152
Krankenstationen	5097	5315	3526	2235	506
Leprastationen	254	69	327	4	2
Alters-/Behindertenh.	658	3910	1776	8069	381
Waisenhäuser	1620	2470	3171	2671	64
Kindergärten	1255	3888	3121	2283	87
Eheberatungsstellen	1447	5179	930	4988	260
Andere Institute	1772	4422	1630	1931	58
Insgesamt	13078	27090	15554	23380	1510

Die Zahlen gelten für das Jahr 2003

Deutsche Päpste

Von den bisherigen 265 Päpsten (ohne die 32 Gegenpäpste) ist Benedikt XVI. der 8. deutsche Papst der Geschichte (ca. 3,02 % von allen). Vor ihm kamen: Gregor V., Clemens II., Damasus II., Leo IX. (Hl.), Viktor II., Stephan IX. und Hadrian VI. Alle bisherigen deutschen Päpste waren zusammen etwa nur 14 Jahre lang auf dem Hl. Stuhl (ca. 0,7 % seit dem Jahr 68). Nach zweien von ihnen folgte jeweils eine Kirchenspaltung. Von 1046 bis 1058 gab es eine so genannte deutsche Epoche, da fünf deutsche Päpste hintereinander gewählt wurden. Gregor V. war mit 24 Jahren der jüngste deutsche Papst. Benedikt XVI. ist mit seinem Wahlalter von 78 Jahren der bisher älteste.

Die längsten Konklave der Geschichte

Papst	Wahljahr	Konklavendauer
Coelestin IV.	1241	zwei Monate
Innonzenz IV.	1243	zwanzig Monate
Clemens IV.	1265	fünf Monate
Gregor X.	1271	drei Jahre

Im Konklave treten die Kardinäle zur Wahl eines neuen Papstes zusammen. Das gewährleistet eine zügige Wahl des neuen Oberhauptes der katholischen Kirche. Im Mittelalter war das nicht immer der Fall. Bei der längsten Vakanz nach dem Tod von Clemens IV. 1268 schritten auf Anraten des hl. Bonaventura, damals Generaloberer der Franziskaner, die Bürger von Viterbo zur Tat. Sie schlossen die Kardinäle im Papstpalast ein, entzogen ihnen die Lebensmittel und ließen das Gebäude von Bewaffneten umstellen. Als dies immer noch nichts fruchtete, ließen sie das Dach des Palastes abtragen, so dass sich die Purpurträger unter freiem Himmel der Witterung ausgesetzt sahen. Es dauerte gleichwohl noch mehrere Monate, bis durch ein kleines Komitee von sechs Kardinälen der Erzdiakon von Lüttich, Tedaldo Visconti, zum Papst designiert wurde und als Gregor X. die Wahl annahm, um die endlose Sedisvakanz zu beenden.

Einige geheime Symbole der Gegenstände

Gegenstand	Symbolwert
Acker, ungepflügt	Neue Schöpfung, Mariensymbol
Amethyst	drei Farben (Purpur, Blau, Violett) Symbol der Trinität
Anker	sichere Ruhe in Christus
Baldachin	Verkündigung und Kindheit Jesu
Bienenkorb	Mariensymbol (»von ihr kommt alle Süße«, Jesus)
Brot	Lebensbrot, Hostie, Christus
Brunnen	Heilige Taufe und Wiedergeburt in Christus
Brücke	Übergang von der Erde zum Himmel
Buch	Buch der Apokalypse, das nur Christus zu öffnen vermag
Diamant	Symbol Christi, unheilabwehrend
Dreieckige Tische mit Weihrauchschiffchen	Glaube an Dreieinigkeit
Ei	Auferstehung (Küchlein zerbricht die Schale)
Fenster, geöffnet	Gebetsverkehr mit Gott
Flügel mit Pfauenfedern	Flügel der Cherubim
Garten, eingezäunt	Paradies
Glasgefäss	Unbefleckte Empfängnis
Gürtel geschlossen	Symbol der Stärke
Gürtel geöffnet	Symbol der Schwäche
Knoten im Gewand	unheilabwehrend
Kreis, Scheibe	das Vollendete
Krüge	Symbol der Paradiesflüsse: Pison, Gihon, Tigris, Euphrat
Leiter	Himmelsleiter im Traum Jakobs, Ewigkeit
Mantel	Schutz, Schutzmantelmadonna
Pergamentband, aufgerollt	Gabe und Rede des Hl. Geistes
Quelle	Ewiges Lebens (mit 7 Strahlen für Gaben des Hl. Geistes)
Ring	Ewigkeit und Weltgericht
Schiff auf Wogen	Kirche Jesu, vorausgeschaut in der Arche
Strick	Attribut des Teufels
Vorhang	Passion und Sieg Christi (oder Wehen des Hl. Geistes)
Weg	Pilgerschaft zum Herrn
Wolke	Hier spricht Gott, der Herr

Einige christliche Codes

Anker: geheimes Christen-Kennzeichen aus der Zeit der Verfolgung (Kreuz auf U-förmigem Halbmond).

ihc IHS: Christusmonogramm. IHS sind im Griechischen die ersten drei Buchstaben des Namens Jesu: Iota-Eta-Sigma-Omicron-Upsilon-Sigma (der griechische Buchstabe E wird H geschrieben). Das Monogramm wird häufig in Ornamenten und auf liturgischen Gewändern verwendet. Eine eher volkstümliche Deutung für IHS ist im Deutschen auch: Jesus, Heiland, Seligmacher. Auch die lateinische Lesart Iesus Hominum Salvator (Jesus, Erlöser der Menschen) ist verbreitet.

XP: Abkürzung des Wortes »Christus«. Das Monogramm aus den griechischen Anfangsbuchstaben von Christos – **X** (Chi) und **P** (Rho) –, das so genannte Chrismon, ist nach dem Kreuz eines der am häufigsten verwendeten Symbole für Jesus. Auf der Kreuzfahne soll das Zeichen den Sieg Konstantins über Maxentius im Jahr 312 n. Chr. begleitet haben, nach der Weissagung an Konstantin: »In hoc signo vinces« (Unter diesem Zeichen wirst du siegen). Es bezeichnet den Sieg des Christentums über den Erdkreis oder den Sieg des Erlösers über die Herrschaft der Sünde. Im Kreis wirkt das Christusmonogramm als radförmiges Sonnensymbol, was den triumphalen Charakter noch verstärkt.

I.N.R.I. I.N.R.I.: Abkürzung der Inschrift, die Pilatus an das Kreuz Jesu nageln ließ *(Joh 19,19–22)*: Jesus Nazarenus Rex Judaeorum (Jesus von Nazareth, König der Juden). Laut Johannesevangelium wurde der Titulus in Hebräisch, Griechisch und Lateinisch angebracht. Ein Teil des Holzstückes wird heute in der Kirche Santa Croce de Jerusaleme in Rom ausgestellt.

Fische-Symbol: Darstellung für Christus, bei Urchristen auch als geheimes Erkennungszeichen verwendet. Das griechische Wort für Fisch ΙΧΘΥΣ (ICHTYS) ist die Abkürzung für »Jesus Christus, Gottes Sohn, Erlöser«: **I** (Iesus) **CH** (Christos) **T** (thëu) **HY** (hyios) **S** (soter). In einer weiteren Deutung ist der Fisch Symbol für die Gläubigen, die von den Aposteln (»Menschenfischer«) für Jesus gewonnen werden. »Fischerring« ist die Bezeichnung für den Amtsring des Papstes.

DREIECK MIT AUGE: Symbol der göttlichen Allgegenwart sowie der Dreifaltigkeit von Vater, Sohn und Heiliger Geist. Auch die höchsten Engelchöre (Cherubim, Seraphim) tragen zum Zeichen ihrer durchdringenden Weisheit Augen auf den Flügeln.

LAMM MIT FAHNE: Das Lamm Gottes als Symbol Christi ist bereits in den römischen Katakomben dargestellt. Während die byzantinische Kirche Ende des 17. Jahrhunderts durch das Konzil von Trullo verbot, Christus weiterhin als Lamm darzustellen, wurde im Westen das triumphierende Osterlamm mit der Fahne des Sieges über den Tod ein beliebtes Symbol der Auferstehung. Johannes der Täufer weist auf Jesus hin, der als »Lamm Gottes« (lat. agnus dei) die Last der Weltsünden auf sich nimmt. In der Johannes-Apokalypse (14,1) ist vom triumphierenden Lamm die Rede: »Siehe, ein Lamm stand oben auf dem Berg Sion.«

✝ KREUZ: Es ist das universellste unter den Symbolen und das Zeichen der Christen überhaupt. Ein Instrument menschlicher Gewalt, das durch die Hingabe Jesu transformiert wird in das Symbol für Liebe und ewiges Leben. Durch das Kreuz zum Heil: Die Passion Christi macht aus dem Minus ein Zeichen des Plus, eine Umarmung. Das Kreuz entspricht der Vereinigung vieler Dualsysteme zu einer Ganzheit, die obendrein der Menschengestalt mit ausgestreckten Armen entspricht. Den Nichtchristen erschien die Kreuzesverehrung grotesk, wie ein Graffito aus der Zeit um 240 n. Chr. vom Palatin in Rom beweist, das einen Gekreuzigten mit Eselskopf und der Inschrift »Alexamenos verehrt seinen Gott« zeigt (Spottkruzifix). Aber auch den frühen Anhängern Jesu war das Kreuz als Zeichen einer schändlichen Hinrichtung, eine Art Galgen, zunächst nicht geheuer. Erst die Romanik erkennt es voll und ganz als Symbol des Triumphes über den Tod.

Die Wunder des Padre Pio

Kein anderer Heiliger wird in Italien mehr verehrt als der Kapuzinerpater Pio († 23. 9. 1968), der Wundermann aus dem Gargano-Gebirge, achtes Kind einer Bauernfamilie. Er war Priester, Heiler und Prophet. An seinem Begräbnis nahmen über 100 000 Menschen teil, genauso viele kamen zu seiner Heiligsprechung am 16. Juni 2002 nach Rom. Askese und Heiligkeit machten ihn zu einem der bedeutendsten Gottesmänner

des 20. Jahrhunderts. Die Kirche an seiner Wirkstätte in San Giovanni Rotondo (von Stararchitekt Renzo Piano) ist heute eines der größten Wallfahrtszentren der Welt. Pio trug als erster Priester nach Ordensleuten wie Franziskus, Katharina von Siena oder Theresia von Ávila seit 1918 über 50 Jahre lang ohne Unterbrechung die Wundmale Christi. Keinem anderen Heiligen wurden mehr übernatürliche Gaben zugesprochen.

HEILUNGEN: Unter anderem Krebs, MS, Nachwachsen eines Augapfels, vor allem seelische Wunden.

BILOKATION: Erschien zum Beispiel einer amerikanischen Bomberstaffel am Himmel, während er gleichzeitig im Kloster war.

STIGMATISATION: An Händen, Füßen und dem Herzen, stark blutend, ohne je septisch zu werden, oft wohlriechend.

GABE DES WOHLGERUCHS: Gerüche ohne Quelle: Rosenduft, Lilienduft, Weihrauch etc.

SEELENSCHAU: Sah, was Menschen im Inneren bewegte oder was sie verschwiegen. Konnte dadurch die Beichtzeit verkürzen und Menschen zur Reue führen.

PROPHETIE: Zu den eingetroffenen Vorhersagen gehörte die Papstwahl und das Attentat, das er Karol Wojtyla persönlich vorhersagte.

STRAHLENDES GESICHT: Ähnlich der biblischen Beschreibung von Moses, als er vom Berg Sinai kam.

VERWANDLUNG: In das leidende Antlitz Christi.

VERMEHRUNG und Materialisierung unter anderem von Lebensmittel, Geld.

FREMDE SPRACHEN: Bediente sich

nach eigenen Aussagen seines Schutzengels als Dolmetschers.

Umgang mit Engeln und Heiligen und armen Seelen, deren Hilfe er angeblich sogar zum Versenden von Briefen nutzte.

Tagesablauf: 2.30 Uhr Ende der Nachtruhe, zweistündiges Gebet; 4.50 Hl. Messe; 6.30–9.00 Beichtstuhl; 9.00 Rosenkranz in der Zelle; 10.45 Anbetungsstunde in der Kirche; 12.15 Mittagessen (meist Suppe, ein Glas Bier); 13.00 Breviergebet in der Zelle; 14.15 Beichthören; 15.30 Gebet in der Kirche, Segnung; 17.00 Ruhe, Spaziergang, Gespräche; 18.30 Gebet in der Zelle; 19.00 vom Fenster der Zelle Segnung der Menschen im Klostergarten. Anschließend Nachtruhe.

Bestseller des Mittelalters

Nachgefragt waren Titel zur Lebenshilfe. Allerdings verwiesen die Autoren dabei weniger auf eigene Methoden als auf die Lehren Jesu. Die Werke stehen im Übrigen noch heute auf der »Backlist«, d. h. sie sind noch immer lieferbar:

Titel	Autor
Nachfolge Christi	Thomas von Kempen
Philotea	Franz von Sales
Leben Jesu	Ludolf von Sachsen
Die innere Burg	Theresia von Ávila
Legenda aurea	Jacobus de Voragine

Bei der »Legenda aurea« handelt es sich um die älteste deutsche Übersetzung des Standardwerks für Heiligenlegenden im Mittelalter. Das lateinische Original trug den Titel »Legenda sanctorum in uno volumine compilavit«. Als »Legenda aurea«, die »Goldene Legende« wurde es in weit über 1000 Handschriften überliefert. Ihr Autor war der um 1228/1229 in der Nähe von Genua geborene Dominikaner Jacobus a (de) Voragine (Varagine), ab 1292 Erzbischof von Genua. Für heutige Lesegewohnheiten wäre der Text freilich starker Tobak. Auszug über den heiligen »sant Michahel«: »Er furtreib die tufel us dem himelrich ... Er enphohet die seligen selen vnd geleitet sie in das ewige leben.«

Das Prinzip Buss- und Bettag

»Ordnet ein heiliges Fasten an«, heißt es in der Bibel, »ruft einen Gottesdienst aus! Zerreißt eure Herzen, nicht eure Kleider, und kehrt um zum Herrn, eurem Gott!« In Zeiten großer Not wurden im alten Europa gemäß biblischem Ratschlag jeweils Tage der Buße und des Betens ausgerufen. Vor allem in evangelischen Kirchen entstand so der Brauch regelmäßig gefeierter Buß- und Bettage. Im 19. Jahrhundert wurde hierfür ein allgemein verbindlicher Termin festgelegt: der letzte Mittwoch im November. 1995 wurde der Buß- und Bettag zugunsten der neuen Pflegeversicherung als staatlicher Feiertag abgeschafft.

Vollständige Liste der Kirchenlehrer

1. Albertus Magnus
2. Alfons Maria di Liguori
3. Ambrosius von Mailand
4. Anselm von Canterbury
5. Antonius von Padua
6. Athanasius der Große
7. Augustinus von Hippo
8. Basilius von Caesarea
9. Beda Venerabilis
10. Bernhard von Clairvaux
11. Kyrill von Alexandria
12. Kyrill von Jerusalem
13. Ephräm der Syrer
14. Franz von Sales
15. Gregor der Große
16. Gregor von Nazianz
17. Hieronymus
18. Hilarius von Poitiers
19. Isidor von Sevilla
20. Johannes Bonaventura
21. Johannes Chrysostomos
22. Johannes vom Kreuz
23. Johannes von Damaskus
24. Katharina von Siena
25. Laurentius von Brindisi
26. Leo der Große
27. Petrus Canisius
28. Petrus Chrysologus
29. Petrus Damiani
30. Robert Bellarmin
31. Theresia von Ávila
32. Theresia von Lisieux
33. Thomas von Aquin

Wie man Kardinal wird

Papst Pius II. (1458–1464) erklärte: »Um gute Bischöfe zu ernennen, ist die Diskretion der Engel gefragt; um Kardinäle zu erwählen, bräuchte man die Weisheit von Gottvater persönlich.« Kardinäle werden vom Papst »kreiert«. Es handelt sich dabei um einen souveränen Akt des Kirchenoberhauptes, der die Kardinäle aus freiem Willen und freier Entscheidung heraus beruft. Den letzten Laien im Amt gab es im 19. Jahrhundert.

Beschränkung	keine, Priester, auch Laien
Gesamtzahl	120 Kardinäle (zeitweise mehr)
Voraussetzung	männlich, getauft, gefirmt
Ehrentitel	Eminenz
Eidesformel	*Usque ad effusionem sanguinis* (bis zum Blutvergießen)
Farbe des Gewandes	Rot
Gehalt	ca. 2500 Euro für Kurienkardinäle
Höchster	Kardinaldekan
Rangordnung	Kardinaldiakon, Kardinalpriester, Kardinalbischof
Wahlberechtigt	im Konklave bis 80 Jahre

Dresscode für Kardinäle

Kardinäle tragen zu besonderen Anlässen eine früher purpurfarbene, heute scharlachrote (»porpora«) *Soutane* (Talar) und die *Mozetta* (Schulterumhang) sowie das scharlachrote *Birett* (Kopfbedeckung), das in einer besonderen Zeremonie vom Papst verliehen wird. Hinzu kommen das *Zingulum* (Gürtelband) und der *Pileolus* (Scheitelkäppchen) aus roter Moiréseide. Die rote Farbe ist Ausdruck für die Bereitschaft, jederzeit als Märtyrer für den Glauben zu sterben. Außerhalb der Liturgie trägt der Kardinal eine schwarze Soutane mit roter Paspelierung (Nahtbesatz) und roten Knöpfen. Der früher übliche große *Kardinalshut*, mit jeweils zu den Seiten herabhängenden 15 roten Quasten (fiocchi) erscheint heute nur noch im Wappen.

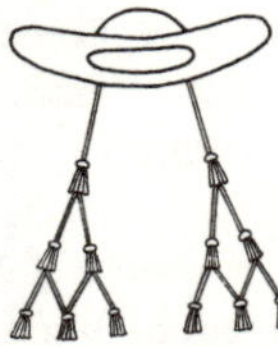

Kardinalshut

Das beste Argument für Zweifler

Eines Tages wird ein Rabbi von einem Anhänger der Aufklärung besucht. Der Aufklärer ist ein gelehrter Mann. Er will dem Rabbi beweisen, dass es eine Wahrheit des Glaubens nicht gibt, und dass der Glaube in Wahrheit sogar rückständig, ein Relikt der Vergangenheit sei. Als der Gelehrte die Stube betritt, sieht er den Mann Gottes mit einem Buch in der Hand sinnierend auf und ab gehen. Der Rabbi achtet nicht auf den Aufklärer. Nach einiger Zeit aber bleibt er stehen, sieht ihn flüchtig an und sagt nur: »Vielleicht ist es aber wahr.« Das genügte. Dem Gelehrten schlotterten die Knie und er verließ fluchtartig das Haus.

Marienerscheinungen

Das Erscheinen der Gottesmutter ist nicht allzu außergewöhnlich. Auf ihrer »42. Marianischen Woche« 1986 in Saragossa wollten Sachverständige bereits mindestens 21 000 Marienerscheinungen gezählt haben. Gerechnet wurde dabei erst seit dem Jahre 1000. Allein im 20. Jahrhundert wurden an die 400 Erscheinungen erfasst, davon allein 200 im Zeitraum von 1944 bis 1993. Allerdings gibt es weder eine einheitliche Zählung, noch hat die katholische Kirche ihre Vielzahl offiziell bestätigt. Lediglich bei sieben wurde die Echtheit seitens der römisch-katholischen Kirche bestätigt:

1531 Guadelupe, Mexiko
1606 Šiluva, Litauen
1830 Paris, Rue du Bac (Wunderbare Medaille)
1846 La Salette, Frankreich
1858 Lourdes, Frankreich
1917 Fátima, Portugal
1933 Banneux, Frankreich

In weiteren siebzehn Fällen wurde vom zuständigen Bischof unabhängig eines abschließenden Urteils gestattet, die Verehrung des Erscheinungsortes zum Ausdruck zu bringen.

Jüdischer Kult im Christentum

Ohne das altjüdische Fundament kein Christentum. Das Judentum und das Christentum haben dieselbe Wurzel. Jesus war Jude: »Amen, ich sage euch: Solange diese Welt besteht wird kein Punkt und kein Komma vom Gesetz abgeschafft« *(Mt 5,18)*. Die ersten Christen waren ausschließlich Juden. Sie haben, wie Jesus selbst, Handlungen aus dem Kult des Judentums ganz selbstverständlich in den »Neuen Weg« übernommen. Viele dieser Traditionen sind bis heute in der christlichen Liturgie erhalten. Etwa auch die Tradition des so genannten »Perlenknüpfens«, also des Verknüpfens von Texten aus der Überlieferung mit Neuem. So wie Jesus häufig Bezug auf die Propheten nahm (»Heute hat sich das Schriftwort, das ihr eben gehört habt, erfüllt«, *Lk 1,1–4; 4,14–21*), geschieht das Perlenknüpfen heute im Wortgottesdienst, wo jeweils eine Stelle aus dem Alten Testament in Beziehung zu den Evangelien gesetzt wird. Vom Christentum wurden das Jüdische Jahr mit seinen Sitten und Gebräuchen zwar inhaltlich variiert, doch nicht abgeschafft:

Chanukka (Lichterfest) .... Weihnachten mit dem Lichterbaum
Pessach .... Osternacht und Osterfeier
Bar Mizwa .... Firmung (selbes Alter: 13–14 Jahre)
Kippa .... Kopfbedeckung bei Bischöfen und Papst, Zeichen für die Hand Gottes, die auf dem Menschen ruht
Mesusa an der Haustüre .... Weihwasser am Hauseingang
Tagesgebete (Schachari, Mincha, Maariv) .... Stundengebete
Mondkalender .... zur Festsetzung des Ostertermins
Schawuot .... Erntedankfest
Maggid (Ma nischtana halajla haseh) .... Exultet (Dies ist die Nacht – Was zeichnet diese Nacht vor allen Nächten aus?)
Sabbat- und Pessachfeier .... Handwaschung, Psalmodieren
Kiddush .... Segen über Brot und Wein, Brechen des Brotes Wandlung, Kommunion
Kadosh .... Heilig, Heilig, Heilig
Schalom alechem .... Friedensgruß

Grösste Kirche der Christenheit

Die größte Kirche der Welt ist, zumindest den Ausmaßen nach (Höhe: 158 Meter; Grundfläche: 30 000 qm), die Basilika Notre-Dame-de-la-Paix in Yamoussoukro im Staat Elfenbeinküste. Sie wurde auf Erlass von Félix Houphouët-Boigny, dem ersten Präsidenten, zwischen 1986 und 1989 (mit 180 000 Steh- und Sitzplätzen) nach dem Vorbild des Petersdoms erbaut (60 000 Plätze). Die Baukosten betrugen etwa 250 Millionen Euro. Offiziell wurde die Kirche aus dem Privatvermögen von Houphouët-Boigny bezahlt, sie wird über ein Schweizer Sperrkonto von den Zinsen unterhalten. Papst Johannes Paul II. machte seine Teilnahme bei der Eröffnung 1990 während einer Afrika-Tour vom Bau eines Krankenhauses in der Nähe der Kathedrale abhängig.

Die Geschichte der letzten Tiara

Die Tiara, die Krone der Päpste, entwickelte sich aus der Mitra, der Bischofsmütze. Ursprünglich war sie ein hoher Turban mit dem Goldreif der alten persischen Könige (Achämeniden). Im 8. Jahrhundert wird sie erstmals schriftlich erwähnt. Im 10. Jh. kam der erste Kronreif hinzu, Ende des 13. Jh. der zweite, schließlich der dritte. Die Papstkrone hatte keine liturgische Bedeutung, sondern diente als Symbol der Unterscheidung des Papsttums von den weltlichen Fürsten – und doch wurde sie ihnen immer ähnlicher. Das Ende kam, als Papst Paul VI. seine modern gestaltete Tiara 1964 zugunsten der Armen verschenkte. Aufbewahrt wird sie seither in der Basilica of the National Shrine of the Immaculate Conception von Washington, D. C. – als Dank an US-amerikanische Katholiken für ihre Wohltätigkeit in der Dritten Welt. Seine beiden Nachfolger ließen die Tiara immerhin noch im päpstlichen Wappen, Papst Benedikt XVI. machte auch damit Schluss. Er ersetzte das Zeichen weltlicher Macht durch die Bischofsmütze des Hirten.

Sonntag – Tag des Lichts

Die frühe christliche Bewegung bestand vorwiegend aus Juden, nach alttestamentlichem Brauch wurde weiterhin der jüdische Sabbat gefeiert, allerdings mit Einschränkungen. Bald entstand unter den Heidenchristen die Übung, nicht mehr am letzten Tag der Woche, dem Sabbat, längere Gottesdienste abzuhalten, sondern am ersten – Symbol für die Neukreation der Welt durch Christus *(1 Kor 16,2* und *Apg 20,7)*. Der Name »Sonntag« will an die Erschaffung des Lichts am ersten Schöpfungstag sowie an die Auferstehung Christi, der »Sonne der Gerechtigkeit«, erinnern. Im Prolog des Johannesevangeliums heißt es über den »Logos«, der Christus sei: »In ihm war das Leben, und das Leben war das Licht der Menschen.«

Verlauf der Beichte

Schema einer Beichte nach einem Katechismus von 1926: Wenn man das Gewissen erforscht, Reue und Vorsatz erweckt hat und an die Reihe zum Beichten gekommen ist, geht man in den Beichtstuhl und kniet nieder.

1. Der Priester gibt dem Beichtkinde den Segen, dabei macht dieses das Kreuzzeichen.
2. Das Beichtkind beginnt mit den Worten: »Meine letzte Beichte war vor ... Wochen. In Demut und Reue bekenne ich meine Sünden« (hier folgt das deutliche und aufrichtige Sündenbekenntnis). Zum Schlusse sagt das Beichtkind: »Diese und alle meine Sünden sind mir von Herzen leid; ich will mich ernstlich bessern und bitte um Buße und die Lossprechung.«
3. Nun merkt es auf den Zuspruch des Beichtvaters und auf die Buße, die er auferlegt. Wenn er etwas fragt, so besinnt sich das Beichtkind erst etwas und antwortet dann aufrichtig und bescheiden.
4. Dann erteilt der Priester die Lossprechung. Nachher spricht er: »Gelobt sei Jesus Christus!«, worauf zu antworten ist: »In Ewigkeit Amen!«
5. Hierauf verlässt das Beichtkind den Beichtstuhl und verrichtet die Gebete nach der Beichte und die auferlegte Buße: »Erbarme Dich meiner, o Gott, nach Deiner großen Barmherzigkeit und nach der Fülle Deiner Erbarmungen tilge meine Missetat!« *(Ps 50, 3)*.

Das offizielle Sünden-Register

Hauptsünden

1. Stolz
2. Geiz
3. Unkeuschheit
4. Neid
5. Unmäßigkeit
6. Zorn
7. Trägheit
8. Traurigkeit (in der Ostkirche zusätzlich)

Fremde Sünden

1. zur Sünde raten
2. andere zur Sünde auffordern
3. in die Sünden anderer einwilligen
4. andere zur Sünde reizen
5. die Sünden anderer loben
6. zur Sünde schweigen
7. die Sünde nicht strafen
8. zur Sünde helfen
9. anderer Sünde verteidigen

Sünden gegen den Hl. Geist*)

1. vermessentlich auf Gottes Barmherzigkeit hin sündigen
2. an der Gnade Gottes verzweifeln
3. der erkannten christlichen Wahrheit widerstreben
4. seinen Nächsten der göttlichen Gnade wegen beneiden
5. gegen heilsame Ermahnungen ein verstocktes Herz haben
6. in der Unbußfertigkeit vorsätzlich verharren

Himmelschreiende Sünden

1. vorsätzlicher Totschlag
2. widernatürliche Unzucht
3. Unterdrückung der Armen, Witwen und Waisen
4. Vorenthaltung oder Entziehung des gerechten Arbeitslohnes

*Die Sünden wider den Hl. Geist gehen auf die Aussage im Markusevangelium zurück *(Mk 3,2)*: »Wer aber gegen den Heiligen Geist lästern wird, hat keine Vergebung in Ewigkeit, sondern ist ewiger Sünde schuldig.« Gemeint ist nicht unbedingt Fluchen, sondern: wer die Barmherzigkeit Gottes für sich ablehnt, lästert wider den Hl. Geist. Denn der Hl. Geist führt zur Reue, der Grundbedingung für die Verzeihung Gottes. Sünde bezeichnet im christlichen Verständnis den unvollkommenen Zustand des Menschen, der von Gott getrennt ist.

Das Geheimnis der Heiligen Zahlen

Als Archetypen, als »Arche« aller Dinge, rücken Zahlen existentielle Zusammenhänge des Lebens ins Licht, die sich in Worten kaum ausdrücken lassen. »Die Zahl ist das Wesen der Dinge«, lehrte Pythagoras. Zahlen seien nichts anderes als der Schlüssel zu den harmonischen Gesetzen des Kosmos. Heilige Zahlen sind nicht nur Symbolik. Sie sind in sich vernünftig, weil sie den Logos des Universums abbilden, eine Art göttlicher Mathematik, mit der sich Kosmos und Mikrokosmos vernünftig berechnen lassen. Das zeigt etwa der »pythagoreische Lehrsatz« mit der wunderbar anmutenden Gesetzmäßigkeit der Quadrate über den Seiten des rechtwinkeligen Dreiecks. Oder die Periodizität der kosmischen Zyklen, die auf zählbaren Einheiten beruht. »Zahlen waren nicht blindlings in die Welt geworfen worden«, so der Schriftsteller Arthur Koestler, »sie fügten sich zu ausgewogenen Ordnungen ... gemäß den alles umfassenden Gesetzen der Harmonie.« Ein großer mittelalterlicher Meister, der deutsche Abt Hrabanus Maurus (776–869), wusste: »So enthält die Heilige Schrift unter den vielen und verschiedenen Zahlen andeutungsweise viele Geheimnisse, die jenen verborgen bleiben müssen, die nicht die Bedeutung der Zahlen kennen.« Mit den beobachtbaren Zahlen wird auf Ordnungsprinzipien in der Schöpfung Gottes hingewiesen, daraus spekulativ dann auch auf Ziele und zu erwartende Ereignisse geschlossen. Wichtige Zahlen sind:

1 Anfang jeder Zählung, Zahl der Einheit. Eins ist die Zahl Gottes, unteilbar, die Grundzahl, aus der alles geworden ist.

2 Erste weibliche Zahl (gerade Zahlen: weibliche Zahlen), Grundeinheit von Verdoppelung und Halbierung, Ausdruck der Vereinigung der Gegensätze. Steht für Erneuerung und Fortpflanzung, beschreibt den Tag-Nacht-Zyklus. Einerseits als Gegensatzbegriff: Licht und Finsternis, Hitze und Kälte, Gut und Böse; andererseits Symbol für Dualismus, nämlich auf Einheit bezogene Zweiheit: Mann und Frau, 2 Tafeln des Gesetzes, 2 Teile der Heiligen Schrift (Altes und Neues Testament), 2 Naturen in Jesus (göttlich und menschlich), 2 Hauptgesetze (Gottes- und Menschenliebe).

3 Zahl einer höheren, neuen Einheit. Ist nur durch sich selbst und die Zahl 1 teilbar. Omne trium perfectum (alle Dreiheit ist vollkommen); Volksweisheit: »Aller guten Dinge sind DREI«. 1. Pythagoreisches Zahlentripel: $3^2 + 4^2 = 5^2$. 3 ist die Zahl der Zeit (Vergangenheit, Gegenwart, Zukunft) und die erste männliche Zahl (ungerade Zahlen), ein Symbol für ein geschlossenes System (Anfang – Mitte – Ende). DREIeiniger Gott (in DREI göttlichen Personen) 3 Erzengel (Michael, Raphael, Gabriel), 3 Könige, 3 Lehr-Jahre Jesus, 3 Funktionen Jesu (Priester, König und Prophet), 3 Stunden litt Jesus am Kreuz, 3 Tage ruhte er im Grab, 3 Orte gibt es im Jenseits (Himmel, Hölle, Fegefeuer), 3 Hauptfeste im Kirchenjahr (Weihnachten, Ostern, Pfingsten), 3 evangelische Räte (Armut, Ehelosigkeit, Gehorsam), 3 Sakramente kann man nur einmal empfangen (Taufe, Firmung, Priesterweihe), 3 mal am Tag wird der »Angelus« gebetet; 3 Mal heilig, 3-facher Segen.

4 Die Weltzahl, Zahl der kosmischen Ganzheit und der Herrschaft Gottes, die alle VIER Seiten von Himmel und Erde beansprucht: 4 Elemente, 4 Jahreszeiten, 4 Flüsse des Paradieses, 4 Temperamente, 4 Körpersäfte, 4 große Propheten (Jesaja, Jeremias, Hesekiel, Daniel), 4 Evangelisten (Markus, Matthäus, Lukas, Johannes), 4 große Kirchenväter (Augustinus, Ambrosius, Hieronymus, Gregor d. Gr.), 4 Arme des Kreuzes, 4 Kennzeichen der Kirche (einig, heilig, katholisch, apostolisch), 4 Kardinaltugenden, 4 himmelschreiende Sünden, 4 letzte Dinge (Tod, Gericht, Himmel und Hölle). Vor allem: 4 Buchstaben des Gottesnamens, des Tetragrammaton: JHWH (Jahwe).

5 Die 5 Bücher Mose (Pentateuch) bilden die Thora, das Gesetz. Jesus speiste mit 5 Broten, trug 5 Wundmale (Stigmata), 5 Gebote der Kirche. Im kosmischen Symbol des Pentagramm, ein 5-eckiger Stern (griechisch pentágrammos: mit 5 Linien), findet sich zu jeder Strecke und Teilstrecke ein Partner, der im Verhältnis des Goldenen Schnitts steht. Im Volksglauben Bannzeichen gegen das Böse (in Goethes »Faust« sagt Faust zu Mephisto: »Das Pentagramm macht dir Pein?«). 5 törichte und 5 kluge Jungfrauen werden zur Hochzeit geladen (Symbol für Sexualität).

6 Multiplikation der ersten weiblichen mit der ersten männlichen Zahl; die erste vollkommene Zahl (da sie der Summe ihrer Teiler entspricht: 1+2+3 = 6). SECHS findet ihren symbolischen Ausdruck im Hexagramm, dem Davidsstern (»Siegel des Salomo«), der aus zwei ineinander geschobenen, zumeist gleichseitigen Dreiecken gebildet ist.

7 Nicht nur eine der wichtigsten Zahlen der Bibel, sondern die heilige Zahl überhaupt (siehe Seite 179).

8 Zahl für Auferstehung und Glückseligkeit. Der achtstrahlige Stern symbolisiert das Siegel Gottes. 8 Seligkeiten der Bergpredigt. Das Oktogon (ACHTeck) zeigt sich in Taufsteinen, Türmen, Säulen, Grundrissen von Kirchen. In der Mathematik symbolisiert eine um 90° gedrehte 8 (∞) das Unendliche. Als »8. Schöpfungstag« und Beginn des neuen Weltalters: die Auferstehung Christi.

9 Chöre der Engel, NEUN kosmische Sphären des mittelalterlichen Weltbildes. 9 = 3 x 3, Zahl der Vollendung. Die 9. Stunde ist die Todesstunde Jesu.

10 Symbol der Vollendung und Vollkommenheit (ZEHN Gebote Gottes; 1+2+3+4 = 10, Ziffernsumme 1+0 = 10). Die 10 geheimen Gottesnamen: Eheie, Jah, El, Elohim, Eloi gibor, Eloah, JHVH Sabaoth, Elohim Sabaoth, Schadai und Adonai.

11 Zahl der Unvollkommenheit und der Sünde – die 11 überschreitet die 10 Gebote.

12 Zahl der Offenbarung. In ihr vereinigen und durchdringen sich die 3 (Zahl der trinitarischen Gottheit) und die 4 (Zahl der Welt): 12 Himmelszeichen, 12 Stämmen Israels, 12 Apostel, 12 Tore des neuen Jerusalem, 12 Glaubensartikel. ZWÖLF Götter bildeten seit dem 5. Jh. v. Chr. das Pantheon, die Götterfamilie Griechenlands.

13 Schon Hesiod warnte die Bauern, am 13. des Monats mit der Aussaat zu beginnen. Im babylonischen Schaltjahr gab es einen 13. Schaltmonat im Zeichen des »Unglücks-Raben«.

14 Das Doppelte von 7 ist Symbol für Güte und Barmherzigkeit: 14 Nothelfer. Der Name David entspricht im hebräischen der Zahl 14. Im Stammbaum Jesu (nach Matthäus) sind es von Abraham bis Jesus 3 x 14 Generationen (3 x 14 = Zeichenzahl für Messias).

26 Quersumme des Tetragrammaton (des Vier-Buchstaben-Gottesnamens JHVH, und zwar 10, 5, 6, 5 = 26).

28 Vollkommene Zahl (28 ist die Summe seiner Teiler). Beschreibt sowohl einen Mondzyklus als auch den weiblichen Zyklus.

33 Zahl der Lebensjahre Jesu , der Sprossen in der »mystischen Leiter« der byzantinischen Mystik.

40 Symbolisiert im Orient das Unbegrenzte. Zahl der Erprobung. 40 Tage und Nächte Regen bei der Sintflut, 40 Jahre Herrschaft Davids und Salomons, 40 Jahre Wüstenwanderung Israels, 40 Tage wartet Moses am Berg Sinai auf die Verkündung der Gebote, 40 Tage ist Jesus in der Wüste (40 Tage Fastenzeit, von Aschermittwoch bis Ostern).

50 Zahl des Sabbat- oder Jobeljahres im alten Israel (7 x 7 kleine Sabbatjahre + 1), in welchem Schulden erlassen, Sklaven freigelassen und verpfändete Grundstücke an den Erstbesitzer zurückfallen mussten. Christliches Pfingstfest auf den 50. Tag nach Ostern (Pentekoste) festgelegt.

70 Verzehnfachung der heiligen Sieben; in Begriffen wie Septuaginta (älteste Bibelübersetzung ins Griechische), Septuagesima (der Sonntag 70 Tage vor Ostern) oder in der Zahl der Jünger Jesu verborgen.

1000 steht für vollständig, umfassende Vielheit, das Unendliche.

Jerusalem-Syndrom

Die Bezeichnung Jerusalem-Syndrom geht auf den israelischen Arzt Yair Bar El zurück, der Anfang der 1980er Jahre dieses Krankheitsbild diagnostizierte. Die Erkrankung in Form einer Psychose betrifft speziell Besucher oder Einwohner der »Heiligen Stadt«. Sie äußert sich in Wahnvorstellungen und der Identifizierung mit prominenten Personen aus der Heiligen Schrift, etwa Moses, König David, Jesus, Johannes dem Täufer oder Maria Magdalena. Grundsätzlich stellen Männer Männer dar, Frauen Frauen, Juden Personen aus dem Alten und Christen solche aus dem Neuen Testament, wobei Protestanten von dem Syndrom deutlich häufiger betroffen sind als Katholiken. Bislang wurden von Yair Bar El über 400 Patienten behandelt. Der Arzt versichert, das Syndrom sei weder gefährlich noch andauernd.

Liste der Gebete

Lobgebet
Dankgebet
Bittgebet
Bußgebet
Sühnegebet
Blitzgebet
Das horchende Beten
Flehgebet (Litanei)
Stoßgebet
Das betrachtende Gebet
Gebet in Gemeinschaft
Jesusgebet
Votivgebet
Herrengebet (Vaterunser)
Glühgebet
Mariengebet
Weihegebet
Sterbegebet
Rosenkranzgebet
Stundengebet
Psalmgebet

Warum Jesus so wenige Freunde hat

Einmal blieb die Kutsche der heiligen Theresia von Ávila in einem Straßengraben stecken. Die Achse zerbrach, und Theresia nahm ihren Dialog mit Jesus auf, voller Vorwürfe. Mit Entsetzen und Erstaunen allerdings glaubte sie von ihm zu hören: »Meine Tochter, so behandle ich zuweilen meine Freunde.« Schlagfertig und temperamentvoll wie sie war, gab die Nonne zurück: »Allerdings, Herr, darum habt Ihr auch so wenige!«

Jesus an der Copacabana

Die größte Christusstatue der Welt steht nicht in Rom oder Jerusalem, sondern an der Copacabana. Hoch über Rio de Janeiro, auf dem Corcovado-Berg, wirkt *Christo Redentor* (»Christus der Erlöser«), als wolle er von hier aus mit weit ausgebreiteten Armen die ganze Welt umgreifen. Die 1931 im Auftrag von Stadt und Staat entstandene und mit Speckstein überzogene Beton-Figur ist insgesamt 38 Meter hoch (Spannweite 28 Meter) und wiegt 1145 Tonnen. Gestalter sind der französische Bildhauer Paul Landowski und der brasilianische Ingenieur Heitor Costa. Aufgrund finanzieller Schwierigkeiten musste die Aufstellung um Jahre verschoben werden. Der Erste, den der Erlöser-Christus bekehrte, war ein betrunkener Matrose aus Irland. Der Mann wankte am 12. Oktober 1931 von seinem Schiff, als ihm im Nachthimmel von Rio Jesus Christus erscheint, strahlend und mit ausgebreiteten Armen. Der Matrose schwört gottesfürchtig, nie wieder Alkohol zu trinken. Man hatte an diesem Abend erstmals die Beleuchtung eingeschaltet.

Geostete Kirchen

Orientieren, sich ausrichten, kommt von nach Osten richten, und das Bild europäischer Altstädte wie Nürnberg, München, Wien, Florenz oder Paris ist wie das aller alten Dörfer von den nach Osten gerichteten Kirchen geprägt. Die frühe Kirche kannte keine Feier der hl. Messe als vis-a-vis von Priester und Volk. Man feierte gemeinsam versus orientem, nach Osten, zur aufgehenden Sonne hin. Sonne war das Sinnbild für den wiederkommenden Herrn. Nicht immer ist dieses Osten der Kirchen allerdings nach geographischen Koordinaten ausgerichtet, sondern nach dem Sonnenaufgang an einem bestimmten Tag. Angelpunkt war dann der Namenstag des jeweiligen Kirchenpatrons. Für den Wiener Stephansdom hat man ermittelt, dass seine Längsachse auf den Punkt zielt, an dem am Stephanitag des Jahres der Grundsteinlegung 1137 die Sonne aufging. Diese Richtung lässt den Kirchenraum noch heute am Tag des Patroziniums in seiner ganzen Länge im Licht der aufgehenden Sonne aufleuchten.

Die strengsten Orden der Welt

Trappisten und Kartäuser gelten als die strengsten Orden der katholischen Kirche. Die Trappisten üben sich in ständigem Stillschweigen; sie enthalten sich von allen Fleischspeisen. Dem Gottesdienst und dem Chorgebet widmen sie an jedem Tag ganze sieben Stunden. Die übrige Zeit ist mit Studium und Handarbeit ausgefüllt. Die Kartäuser nehmen während ihres Ordensfastens vom 14. September bis Ostern täglich nur eine Mahlzeit zu sich (und einmal pro Woche nur Wasser und Brot). Hier sind dem Gebet und den geistlichen Übungen sogar acht Stunden gewidmet, darunter die Nachtstunden von 22 bis 2.00 Uhr.

Der schnellste Weg zum Himmel

Alle Wege führen nach Rom, aber nicht alle in den Himmel. Das Streben der Heiligen aller Zeiten bestand in dem Bemühen nach einem gottgefälligen Leben. Ziel war, im irdischen Leben die Voraussetzungen für das ewige Heil zu finden. Vollkommenheit und Erleuchtung war kein Muss, aber eine Möglichkeit. Einige Vorschläge der Heiligen:

Ludwig Maria Grignion von Montfort weiß in seinem »Goldnen Buch«, »dass Maria der leichteste, kürzeste und vollkommenste Weg zu Jesus Christus ist«.

Margareta Maria Alacoque empfiehlt die Herz-Jesu-Andacht: »Ich kenne keine andere Übung der Frömmigkeit, die imstande wäre, in kurzer Zeit eine Seele zur höchsten Vollkommenheit emporzuführen.«

Theresia von Lisieux in ihrer Autobiographie »Geschichte einer Seele«: »Ich will einen neuen Weg in den Himmel suchen, einen kleinen Weg, der sehr gerade und sehr kurz ist ... Ich suchte dann in der Heiligen Schrift nach einer Andeutung dieses Aufzuges, den ich ersehnte, und ich las die Worte aus dem Munde der Ewigen Weisheit: Wer ganz klein ist, der komme zu mir.«

Das Prozedere der Heiligsprechung

Wunder sind für den katholischen Glauben keine Marginalien, sondern wesentliche Realität der Geheimnisse Gottes. Die ganze Erscheinung Christi sei ein Wunder, mit normal menschlichen Maßstäben unerklärlich. Und ein Wunder ist vonnöten, sollte eine verstorbene Persönlichkeit »zur Ehre der Altäre« erhoben, also heiliggesprochen werden.
Das Verfahren ist ein so aufwändiges wie kompliziertes Prozedere. Grundlage ist ein teils in der Heimatdiözese, teils vor der Ritenkongregation in Rom zu führender Prozess mit vereidigten Zeugen. Aber erst wenn für den Zeitraum nach der Seligsprechung zwei unzweifelhafte Wunder festgestellt werden, die der Fürsprache des Seligen zuzuschreiben sind, kann der eigentliche Heiligsprechungsprozess beginnen. Beizufügen ist den Untersuchungen ein »Buch des Lebens« wie auch ein »Buch der Wunder«. Von Anfang an wurden dabei medizinische Experten herangezogen, die sowohl die Krankheit als auch die meist plötzliche und vollständige Heilung als medizinisch unerklärlich belegen müssen. Daneben gibt es einen Ankläger (»advocatus diaboli«), der einzig die Aufgabe hat, kritische Einwände zu erheben. Das klassische Instrumentarium für die Kanonisationsprozesse ist das Werk »De servorum Dei beatificatione et beatorum canonisatione«, das Papst Benedikt XIV. († 1758) veröffentlicht hatte. Diese Bestimmungen wurden modifiziert durch ein Motuproprio von Johannes Paul II. »Divinus perfectionis magister« vom 26. Februar 1983.

Die glücklichste Viertelstunde

Der Empfang der hl. Kommunion war nach dem früheren Ritus der katholischen Kirche mit einer ehrfürchtigen Haltung verbunden. Dazu gehörte: Reinheit von schweren Sünden (durch vorherige Beichte), Nüchternheit (1 Std. vorher nichts essen) und Mundkommunion (um den »Leib Christi« nicht mit unsauberen Händen zu berühren). Als die »glücklichste Viertelstunde« des Tages wird traditionell jene Zeit bezeichnet, in der nach dem ehrfürchtigen Empfang der Hostie das Allerheiligste Sakrament in einem Gläubigen gegenwärtig ist.

GÄSTEBUCH

Einige Einträge aus dem Bitt- und Dankbuch der St.-Anna-Klosterkirche in München:

- Hallo gnädige Frau Maria, ich bitte dich, mach, dass meine Oma, mein Opa (meine ganze Familie) glücklich sind.
- Lieber hl. Antonius. Bitte, bitte lass das Kindlein leben. Bitte, bitte.

- Danke für das Glück meines Kindes und die falsche Diagnose der Ärzte.
- Herr Jesus, steh mir bei in großer Seelennot und zeige mir einen Ausweg auf.
- Geben Sie mir ein Kind bitte!!!
- Danke guter Gott für das gute Jahr. Dass du immer für mich da gewesen bist im Leben.
- Warum??? ließ Gott zu, dass meine Mutter an Krebs starb und zwei Jahre später meine liebe Schwester mit nur 59 Jahren.
- Mutter Gottes, zeig ihnen den Weg. Herr, berühre ihre Seelen. Danke – es wird geschehen.
- Bitte, lieber hl. Antonius, hilf mir mein Rechtsanwaltschreiben wieder zu finden, da verlegt.
- Lieber Gott, ich wünsche mir, dass ich in der Schule alles verstehen kann.
- Lieber himmlischer Vater, ich danke Dir für die Kraft, die Du mir gibst. Bitte nimm die Ängste von mir, stärke meinen Glauben.
- Danke! Wurde im Straßenverkehr, als ich mit dem Fahrrad unterwegs war, in einer äußerst gefährlichen Situation wunderbar beschützt (bin Träger der Wunderbaren Medaille).
- Guter Herr, vielen Dank, dass ich nach so langer Zeit und Suche meine Frau gefunden habe. Du halfst mir, auch wenn ich nicht immer die Wahrheit sagte. Du wusstest, dass ich nur die wahre Liebe wollte und mich dafür auch aufhob.
  Die Ehefrau: Mir bleibt nur, mich anzuschließen. In Dankbarkeit, Seligkeit und Ewigkeit zu zweit.
- Danke für den schönen Tag.

Vera Ikona – das Schweisstuch der Veronika

»Man kann Gott sehen«, sagt Papst Benedikt XVI., »wer Christus sieht, sieht ihn.« Aber wie sieht Christus aus? Welches Bild von ihm können wir uns machen? Die Frage hat nicht nur Maler und Bildhauer beschäftigt. In den Evangelien gibt es keine Beschreibung des Mannes aus Nazareth. Immerhin überliefert Johannes den Hinweis, in der Grabkammer hätten Apostel mehrere Tücher gefunden, darunter ein »Schweißtuch, das auf dem Kopf Jesu gelegen hatte; es lag aber nicht bei den Leinenbinden, sondern zusammengebunden daneben an einer besonderen Stelle«. Dieses Tuch kennt die außerbiblische Tradition als das Schweißtuch der Veronika. Veronika ist ein Code-Wort. Es entstand aus »Vera Ikona«, übersetzt: das einzigartige, das »wahre Bild«. Tatsächlich lässt sich die Erzählung des geheimnisvollen Bildnisses seit zweitausend Jahren durch die Geschichte verfolgen, verehrt als das Acheiropoietos, »das nicht von Menschenhand gemachte Bild«. Bevor es nach Rom kam, war es in Konstantinopel, davor im Orient. Im Petersdom zog es Millionen von Pilgern aus ganz Europa an. Die wertvollste Reliquie der Christenheit ist dabei mit hoher Wahrscheinlichkeit identisch mit einem kleinen Bildnis, das seit 400 Jahren in einem Kirchlein der Kapuziner im Bergstädtchen Manoppello in den Abruzzen als das »Volto Santo«, das »Heilige Bild«, ausgestellt wird. Im August 2006 machte auch Papst Benedikt hier seine Aufwartung und zeigte sich tief beeindruckt. Das Gewebe sei keine Leinwand, so der Historiker und Autor Paul Badde in seinem Buch »Das göttliche Gesicht«, sondern aus Byssus – ein Stoff aus Muschelseide, der nicht bemalt werden könne. Im Übrigen, so fand die deutsche Ordensschwester Blandina Schlömer heraus, sei das hier zu sehende Antlitz millimetergenau deckungsgleich mit allen Details des Gesichtes auf dem Grabtuch von Turin.

Medjugorje

Seit dem 24. Juni 1981 werden aus dem kroatischen Ort Medjugorje Erscheinungen und Botschaften der Gottesmutter berichtet, die bislang Millionen von Pilgern aus aller Welt anzogen. Die zuständigen kirchlichen Instanzen zeigen sich zurückhaltend, eine offizielle Bewertung gibt es bislang nicht. Längst wird der Wallfahrtsort allerdings auch von hohen Amtsträgern gewürdigt. Eine vom Bischof von Mostar ernannte ärztliche Kommission der Medizinischen Fakultät der Universität Montpellier/Frankreich führte 1984 in vier Etappen Untersuchungen an den vier so genannten Seherkindern durch, und zwar vor, während und nach den Erscheinungen. Dabei wurden unter anderem vorgenommen: Elektroenzephalogramme (EEG), Augen- und Sehtests (Elektrookulogramme = EOK), Herz-Tests, elektrokardiographische Aufzeichnungen des Blutflusses und der Herzfrequenz (EKG). Auszug aus dem von Prof. Dr. Henri Joyeux unterzeichneten Untersuchungsergebnis:

- Zu Beginn der Ekstase bleibt der Rhythmus Beta kurze Zeit bestehen und verwandelt sich dann in einen fast ununterbrochenen Rhythmus Alpha.
- Während der Ekstase nimmt die Gehirnrinde auditive und visuelle Reize der Umgebung nicht wahr.
- Ausbleiben des Blinzelreflexes bei Bedrohung oder Blendung.
- Auf 1/5 Sekunde genaue Gleichzeitigkeit beim Aufhören der Bewegungen der Augäpfel zu Beginn der Ekstase und gleichzeitiges Wiedereinsetzen innerhalb 1/5 Sekunde am Ende der Ekstase.
- Leichte Veränderung des Blutdrucks mit Tendenz nach unten.
- Normale Herzkontraktion (EKG).
- Hemmung der Hörfunktion, durch die es sich erklärt, dass Ivan nach seiner eigenen Aussage während der Ekstase die in sein rechtes Ohr gelangenden 90 Dezibel nicht hört; obwohl unvorbereitet, zuckt er bei der Einwirkung des Schalls nicht zusammen.

Schlüsse des Gutachtens: »In Medjugorje sind die Ekstasen nicht pathologisch, und es handelt sich nicht um Betrug. Wir wissen keine wissenschaftliche Bezeichnung, die geeignet wäre, diese Phänomene zu benennen.«

Einige Kennzeichen der Kirchenbaustile

Romanik (10.–12. Jh.) auch: *romanischer*, *vorgotischer*, *lombardischer* Stil. Erste große europäische Kunstepoche seit dem Ende der Antike. Als das typische Erkennungsmerkmal gilt der Rundbogen. Typisch sind weiter dicke, festungsartige Mauern (besonders im Westwerk) mit kleinen Fenstern und Würfelkapitelle auf den Säulen. In frühromanischer Zeit finden sich flache Kassettendecken, später dann Kreuzgratgewölbe. Es werden große Raumweiten überwölbt. Skulpturen und Malereien zeigen oftmals drastische Motive. Berühmte romanische Dome sind Mainz, Speyer und Worms.

Gotik (12.–16. Jh.): Detailreich und religiös, Betonung der Vertikalen, filigrane Ornamentik. Formale Kennzeichen sind der halbrunde Bogen, Detailformen wie Würfelkapitell, Rundbogen-, Zahn- und Würfelfries. Wände werden gegliedert durch Dienste oder Blendarkaduren. Lichtdurchflutung durch Spitzbögen, Säulen, Strebepfeiler und Kreuzrippengewölbe, kreisrunde Rosettenfenster und Bleiglasfenster.

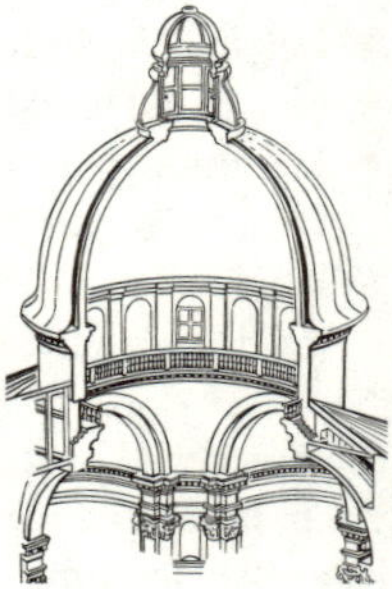

Renaissance (14.–16. Jh.): Wiederaufblühen der klassischen Gelehrsamkeit und Künste. Italienische Renaissancebauten klar, überschaubar und harmonisch ausgewogen konzipiert. Grundrisse als einfache ideale geometrische Formen (Quadrat, Kreis). Der (griechischen) Antike entnommen: Säulen, Pilaster, Kapitelle, Dreiecksgiebel. Betonung der Horizontalen. Säulenschäfte nach dem Vorbild der Antike entweder kanneliert oder glatt. Arkaden statt Kolon-

naden. Häufig reiche Ornamentierungen durch Maßwerk, Arabesken, später durch Rollwerk, Beschlagwerk, Schweifwerk.

MANIERISMUS (mittleres bis spätes 16. Jh.): Übertreibung der Renaissance hin zu Extravaganz und Stilisierung; in gesuchter, gezierter, kapriziöser und spannungsgeladener Manier (Michelangelo, Bronzino).

BAROCK (17. Jh.): Auf Betreiben der römisch-katholischen Kirche Vereinigung verschiedener Formen von Kunst und Architektur zugunsten realistischer und dramatischer Werke. Formal zu erkennen an Kurvierungen, bewegten Grund- und Aufrissen wie auch Fensterumrahmungen und Gesimsen. Viel Stuck, Putten und andere Figuren. Formen der Renaissance bereichert durch: Bewegung, Überformung und Glanz. Vereinheitlichung um ein Zentrum; Überkuppelung der Vierung; Verbreiterung; Querorientierung der Seitenschiffe als Wandkapellen. Verspieltheit und Fülle der Dekoration in Stuck und Holz steigert sich zum Rokoko.

ROKOKO (mittleres bis spätes 18. Jh.): Höchst ornamentaler, leichter und dekorativer Stil, der zum Teil am Hof Ludwigs XV. entwickelt wurde.

KLASSIZISMUS (1750–1850): Rückkehr zur klassischen Formstrenge der griechischen Antike als Gegenreaktion auf Barock und Rokoko. Kirchen werden zu Zielpunkten im achsialen System und verzichten auf die Ostung. Dies unterstützt ein einzelner Turm bzw. eine Kuppel. Die klassischen Formen erscheinen hell, schlank und scharf geschnitten.

Grundkurs Weihnachten

1. Advent (lat. *adventus*, Ankunft): Erwartung der Ankunft des Herrn; als Vorbereitung auf das zukünftige Kommen Jesu am Ende der Geschichte. Die sich über vier Adventssonntage erstreckende Periode wurde durch Papst Pius V. im Jahr 1570 allgemein verbindlich. Der Adventskranz geht auf den evangelischen Pfarrer Johann Heinrich Wichern zurück (1808–1881), den Gründer des »Rauhen Hauses« bei Hamburg. Die ursprünglich violetten Bänder und Kerzen kennzeichneten den Buß- und Einstimmungscharakter der vorweihnachtlichen Zeit.

2. Stern von Bethlehem: Der berühmte Kometenschweif entspricht einer Jupiter-Saturn-Konjunktion, die für die Zeit 7 vor Christus nachweisbar ist. Erstmals hatte Johannes Kepler 1606 diese Verbindung nachberechnet und darin den »Stern von Bethlehem« erkannt. Jüngere Ausgrabungen entdeckten in Sippur am Euphrat eine Sternentafel aus dem Jahr 8 v. Chr., die alle größeren Planetenbewegungen des folgenden Jahres enthält, darunter eben auch jene Konstellation, in der Jupiter im Augenblick seiner höchsten Helligkeit im Zeichen der Fische an die Seite des Planeten Saturn treten sollte, im damaligen kosmologischen Bewusstsein Symbol für die Juden. Die »Weisen aus dem Morgenland« hatten lediglich dem dabei auftretenden »Zodikallicht« zu folgen, das wie ein breiter, kegelförmiger Lichtstrahl auf die Erde weist.

3. Weihnachten: Das genaue Datum der Geburt Jesu ist in der Bibel nicht überliefert. Vermutlich wollten mit der Festlegung auf den 25. Dezember Christen spätestens ab dem Jahre 352 dem römischen Reichsfeiertag »Natalis Solis Invicti« (Geburt des unbesiegten Gottes) neue Bedeutung geben. Als Tag des Lichts galt er fortan als Tag Jesu, der sich als »Licht der Welt« bezeichnete.

4. Christbaum: Als geschmückter Lichterbaum erstmals nachweisbar 1509 auf einem Kupferstich von Lucas Cranach d. Ä.. Christbäume im Kreis der Familie sind für 1605 im Elsass belegt und waren anfänglich nur in evange-

lischen Familien üblich. Der Baum sollte an den Lebensbaum im Paradies erinnern (daher Behang mit roten Äpfeln). Mit Kerzen geschmückt wird er zum Symbol für Christus *(Joh 1,4)*.

5. Stille Nacht, heilige Nacht: Von dem meistgespielten Song aller Zeiten existieren 961 registrierte Bearbeitungen. Erstmals erklang er am 24./25. Dezember 1818 in der Pfarrkirche St. Nikolaus im salzburgischen Oberndorf. Weil die alte Orgel kaputtging, holte der damals 26-jährige »Hülfspriester« Joseph Mohr ein selbstverfasstes Gedicht hervor, sein »Weynachts-Lied«. Dem Lehrer und Organisten Franz Xaver Gruber glückte dazu in wenigen Stunden eine Melodie für Gitarre und zwei Stimmen.

6. Christkind: Ursprünglich das Jesuskind (ital. »Santo Bambino«), das in der Weihnachtszeit festlich bekleidet auf den Hochaltar gestellt wurde. Der Kinderglaube an das Geschenke bringende Christkind entstand, weil Jugendliche als Engel verkleidet bei Weihnachtsumzügen Gaben verteilten und als »Christkindl« bezeichnet wurden.

7. Krippe: Ursprünglich der Futtertrog, in den Jesus nach der Geburt gelegt wurde *(Lk 2,7)*. Überreste davon werden in der römischen Basilika Maria Maggiore aufbewahrt. Die Darstellung des Weihnachtsgeschehens in einer Krippe (mit Ochs und Esel) begründete 1223 der heilige Franziskus von Assisi.

8. Weihnachtsgebäck: Oblatengebäck gehörte früher zum Christbaumschmuck. Es wies auf das Brot des Abendmahls bzw. der Eucharistiefeier hin. Aus den Oblaten entwickelte sich später das Weihnachtsgebäck.

9. Weihnachtsmann: Schriftlich nachweisbar seit 1820, als protestantische Version des heiligen Nikolaus. Der amerikanische Santa Claus erinnert noch an den Namen des Heiligen. Die Form des rot-weiß gekleideten Rauschebarts mit Zipfelmütze schuf 1931 der Zeichner Haddon Sundblom im Auftrag von Coca Cola. Rentier »Rudolph« wurde 1939 für ein Warenhaus in den USA erfunden.

Kalendersprüche

Simone Weil: Man muss sich mit dem Ewigen beschäftigen, um aktuell zu sein.

Graham Green: Die Menschen sind sonderbar: Manchen von ihnen fällt es leichter, an die Macht der Sterne zu glauben als an die Macht Gottes.

Franz von Assisi: Tu erst das Notwendige, dann das Mögliche, und plötzlich schaffst du das Unmögliche.

Paul Claudel: Der Glaube hat nicht nur den Sinn, sondern auch die Freude in die Welt gebracht.

Thomas Morus: Noch nie hat jemand auf dem Sterbebett bereut, ein Christ zu sein.

Victor Hugo: Es muss auch Menschen geben, die für solche beten, die nie beten.

Thornton Wilder: Man muss das Leben lieben, um es zu leben. Und man muss es leben, um es zu lieben.

Josef Pieper: Der Mensch ist so gebaut, dass er darauf angewiesen ist, dass man ihm von Zeit zu Zeit sagt: »Es ist gut, dass es dich gibt.«

Dante Alighieri: Drei Dinge sind uns aus dem Paradies geblieben: die Sterne der Nacht, die Blumen des Tages und die Augen der Kinder.

Johannes Paul II.: Wenn ich einen Menschen treffe, bete ich bereits für ihn, und das erleichtert den Kontakt immer.

Karl Barth: Hände zum Gebet falten ist der Anfang eines Aufstandes gegen die Unordnung der Welt.

Vinzenz von Paul: Man muss wenigstens so viel Zeit aufwenden, Gott für seine Wohltaten zu danken, als man gebraucht hat, ihn darum zu bitten.

Gregor der Grosse: Die Bibel ist ein Strom, der so flach ist, dass ein Lamm daraus trinken kann, und so tief, dass ein Elefant darin baden kann.

Thomas Merton: Wir haben keinen Frieden miteinander, weil wir keinen Frieden mit uns selbst haben. Wir haben keinen Frieden mit uns selbst, weil wir keinen Frieden mit Gott haben.

Charles de Foucauld: In dem Augenblick, da man anfängt, nur sich selber zu suchen, hört man auf zu lieben.

Jean-Paul Sartre: Wenn Gott nicht existiert, so gibt es kein Mittel mehr, den Menschen zu entrinnen.

Karl Rahner: Unsere Verstorbenen sind nicht die Vergangenen, sondern die Vorausgegangenen.

Martin Luther: Wenn du am Abend schlafen gehst, so nimm noch etwas aus der Heiligen Schrift mit dir zu Bett, um es im Herzen zu erwägen und es – gleich wie ein Tier – wiederzukäuen und damit sanft einzuschlafen.

Edith Stein: Gott verlangt nichts von den Menschen, ohne ihnen zugleich die Kraft dafür zu geben.

Ignatius von Loyola: Wer sich anschickt, andere zu bessern, vergeudet seine Zeit, wenn er nicht bei sich selber anfängt.

Mutter Teresa: Die Frucht der Stille ist das Gebet. Die Frucht des Gebetes ist der Glaube. Die Frucht des Glaubens ist die Liebe. Die Frucht der Liebe ist der Dienst.

Johannes XXIII.: Ein Mensch ist nie größer als dann, wenn er kniet.

Silja Walter: Jemand muss zu Hause sein, Herr, wenn du kommst. Jemand muss nach dir Ausschau halten, Tag und Nacht.

Johannes Chrysostomus: Hat dich einer beleidigt, mach das Kreuz darüber, denk an das, was am Kreuze geschah, und alles ist gut.

Vinzenz Pallotti: Die Zeit ist kostbar, kurz und unwiderruflich. Nütze sie so wie einer, der von den Toten auferstehen durfte, um sein Leben noch einmal neu und besser zu beginnen.

Acker-Segen

Bei der Bittprozession machte der Pater, wie es Brauch ist, am Feld eines jeden Gemeindemitgliedes halt, betete für eine gute Ernte und segnete den Acker. So kamen sie zum Feld des Huber-Maxl, der als faul und arbeitsscheu bekannt war. Die Prozession hielt an, der Pfarrer überschaute kurz den noch unbestellten Acker und drängte gleich weiter: »Da hilft kein Beten, da muss Mist hin!«

Kleines Lexikon des Zubehörs heiliger Rituale

Altartuch: Tischtuch aus weißem, häufig besticktem Linnen.

Altarglocken: Handglocken für Ministranten während der Messe zum Läuten bei Wandlung, Gloria oder dem Segen der Monstranz.

Aspergill: (lat. Asperges me, besprenge mich) Wedel zum Sprengen von Weihwasser (als Zeichen der Segnung der Gemeinde).

Benediktionale: (lat. benedicere, segnen) Buch mit allen vorgeschriebenen Segenstexten des Ritus.

Custodia: Behälter für die konsekrierte große Hostie zur Aufbewahrung im Tabernakel.

Direktorium: Eine Art Regie-Buch aller nötigen Angaben aus der Tradition für die Messe des jeweiligen Tages; zum Auslegen in der Sakristei; wird jährlich neu erarbeitet (mit Stundengebet, Heiligengedenken, Verzeichnis aller an dem Tag jemals verstorbenen Kleriker einer Diözese etc.).

Gotteslob: Das für den gesamten deutschen Sprachraum gültige Gebet- und Gesangbuch der katholischen Kirche. Oft mit Anhang der regionalen Kirchenlieder.

Heilige Öle: Olivenöl, teils mit Duftstoffen (Balsam), die für sakramentale Handlungen wie Weihen und Salbungen gebraucht werden (Christus = der Gesalbte). Unterschieden wird: Katechumenöl (Salbung der Taufbewerber), Krankenöl (Feier der Krankensalbung) und Chrisam (Taufe, Firmung, Priester- und Bischofsweihe, Altar- und Kirchweihe). Die Heiligen Öle werden vom Bischof während der Karwoche in einem festlichen Gottesdienst (Chrisam-Messe) geweiht.

Hostie: (lat. hostia, Opfergabe) Kleine Scheibe (Oblate) gebackenes Weizenbrot für die heilige Kommunion. Heiligstes Symbol für den Leib Christi, durch den sich Gott in verwandelter Form in der steten Neuschaffung des eucharistischen Mahles selbst gibt und personal empfangen werden kann (»Nehmt, esst, das ist mein Leib«, *Mt 26,26*). Erst durch Konsekration (Weihehandlung) wird aus einer gewöhnlichen Oblate eine Hostie. Man unterscheidet zwischen großer Hostie des Priesters (meistens mit Prägung eines Christussymbols wie »IHS«) und kleiner Hostie für die Speisung der Gläubigen. In der Monstranz wird eine große konsekrierte Hostie ausgestellt.

Humerale: Rechteckiges weißes Tuch, das der Priester unter der Albe zur Umhüllung von Hals und Schultern trägt; wird mit Bändern vor der Brust zusammengebunden.

Hungertuch: Fastentuch, mit dem früher während der Fastenzeit der Altar verdeckt wurde, teils mit Passionsbildern verziert.

Kännchen, Schale und Lavabo: In den Kännchen befinden sich Wasser und Wein für die Gabenbereitung. Um die hl. Messe möglichst identisch zu feiern, wird der Wein verdünnt, wie es zur Zeit Jesu üblich war. Das Wasser wird zur rituellen Händewaschung gereicht. Die Schale dient zum Auffangen des Wassers, das Lavabo (Handtuch) zum Trocknen der Hände.

Kelch: Kostbares Trinkgefäß, bestehend aus Fuß, Knauf (Nodus) und Schale (Kuppa); die Kuppa sollte innen vergoldet sein. Der Kelch symbolisiert das Gefäß des letzten Abendmahls (heiliger Gral) und muss vom Bischof konsekriert werden. Es gibt den Messkelch des Priesters, der den Wein aufnimmt, und den Speisekelch (Ziborium), der die Hostien enthält.

Kelchtuch: (auch Purificatorium) Zu einem länglichen Streifen zusammengelegtes Tuch zur Reinigung des Kelches nach der Kommunion.

Kerzen und Leuchter: Im Christentum Zeichen für Jesus: »Ich bin das Licht der Welt.« 2 Kerzen oder Leuchter stehen für das Alte und das Neue Testament, 3 Kerzen für Dreifaltigkeit, 4 Kerzen für die 4 Evangelisten, 5 Kerzen erinnern an die 5 Wundmale Jesu.

Korporale: (lat. corpus, Körper, Leib) Ein mehrfach gefaltetes weißes Leinentuch für den Altar als Unterlage für den Kelch und die Patene mit der Hostie. Steht der Kelch noch auf der Kredenz, wird er mit dem Korporale abgedeckt.

Kredenz: Mit weißem Leinentuch bedeckter Tisch seitlich des Altares, auf den die zum Gottesdienst benötigten Teile gelegt werden (Messkelch, Kännchen, Lavabotablett, Fürbittenbuch etc.).

Lektionar: Buch mit den Abschnitten aus der Bibel, die während der hl. Messe verlesen werden. Wird beim Einzug feierlich getragen und auf das Pult (Ambo) gelegt.

Lunula: (lat. kleiner Mond, Möndchen) Sichelförmige Halteklemme, mit der die konsekrierte große Hostie in die Monstranz eingesetzt wird.

Messbuch: (lat Ausgabe: Missale) Amtliches Buch mit allen vorgeschriebenen Texten, die der Priester während der hl. Messe laut oder im Stillen liest.

MONSTRANZ: (lat. monstrare, zeigen) Prächtig gestaltetes Schaugefäß zur Demonstration des Leibes Christi (große Hostie); bei Prozessionen (Fronleichnam) oder für die eucharistische Anbetung.

OSTENSORIUM: (lat. ostendere, zeigen): Bezeichnung für Monstranz.

PARAMENTE: Alle im Gottesdienst verwendeten Gebrauchs- und Ausstattungsgegenstände aus Stoff (lit. Kleidung, Kelchwäsche, Altartücher).

PATENE: (lat. Tellerchen) Hostienschale, die auf dem Messkelch liegt. Wird bei Mundkommunion vorgehalten, um zu verhindern, dass eine Hostie auf den Boden fällt.

PERIKOPENBUCH: Buch mit den einzelnen Abschnitten der Lesungen aus der Heiligen Schrift in der Reihenfolge des Kirchenjahres.

PURIFICATORIUM: (lat. Purificatio, Reinigung) Gefaltetes Tuch aus Leinen, mit dem der Priester nach der Kommunion Kelch, Patene, Mund und Finger reinigt.

PYXIS: Kostbare Dose als Behältnis der bereits konsekrierten Hostien für die Krankenkommunion.

RITUALE: (lat. ritus, heiliger Brauch) Buch für den Priester mit Texten und Weisungen für die Spendung verschiedener Sakramente und Sakramentalien, Gebeten bei Prozessionen und Segenshandlungen. Die entsprechende Anleitung für den Bischof heißt Pontifikale.

SEDILIEN: Hocker im Altarraum für Priester und Ministranten.

STUNDENBUCH: Buch mit allen Gebeten, die für den Priester täglich Pflicht sind (auch Brevier genannt, von lat. brevis, kurz).

THURIFERAR (lat. thuribulum, Rauchfass, und ferre, tragen): Behälter zur Beräucherung mit Weihrauch bei Messen, Prozessionen und Beerdigungen. Symbolik bei der Beräucherung des Priesters: Hier handelt der Priester als Stellvertreter Christi. Symbolik der Beräucherung der Gemeinde: Die Anwendenden gehören als Getaufte zum priesterlichen Volk Gottes und sind befähigt, am Opfer Christi mitzuwirken.

ZIBORIUM: Eucharistischer Speisekelch, der mit einem Deckel verschlossen und im Tabernakel aufbewahrt wird.

VELUM: Bei der Aufbewahrung des Ziboriums im Tabernakel wird es mit einem Deckel (Paella, mit Kreuz als Griff) abgedeckt und mit dem Velum, einer Art Mäntelchen aus weißer Seide, umhüllt.

Christenverfolgung weltweit

Christen sind die meistverfolgte Religionsgemeinschaft der Welt. Rund 200 Millionen Christen werden diskriminiert und verfolgt. Die christliche Organisation *Open Doors (Offene Grenzen)*, veröffentlicht jedes Jahr eine Rangliste der fünfzig Länder, in denen Christen ernsthafter Verfolgung ausgesetzt sind. Die »Top Ten« der Liste:

Rang	Land	Religion/Ideologie
1	Nordkorea	Kommunismus
2	Saudi-Arabien	Islam
3	Laos	Kommunismus
4	Vietnam (Hochland)	Kommunismus
5	Iran	Islam
6	Turkmenistan	Islam
7	Malediven	Islam
8	Bhutan	Buddhismus
9	Myanmar (Burma)	Islam
10	China	Kommunismus

Die heilige Lanze

Die Heilige Lanze ist das älteste Stück der Reichsinsignien der Kaiser des Heiligen Römischen Reiches Deutscher Nation. Die Lanzenspitze wurde dabei in einem Hohlraum im Inneren des Querbalkens des Reichskreuzes aufbewahrt. Der Legende nach gehörte die Waffe dem römischen Hauptmann Longinus, der mit ihr den Tod Jesu überprüfte. Der Apostel Thaddäus soll sie nach Armenien gebracht haben (erster christlicher Staat der Welt). Im 4. Jh. wurde sie im Kloster Geghard bei Eriwan aufbewahrt (Geghardavank: »Kloster zur Heiligen Lanze«). Die Lanze der Reichkleinodien wurde während der Napoleonischen Feldzüge aus Sicherheitsgründen von Nürnberg nach Wien gebracht. Hitler ließ sie nach dem Anschluss Österreichs zurückbringen, die Alliierten schafften sie wieder nach Österreich. Heute wird sie in der Schatzkammer der Wiener Hofburg ausgestellt.

Jesus Christus kommt zurück

Christus selbst hat seine Jünger nicht im Unklaren darüber gelassen, wie das Ende der Welt aussehen wird. »Ihr werdet von Kriegen hören, und Nachrichten über Kriege werden euch beunruhigen«, heißt es in seiner großen *Rede über die Endzeit (Mt 24,1–25,46)*: »Gebt acht, lasst euch nicht erschrecken. Das muss geschehen. Es ist aber noch nicht das Ende. Denn ein Volk wird sich gegen das andere erheben und ein Reich gegen das andere, und an vielen Orten wird es Hungersnöte und Erdbeben geben.« Es werde »eine so große Not kommen, wie es nie eine gegeben hat, seit die Welt besteht«. Jesus spricht weiter von falschen Propheten, die auftreten werden, und davon, dass die Liebe bei vielen erkalte, »weil die Missachtung von Gottes Gesetz überhand nimmt«. Wie die Rückkehr des »Menschensohnes« danach aussehen wird, berichten die Evangelisten Markus, Matthäus und Lukas. Auskunft in Originalzitaten:

Markus: In jenen Tagen, nach der großen Not, wird sich die Sonne verfinstern, und der Mond wird nicht mehr scheinen; die Sterne werden vom Himmel fallen.

Lukas: Es werden Zeichen sichtbar werden an Sonne, Mond und Sternen, und auf der Erde werden die Völker bestürzt und ratlos sein über das Toben und Donnern des Meeres. Die Menschen werden vor Angst vergehen in der Erwartung der Dinge, die über die Erde kommen.

Markus: Und die Kräfte des Himmels werden erschüttert werden.

Matthäus: Danach wird das Zeichen des Menschensohnes am Himmel erscheinen; dann werden alle Völker der Erde jammern und klagen.

Markus: Dann wird man den Menschensohn mit großer Macht und Herrlichkeit auf den Wolken kommen sehen. Und er wird die Engel aussenden ...

Matthäus: ... unter lautem Posaunenschall ...

Markus: ... und die von ihm Auserwählten aus allen vier Windrichtungen zusammenführen, vom Ende der Erde bis zum Ende des Himmels.

Lukas: Wenn das beginnt, dann richtet euch auf und erhebt eure Häupter; denn eure Erlösung ist nahe.

Mk 13,24–27; Mt 24,29–31; Lk 21,25–28

Jesu letzte Worte auf Erden

»Mir ist alle Macht gegeben im Himmel und auf der Erde. Darum geht zu allen Völkern und macht alle Menschen zu meinen Jüngern; tauft sie auf den Namen des Vaters und des Sohnes und des Heiligen Geistes und lehrt sie, alles zu befolgen, was ich euch geboten habe. Seid gewiß: Ich bin bei euch alle Tage bis zum Ende der Welt« *(Mt 28,18–20)*.

Schluss-Segen

Es segne euch	Benedícat vos
der allmächtige Gott,	omnípotens Deus,
der Vater und der Sohn	Pater et Fílius et Spíritus
und der Heilige Geist.	Sanctus.

Amen.

Gehet hin in Frieden.	Ite, missa est.
Dank sei Gott, dem Herrn.	Deo grátias.

Register